Anatoli Uschomirski

Das Matthäusevangelium aus jüdischer Sicht

Wie wir Jesus besser verstehen lernen

Anatoli Uschomirski

Das Matthäusevangelium aus jüdischer Sicht

Wie wir Jesus besser verstehen lernen

Hänssler

MIX
Papier | Fördert gute Waldnutzung
FSC® C014496

2. Auflage 2025

Max-Eyth-Straße 41 · 71088 Holzgerlingen
haenssler.de

Lektorat: Christiane Kathmann, www.lektorat-kathmann.de
Umschlaggestaltung: Erik Pabst, www.erikpabst.de
Titelbild: John Theodor/shutterstock.com
Satz: typoscript GmbH, Walddorfhäslach
Druck und Bindung: GGP Media GmbH, Pößneck
Gedruckt in Deutschland
ISBN 978-3-7751-6171-8
Bestell-Nr. 396.171

INHALT

VORWORT

Schalom alechem – Friede sei mit euch! So ein Einstieg zu einem neutestamentlichen Buch ist eher ungewöhnlich, nicht wahr? Andererseits waren das die ersten Worte des auferstandenen Jesus, als er seinen Jüngern begegnete. Da ich mich als Jude mit den jüdischen Wurzeln von Jesus identifiziere, möchte ich Ihnen von Anfang an Schalom – Frieden – beim Lesen dieses Buchs wünschen.

Als ich zum ersten Mal in meinem Leben das Evangelium nach Matthäus gelesen habe, war ich völlig überrascht vom ersten Satz: »Dies ist der Stammbaum Jeschuas des Messias, des Sohnes Davids, des Sohnes Avrahams.«[1] Die meisten Menschen sind der Meinung, die Bibel sei ein rein christliches Buch. Juden lesen das Neue Testament normalerweise nicht, einige meinen sogar, es sei ein antijüdisches Buch, das lehrt, wie man die Juden bekämpfen soll. In Anbetracht von 2000 Jahren Verfolgung, Zwangstaufen, Pogromen, Vertreibung, hauptsächlich durch Christen, ist das nicht verwunderlich. Doch nun las ich im ersten Vers des Neuen Testaments: »Dies ist der Stammbaum Jeschuas des Messias, des Sohnes Davids, des Sohnes Avrahams.«

Jeschua, David, Avraham – das waren doch Juden, so wie ich? Was taten sie in diesem angeblich antijüdischen Buch? Neugierig las ich weiter. Und je mehr ich las, desto mehr stellte ich fest: Das ist ein typisch jüdisches Buch. Es wurde von einem jüdischen Autor für Juden geschrieben, doch nun lesen und studieren es Christen seit fast zwei Jahrtausenden, während es für die Mehrheit der Juden ein Tabu ist.

Das hat zur Folge, dass die jüdische Denkweise und die jüdischen Auslegungsmethoden bei der Deutung des Matthäusevangeliums kaum berücksichtigt werden. Dabei würde uns gerade die

Berücksichtigung des historisch-jüdischen Kontextes dabei helfen, die Bibel und deren Bedeutung für unser Leben und unseren Glauben besser zu verstehen! Gott wirkt nicht an Raum, Zeit und Kultur vorbei. Es war sein Plan und seine Entscheidung, dass Jesus als Jude geboren wurde und aufwuchs. Er wirkte als Jude, starb als Jude und ist als Jude auferstanden, denn die Auferstehung ist ein jüdisches Konzept.

Wenn ich die Mona Lisa betrachte, möchte ich gerne wissen, was Leonardo da Vinci dazu gebracht hat, dieses weltberühmte Ölgemälde so zu malen, wie er es getan hat. Wenn ich »Den Messias« höre, dann ist es mir wichtig, das Leben und die Absichten Händels zu kennen, um die Tiefe dieses Meisterwerks zu begreifen. Und wenn wir das Neue Testament aus jüdischer Perspektive lesen und studieren, dann werden wir das Wort Gottes tiefer verstehen. Wir lernen Jesus besser kennen und unser Glaube wird bereichert.

> Wenn wir das Neue Testament aus jüdischer Perspektive lesen und studieren, werden wir das Wort Gottes tiefer verstehen.

In diesem Buch werden Sie eine ganz neue Lesart des Evangeliums entdecken. Sie schlüpfen in die Schuhe der ersten jüdischen Nachfolger des Messias und lernen die altbekannten Texte aus jüdisch-messianischer Sicht kennen. Die Struktur, das Gedankengut des Autors und die Betonung besonderer Aspekte sind nämlich nicht nur für Theologen von Bedeutung, sondern auch für alle, die das Evangelium lesen. Dadurch wird der Glaube von Christen und messianischen Juden bereichert und nachvollziehbarer für Außenstehende.

Vieles von dem, was Matthäus in Bezug auf Jesus schreibt, hat einen messianischen Hintergrund. Beim ersten Lesen des Evangeliums fällt das nicht sofort ins Auge, aber für einen geübten Leser, der die Inhalte bereits kennt, lohnt es sich, das Evangelium einmal unter diesem Blickwinkel zu studieren.

Ich bin Ihnen sehr dankbar, dass Sie sich auf diese Buchreise begeben, und bete dafür, dass Sie viele neue, gute Erkenntnisse gewinnen und Ihr Glaube gestärkt wird. Ich weiß nicht, welche Erwartungen Sie haben. Doch ich möchte ehrlich zu Ihnen sein und Ihnen sagen, was Sie in diesem Buch nicht finden werden: Ich werde nicht das gesamte Matthäusevangelium Wort für Wort erklären. Dafür gibt es andere gute Bücher und Bibelkommentare und dann wäre dieses Buch auch bedeutend dicker.

Stattdessen werden wir in die Schuhe des Autors, Matthäus, hineinschlüpfen. Wir werden untersuchen, warum er so geschrieben hat, wie er geschrieben hat. Welche Gedanken aus jüdischem Wissen, hebräischer Exegese und Hermeneutik haben ihn beim Schreiben beeinflusst?[2] Warum hat er sein Buch in erster Linie an ein jüdisches Publikum gerichtet? Und warum ist es für Christen so wichtig, gerade diesen Aspekt seines Werkes zu begreifen? Dafür werden wir besonders die ersten zehn Kapitel des Matthäusevangeliums betrachten, weil diese Punkte daran sehr gut deutlich werden.

Die Einführung im ersten Teil beschäftigt sich mit dem Autor, dem Kontext, in dem er geschrieben hat, und den Besonderheiten und verborgenen Schätzen des Evangeliums und dem Stammbaum von Jesus. Der zweite Teil widmet sich der Geburt von Jesus, seiner Taufe und der Versuchung. In diesen Kapiteln stellt Matthäus den Lesern Jesus immer wieder als Messias vor und belegt damit seine Autorität. Teil drei beschäftigt sich mit der Lehre und den Taten des Messias. Der vierte Teil befasst sich mit Nachfolge damals und heute.

In meinem Buch »Die Bergpredigt aus jüdischer Sicht«[3] habe ich mich bereits einmal mit einigen Aspekten des Evangeliums befasst, sodass ich in diesem Buch nur Auszüge aus der Bergpredigt behandeln werde. In der Einführung werde ich jedoch auf einen Ausschnitt aus diesem Buch zurückgreifen, da er ein wichtiges Puzzleteil darstellt, um die Struktur des Evangeliums zu verstehen. Auch wenn Sie »Die Bergpredigt aus jüdischer Sicht« bereits gelesen haben, hilft die Wiederholung dabei, die besondere Struktur des Matthäusevangeliums immer vor Augen zu haben.

Nun wünsche ich Ihnen viel Freude auf Ihrer Expedition in die Welt des Evangelisten Matthäus!

Teil 1

EINFÜHRUNG

GESCHICHTLICHER HINTERGRUND

Wenn wir das Neue Testament lesen, müssen wir uns bewusst machen, dass wir in eine Zeit eintauchen, die 2000 Jahre zurückliegt. Wir können diese Zeit nicht umfassend verstehen, denn die Welt und vor allem die Menschen haben sich seitdem sehr verändert.

Das möchte ich mit einem modernen Beispiel veranschaulichen. Ich schreibe dieses Buch, während ein heftiger Krieg mitten in Europa ausgebrochen ist. Das Land, in dem ich aufgewachsen bin, die Ukraine, wird von Russland angegriffen. Es ist einer der schlimmsten Kriege in Europa seit 80 Jahren. Ich hoffe und bete, dass der Krieg zu Ende ist, wenn Sie dieses Buch in der Hand halten. Doch ich weiß, dass beide Länder, Russland und die Ukraine, aber vor allem die nächsten Generationen, die in der Region leben, eine ganz andere Geschichte ihrer Länder kennenlernen werden als ich vor dreißig Jahren. Ihr Bewusstsein und ihre gegenseitige Wahrnehmung werden durch die Ereignisse von 2022 geprägt werden. Ich kenne zwei Völker, die in gegenseitiger Achtung und Verständnis gelebt haben. Das gibt es nicht mehr. Und in den nächsten zwei bis drei Generationen wird es dies vermutlich auch nicht mehr geben.

Umso weniger können wir die Zeit aufschließen, in der Jesus und seine Jünger gelebt haben. Dennoch erscheint es mir unabdingbar, alles zu berücksichtigen, was wir über diese Zeit wissen, um uns den Menschen damals so weit wie möglich anzunähern und ein möglichst tiefes Verständnis zu erlangen. Deswegen beginne ich dieses Buch mit der Einordnung in den geschichtlichen Kontext. Dies hilft uns, zu verstehen, in welcher Zeit Matthäus gelebt und gewirkt hat und warum er sein Evangelium in diese Zeit hineingeschrieben hat.

Insbesondere ist es von Bedeutung, wie damals die Beziehungen zwischen den verschiedenen religiösen Strömungen waren, denn nur so können wir begreifen, auf welchem religiös-historischen Hintergrund die ersten jesusgläubigen Gemeinden entstanden sind.

Religiöse Gruppen in Israel zur Zeit des Zweiten Tempels

Zur Zeit von Jesus gab es in Israel mehrere politisch-religiöse Gruppierungen: Pharisäer, Sadduzäer, Essener und Zeloten. Die Evangelien erzählen sehr wenig bis gar nichts über das Gedankengut und die Glaubensvorstellungen dieser Gruppen, denn die damaligen Leser kannten sie gut und brauchten keine zusätzlichen Erklärungen. Wir dagegen benötigen diese Erklärung sehr wohl. Daher beschreibe ich diese Gruppen im Folgenden kurz. Dies hilft uns, zu begreifen, auf welchem religiösen Hintergrund die Jesus-Bewegung aufkam und wie sie von diesen Gruppen beeinflusst wurde.

Die Sadduzäer

Der Name Sadduzäer (hebr. Zdukkim) wurde wahrscheinlich vom Hohenpriester Sadduk bzw. Zadok abgeleitet, einem wichtigen Priester zur Zeit von König David.[4] Die Nachkommen Zadoks spielten beim Aufbau der nachexilischen Gemeinde eine maßgebliche Rolle und versahen als die legitimen Priester in Jerusalem den Tempeldienst. Die Sadduzäer waren sehr konservativ. Sie bauten ihre Theologie und ihren Lebensstil auf ihrem Verständnis der Thora auf, andere Auslegungen lehnten sie ab. Die Bücher der Propheten und besonders die prophetische Kritik an den Leitern des Volkes wollten sie nicht akzeptieren. Sie waren gegen jegliche Reformen.

Sie glaubten, die Heiligkeit Israels werde am ehesten durch den Tempel und die gültigen Opfer gewahrt. Für sie war allein Israel heilig und hatte das Recht, die Thora zu studieren, während andere Gruppierungen dies auch interessierten Menschen aus anderen Kulturen erlaubten.

Die Sadduzäer teilten die allgemein anerkannten apokalyptisch-eschatologischen Hoffnungen der Pharisäer nicht. Ihrer Lehre nach gab es weder ein Leben nach dem Tod noch eine Auferstehung. Das Heil verwirklichte sich nach Auffassung der Sadduzäer nur auf der Erde, sie glaubten, der Mensch werde von Gott nur in diesem Leben für seine Taten belohnt oder bestraft.

Die Sadduzäer waren sowohl Gegner der Zeloten als auch der Pharisäer. Die Sadduzäer wollten den Status quo auf religiöser, gesellschaftlicher und politischer Ebene aufrechterhalten, während die anderen Parteien nach einer Erneuerung strebten.

Die Sadduzäer waren sowohl Gegner der Zeloten als auch der Pharisäer.

Da sie mit den Römern kooperierten, sorgten sich die Sadduzäer besonders um die politische Stabilität im Land. Das Aufkommen einer messianischen Bewegung war für sie gefährlich, deswegen suchten sie alle möglichen Wege, um Jesus und seine Nachfolger mundtot zu machen.

Als im Jahre 66 n. Chr. der bewaffnete Aufstand gegen die Römer ausbrach, versuchten die Sadduzäer vergeblich, dies zu verhindern. Mit dem Untergang Jerusalems im Jahre 70 n. Chr. kam auch das Ende der Sadduzäer.

Die Zeloten

Die Zeloten gehörten ursprünglich zum Kreis der Pharisäer. Allerdings trennten sie sich aus politischen und religiösen Motiven von ihnen und riefen zu aktivem politischem Handeln gegen die Römer auf.

Ihr Eifer um das Gesetz brachte ihnen den Beinamen »Eiferer« (griech. Zeloten) ein. Josephus, selbst ein ehemaliger Zelot, beschreibt sie als die »vierte Philosophie«, also die Gruppe, die damals neben den Sadduzäern, Pharisäern und Essenern den größten Einfluss in Israel ausübte.[5]

Die Zeloten propagierten ein starkes jüdisches Nationalbewusstsein und forderten den bewaffneten Widerstand. Sie weigerten sich zudem, die Herrschaft des römischen Kaisers anzuerkennen, sich ihm zu beugen und ihn »Herr« zu nennen.

Die Essener

Die Essener waren eine religiöse Gruppe, die etwa ab Mitte des ersten Jahrhunderts v. Chr. in Israel anzutreffen war. Sie sind vor allem durch die klosterähnliche Anlage Qumran am Ufer des Toten Meeres bekannt geworden, die vermutlich den Essenern gehörte.

Die Essener versuchten, besonders glaubenstreu zu sein. Sie verzichteten auf ein genussreiches Leben und unterwarfen sich strengen Regeln. Unter anderem bauten sie ein Heiligungssystem auf, das Absonderung, Waschungen, eine sehr strenge Sabbatfeier und einige Verbote umfasste: Verboten waren – abgesehen vom Eintrittsgelöbnis – Schwüre, blutige Opfer, Sklaverei und Luxus. Sie lebten insgesamt nach einer streng fixierten Ordensregel.[6] Die Essener glaubten, Gott habe das ewige Schicksal der Menschheit vorbestimmt, und waren somit sozusagen Urcalvinisten.

Die Qumranleute nannten sich »Söhne des Lichts« und alle anderen Menschen, auch die Juden, »Söhne der Finsternis«. Diese geistliche Trennung galt nach ihrem Verständnis für immer und ewig.

Die Pharisäer

Die Pharisäer waren hauptsächlich in Jerusalem anzutreffen. Sie mussten hart arbeiten, weil sie im Gegensatz zu den Priestern keinen Zehnten bekamen. Laut Josephus gab es zur Zeit von Jesus etwa 6 000[7] von ihnen.

Sie hatten zu Beginn des ersten Jahrhunderts keinen großen Einfluss auf die politische Entwicklung, aber im Laufe der ersten Hälfte wuchs ihr Einfluss auf das einfache Volk rasant, weil sie als Gruppe dem Volk am nächsten standen. Die Pharisäer nutzten fünf Jahrzehnte, um ein gutes Fundament für die Zukunft zu legen. Ihr Aufstieg zu einer politischen und religiösen Macht folgte erst viele Jahre später, nach der Zerstörung des Zweiten Tempels im Jahr 70 n. Chr.

Es gab damals zwei »Bibelakademien« in Jerusalem, die das sozial-religiöse Leben des jüdischen Volkes prägten: Beit Hillel und Beit Schammai.

Beim Lesen des Matthäus-Evangeliums fällt auf, dass Jesus seine Diskussionen am häufigsten mit Pharisäern führt. Er stand dieser Gruppe theologisch nah, weil die meisten Lehren der Pharisäer den Menschen helfen sollten, nach der Thora Gottes zu leben. Als Grundsatz dafür diente 5. Mose 30,16:

> Ich fordere euch heute auf, den Herrn, euren Gott, zu lieben und seine Gebote, Gesetze und Vorschriften zu halten, indem ihr nach seinem Willen lebt. Dann werdet ihr am Leben bleiben und zu einem großen Volk werden. Der Herr, euer Gott, wird euch in dem Land segnen, in das ihr nun zieht, um es zu erobern.

Die Pharisäer waren daher der Ansicht, dass der Sinn der Gebote Gottes der ist, die Menschen in ein Leben voller Segen zu führen.

Da die Pharisäer, mit wenigen Ausnahmen, aus bescheidenen Verhältnissen kamen, waren ihnen die praktischen Bedürfnisse des einfachen Volkes sehr nah. Ihre Auslegungen waren deshalb für die Menschen leicht verständlich.

Die Pharisäer versuchten, die Thora so zu interpretieren, dass es zu ihrer Zeit passte, denn sie gingen davon aus, dass Gebote und Regeln ein gewisses Update, eine Aktualisierung brauchen, wenn sich die Gegebenheiten ändern. Die Pharisäer lehrten hauptsächlich über Barmherzigkeit, Liebe und Fairness, das waren die Säulen des Pharisäertums. Sie glaubten außerdem an eine kommende Welt und eine Belohnung für die Gerechten.

> Die Pharisäer gingen davon aus, dass Gebote und Regeln ein Update brauchen.

Heutzutage ist das Wort Pharisäer unter Christen negativ belegt. Von den meisten christlichen Theologen werden die Pharisäer benutzt, um sie Jesus und seiner Lehre als Kontrast gegenüberzustellen. Das Neue Testament zeigt uns jedoch ein anderes Bild. Jesus sagte: »Auf dem Stuhl des Mose sitzen die Schriftgelehrten und die Pharisäer. Alles nun, was sie euch sagen, das tut und haltet« (Matthäus 23,2-3; LUT). Jesus bekräftigt seine Worte durch die Verwendung von zwei Verben: »Das tut und haltet!« Damit unterstreicht er, dass die pharisäische Lehre im Wesentlichen gut ist.

Die Jesusbewegung und die Pharisäer

Die Juden, die Jesus nachfolgten, und die Pharisäer verkörperten vom religiösen Standpunkt her eine Art »pietistische« Erweckung. Beide strebten nach Gerechtigkeit, sie suchten nach dem Willen Gottes und wollten nach seinen Weisungen leben. Sie glaubten jedoch nicht nur an die Gerechtigkeit, sondern auch an die Gnade.

Außerdem hatten beide Bewegungen die gleiche Zielgruppe: Sie wandten sich hauptsächlich an das Am HaAretz, das einfache Volk. Auch die Botschaft war fast dieselbe: »Das Reich Gottes ist nahe.« Deswegen riefen sie das Volk in die Nachfolge.

Der wesentliche Unterschied zwischen ihnen lag darin, dass seine Nachfolger Jesus als Messias proklamierten und die meisten Pharisäer dies ablehnten.

Die Auseinandersetzungen zwischen ihnen waren jedoch anders als beispielsweise die Konfrontationen zwischen Christen und Muslimen. Es waren innerjüdische Streitgespräche, die für das Judentum typisch sind.

Ist Ihnen beim Lesen der Evangelien aufgefallen, dass Jesus von Pharisäern zu rituellen Mahlzeiten eingeladen wurde? Rituelle Mahlzeiten waren etwas Heiliges, man wählte sorgfältig aus, wen man dabeihaben wollte. Dies zeigt, dass Jesus als Ausleger geschätzt wurde.

Die meisten Auseinandersetzungen zwischen Jesus und den Pharisäern im Lukasevangelium geschehen im Rahmen einer Zusammenkunft, wo sie über theologische Themen sprechen. In den Streitgesprächen kritisiert Jesus nicht die Lehre der Pharisäer allgemein, sondern nur einige Lehren mancher Pharisäer.[8]

Ein Begriff, der für die Pharisäer sehr wichtig war, ist Barmherzigkeit. In der Mischna[9] steht:

> Ein Sanhedrin, der einmal in einer Jahrwoche tötet, wird »Verderber« genannt. Rabbi El'azar ben Azaria sagt: Einmal in siebzig Jahren. Rabbi Tarfon und Rabbi Akiba sagen: Wenn wir im Sanhedrin gewesen wären, würde nie ein Mensch getötet werden.[10]

Das ist ein typisches Beispiel dafür, dass für die Pharisäer Barmherzigkeit Priorität vor Gerechtigkeit hatte.

Die Schattenseiten der Pharisäer erfährt man am besten aus ihrer eigenen Feder. So steht im Talmud:

> Der König Jannaj sprach zu seiner Frau: Fürchte weder die Pharisäer noch die Nichtpharisäer, sondern die Heuchler, die sich als Pharisäer ausgeben; sie begehen Handlungen wie die des Simri und verlangen Belohnung wie Pinhas.[11]

So etwas hätte auch Jesus sagen können, denn er übte scharfe Kritik an Heuchelei. Aber ist Heuchelei eine typisch pharisäische oder jüdische Eigenschaft? Ist es nicht eher ein Klischee und eine Form vom Antijudaismus, wenn man Pharisäer als Heuchler schlechthin darstellt? Ich denke, dass Jesus die Pharisäer für die Dinge tadelte, für die er heute auch viele Christen tadeln würde. Er kritisierte, dass sie nicht das lebten, was sie lehrten. Doch dies war ein Punkt, in dem die Pharisäer auch eine sehr scharfe Selbstkritik ausübten.[12]

Der große Bruch

Die Belagerung der Stadt Jerusalem und ihr Fall waren eine schreckliche Katastrophe für das jüdische Volk. Die Zeloten führten einen erbitterten Kampf sowohl gegen die Römer als auch gegen einige Gruppierungen aus dem eigenen Volk.

Nur zwei der oben genannten religiösen Gruppen überlebten die Katastrophe: die jesusgläubigen Juden und die Pharisäer.

Die Jesusnachfolger nutzten die Pause in der Belagerung und flohen nach Osten, genauer gesagt: in die Stadt Pella in Ostjordanien.[13] Wahrscheinlich flohen sie nicht in erster Linie aus Angst, sondern folgten damit einem Befehl ihres Meisters:

> Wenn ihr Jerusalem von Feinden umringt seht, dann wisst ihr, dass der Zeitpunkt seiner Zerstörung gekommen ist. Dann müssen die, die in Judäa sind, in die Berge fliehen. Wer in Jerusalem ist, soll flüchten, und wer sich außerhalb der Stadt befindet, soll nicht in ihr Schutz suchen.
> *Lukas 21,20-21*

Weil sie keinen Widerstand gegen die Römer leisteten, wurden sie zu Volksverrätern erklärt – so wie auch Josephus Flavius[14], allerdings passierte ihm das schon etwa drei Jahre früher, um 67 n. Chr.

Exkurs: Rabbi Jochanan ben Sakkai und die Etablierung des pharisäischen Judentums in Jawne

Im Neuen Testament gerät Jesus oftmals mit jüdischen Gelehrten aneinander. Seiner Auffassung nach sollte man behutsam mit der Wahl seiner Vorbilder umgehen, dies betrifft auch den Titel Lehrer. So gibt Jesus seinen Jüngern folgende Anweisung: »Lasst euch auch nicht ›Lehrer‹ nennen, denn es gibt nur einen Lehrer, und das ist der Christus« (Matthäus 23,10).

Warum tat er das?

Jesus wollte, dass seine Jünger Lernende bleiben und sich selbst als solche begreifen. Und so sehen wir in der Apostelgeschichte, dass keiner von ihnen als ein großer Rabbi oder Lehrer auftritt, sondern alle Jünger bleiben. Aber hinter der Aussage von Jesus steckt auch eine historische Begebenheit.

Um zu begreifen, welche Bedeutung ein jüdischer Lehrer oder Rabbi damals hatte, müssen wir kurz in die Geschichte zurückgreifen. Nach der Rückkehr aus dem babylonischen Exil und dem Aufbau des Zweiten Tempels (ca. 516 v. Chr.) begannen die Leiter des Volks, das Judentum neu zu begreifen. Sie kamen zu dem Schluss, dass die Treue zu Gott und das Kennen und Tun seiner Worte die Voraussetzungen für einen Neubeginn seien.[15] Zunächst war es die Aufgabe der Priester, das Volk zu lehren. Später übernahmen diese Aufgabe jedoch Lehrer, die man Rabbis nannte, zur Zeit von Jesus waren dies größtenteils Pharisäer.

David Bivin schreibt über den Begriff:

> Rabbi ist Hebräisch und stammt von rav, was im biblischen Hebräisch viel, viele, große Anzahl, groß bedeutet. Selbst Regierungsbeamte und Armeeoffiziere wurden so angeredet. Zur Zeit Jesu war rav Titel für den Meister eines Sklaven oder Jüngers. Rabbi heißt wörtlich mein Meister, ein Terminus, mit dem Sklaven oder Jünger ihren Lehrer grüßten.[16]

Aber das war nicht immer so, beispielsweise ließen sich die bereits erwähnten Leiter Hillel und Schammai Anfang des ersten Jahrhunderts n. Chr. nicht Rabbi nennen. Das änderte sich nach der Zerstörung des Tempels. Einer, der diesen Wandel mitbewirkt hat, war Rabbi Jochanan ben Sakkai.

Ich mache diesen Exkurs zur Etablierung des pharisäischen Judentums in Jawne aus verschiedenen Gründen. Erstens liefert er eines meiner Hauptargumente dafür, wann das Matthäusevangelium geschrieben wurde. Zweitens zeigt diese Geschichte den historischen Hintergrund, auf dem sich die Jesusbewegung entwickelt hat. Und drittens ist es meiner Ansicht nach von Bedeutung, dass Gläubige etwas über die Menschen erfahren, die das Judentum im

Wesentlichen geprägt haben. Einer von ihnen war Jochanan ben Sakkai, ein Schüler Hillels und Schammais. Er war ein wichtiger Leiter und einer der wenigen Gelehrten, die den Titel Rabban, das heißt der größte unter den anderen Rabbis,[17] trugen. Sein Motto lautete: »Rühme dich nicht, wenn du viel im Gesetz geforscht hast, denn dazu wurdest du ja erschaffen.«[18]

Während der Belagerung der Stadt ließen die Kanaim (d. h. Eiferer, Zeloten) niemanden aus Jerusalem hinaus. Falls es doch jemandem gelang, die Stadt zu verlassen, wurde er draußen von den Römern getötet. Mit einer Ausnahme: Wer einen Toten begraben wollte, durfte die Stadttore passieren. Dies nutzte Rabban Jochanan ben Sakkai für einen genialen Fluchtplan. Er bat seine Schüler, das Gerücht zu verbreiten, er sei gestorben. Anschließend legten sie ihn in einen Sarg und brachten diesen bei Sonnenuntergang zu einem der Stadttore. Die Kanaim waren von Anfang an misstrauisch und wollten den Leichnam mit dem Schwert überprüfen. Aber die Jünger konnten sie überreden, dies nicht zu tun, und die Kanaim erlaubten ihnen, die Stadt zu verlassen. So entkam Rabban Jochanan aus Jerusalem, ein lebender Mann in einem hölzernen Sarg.

Die Hochschule in Jawne wurde zu einem neuen Zentrum der Thora, des Lernens und des Lehrens.

Rabban Jochanan ben Sakkai bat nun um ein Gespräch mit dem römischen General Vespasian. Er wurde vorgelassen und nannte ihn überraschend »Kaiser«. Zuerst wollte Vespasian ihn dafür töten, da dies einem Hochverrat gleichkam. Doch mitten in der Unterredung kam ein Bote und verkündigte: »Der Kaiser ist gestorben! Nun bist du der Kaiser!« Vespasian nahm daher die Worte von Rabban Jochanan ben Sakkai als Prophetie an und fragte, was er wolle.

Jochanan ben Sakkai bat um drei Dinge: »Ich bitte um die Verschonung der Nachkommen Hillels, um einen Arzt für meinen kranken Freund Gamliel und darum, das Städtchen Jawne und seine Gelehrten zu verschonen.«[19]

Die Wünsche wurden ihm erfüllt. Die Hochschule in Jawne wurde zu einem neuen Zentrum der Thora, des Lernens und des Lehrens und zu dem Ort, wo später der neue Sanhedrin[20] entstand. Dadurch wurden die Thora und das ganze Wissen der jüdischen Weisen bewahrt.

Dank der Fürbitte von Jochanan ben Sakkai wurden außerdem viele Pharisäer vom Tod und von der Gefangenschaft verschont. Denn die meisten Pharisäer waren der Ansicht, dass es besser sei, für das Vaterland zu leben, als für es zu sterben.

Vor der Zerstörung des Tempels regierten die Priester das Volk. Nach der Zerstörung verschwanden sie jedoch aus der Geschichte und etwas später auch die Essener. Die Pharisäer waren die einzige Gruppe, die weiterhin auf das Volk Einfluss hatte. So verschob sich das Zentrum des geistlichen Lebens automatisch nach Galiläa. Dort wurde zum ersten Mal die jüdische mündliche Tradition schriftlich fixiert (Mischna Jehuda Ha Nassi) und dort entstand später der Jerusalemer Talmud, eines der bedeutendsten Schriftwerke, das die Gesetze der Thora auslegt. Dort in Jawne wurde Rabbi oder Rabbiner zu einem Titel für jüdische Gelehrte, während Rabbi vorher einfach eine Anrede war, vergleichbar vielleicht mit dem Begriff »Master«, der früher sowohl einen Meister als auch einen Leibesherrn bezeichnete, heute aber vor allem ein akademischer Titel ist. Wenn Jesus als Rabbi bezeichnet wurde, ist somit kein Funktionsträger in der Synagoge gemeint, da der Begriff zu seiner Zeit noch nicht auf diese Weise verwendet wurde.

Nachdem wir die verschiedenen religiösen Gruppen und ihre Prägung bis zum Jahr 90 n. Chr. betrachtet haben, können wir die Zeit, in der Matthäus sein Evangelium geschrieben hat, besser verstehen. Doch wann war das?

DAS EVANGELIUM NACH MATTHÄUS

Der Autor

Wenn wir ein Buch lesen, dann möchten wir gerne etwas über den Autor wissen: Was für ein Mensch war er? Woher kam er? Für wen schrieb er seinen Text ursprünglich? Das hilft uns, den Text tiefer zu verstehen.

Im Matthäusevangelium werden keine Angaben zum Verfasser gemacht, die traditionelle Theologie betrachtet jedoch Matthäus, den Jünger von Jesus, als Autor des Evangeliums, und ich schließe mich dieser Ansicht an.

Matthäus war ein Jude und der Sohn eines Mannes namens Alphäus. »Matthäus« ist die griechische Form des hebräischen Mattathias oder Mattitjahu, und bedeutet: »Gabe des Herrn« oder »Der Herr ist meine Gabe«.

> Jesus beruft Matthäus direkt von der Arbeit im Zollhaus.

Matthäus gehörte zum Kreis der zwölf Jünger. Die Evangelien beschreiben ihn als einen Zöllner und man geht davon aus, dass er mit Levi identisch ist.[21] Zöllner waren zur Zeit von Jesus beim einfachen Volk nicht sehr beliebt, weil sie mit den Römern kooperierten und von den Überschüssen der Einnahmen lebten. Die Evangelien berichten, wie Jesus Matthäus direkt von der Arbeit im Zollhaus als Jünger beruft.[22]

In der Liste der Apostel wird Matthäus »der Zöllner« genannt. Dieser Beruf ging sicherlich mit gewissen Sprachkenntnissen einher, sodass ich annehme, dass er gebildet war. Daher kann ich mir gut vorstellen, dass tatsächlich Matthäus derjenige ist, der die Reden von Jesus aufgeschrieben hat, die im Evangelium »Aussprüche des Herrn« genannt werden.

Seine Motivation

Was waren die Beweggründe von Matthäus, dieses Buch zu schreiben? Warum verfassen Menschen überhaupt Bücher?

Im Jahre 2014 begann ich, meine Biografie »Hilfe Jesus, ich bin Jude« zu schreiben. In diesem Buch erzähle ich unter anderem von meinem Briefwechsel mit einer älteren Frau, die mich bezüglich ihrer Geschichte im Dritten Reich angeschrieben hatte. Ihr letzter Brief gab mir den entscheidenden Impuls, mein Buch zu verfassen.

So schrieb sie unter anderem:

> Ich hoffe, dass mein Bericht Sie angeregt hat, eventuell auch Ihren Lebensbericht »Meine Geschichte im Lichte des Holocaust« zu schreiben. Ich wünsche und hoffe, dass Sie das wirklich realisieren können. Denn solche Lebensgeschichten regen andere an, über ihr eigenes Leben nachzudenken.
> Ich habe selbst öfter erlebt, dass durch Lebensberichte von anderen Gott zu mir gesprochen hat. Es können einfach lebendige Zeugnisse sein, durch die Gott spricht und handelt. Darum möchte ich Sie fast bitten: Tun Sie es, wenn Sie es irgend möglich machen können. Ich denke, es wäre für so manch einen wichtig, solch einen Lebensweg zu kennen. …
> Ich bin aber auch gewiss, dass Sie selbst durch Ihren Bericht freigesetzt würden zu Neuem, zu neuen Erkenntnissen, neuen Schritten. Ja, ich bete darum, dass Sie es im Laufe der

Zeit schaffen, Ihre Geschichte zu schreiben. Ich denke, es könnte eine wesentliche Aufgabe sein.[23]

Acht Jahre später, nach dem Ausbruch des Krieges in der Ukraine, bekam ich nun mehrere Impulse, das Buch »Hilfe Jesus, ich bin Jude« auf Russisch zu übersetzen. Im Angesicht der momentanen Situation, wo sehr viele Russisch bzw. Ukrainisch sprechende Flüchtlinge nach Deutschland kommen, glaube ich, dass ein solches Buch ihnen den Weg zur Integration und vor allem den Weg zu Jesus ebnen kann.

Ich denke, bei gläubigen Menschen ist es ein göttlicher Funke, der sie motiviert, das Erlebte zu reflektieren und aufzuschreiben. Doch was war der entscheidende Impuls für Matthäus? Was hat ihn dazu bewegt, sein Buch an sein Volk, in erster Linie an die Menschen in seiner Gemeinde zu richten?

Lassen Sie uns versuchen, in die Schuhe des Evangelisten zu schlüpfen und seine Absichten kennenzulernen. Die wichtigsten Gründe dafür, dass Matthäus sein einzigartiges Evangelium schreibt, sind meiner Meinung nach die folgenden:

- Um Israel und vor allem seiner Gemeinde Jesus als jüdischen Messias zu zeigen. Jesus als der verheißene Sohn Davids!
- Um das Dilemma zu lösen: Wie kann ein Jude an Jesus glauben und sein Volk nicht verraten? Wie kann er gleichzeitig Mose treu bleiben und Jesus nachfolgen?
- Um seine jüdischen Leser zu überzeugen, dass sie berufen sind, die Frohe Botschaft allen Völkern zu verkünden.
- Um nicht jüdische Leser mit dem jüdischen Hintergrund des Evangeliums vertraut zu machen.

Bevor ich diese vier wegweisenden Aspekte unter die Lupe nehme, möchte ich kurz auf die Unterschiede zum Markusevangelium eingehen, da diese ebenfalls Hinweise auf die Beweggründe von Matthäus liefern.

Matthäus konnte beim Verfassen seines Evangeliums höchstwahrscheinlich auf das Markusevangelium zurückgreifen, doch sein Text ist deutlich länger. Papias, Bischof von Hierapolis (60 bis etwa 160 n. Chr.) und ein Jünger des Apostels Johannes, erklärt, dass Markus zwar die Worte und Taten von Jesus anhand der Predigten von Petrus notiert hat, ihm aber die chronologische Abfolge fehlte:

> Markus hat die Worte und Taten des Herrn, an die er sich als Dolmetscher des Petrus erinnerte, genau, allerdings nicht ordnungsgemäß, aufgeschrieben. Denn nicht hatte er den Herrn gehört und begleitet; wohl aber folgte er später, wie gesagt, dem Petrus, welcher seine Lehrvorträge nach den Bedürfnissen einrichtete, nicht aber so, dass er eine zusammenhängende Darstellung der Reden des Herrn gegeben hätte. Es ist daher keineswegs ein Fehler des Markus, wenn er einiges so aufzeichnete, wie es ihm das Gedächtnis eingab. Denn für eines trug er Sorge: nichts von dem, was er gehört hatte, auszulassen oder sich im Berichte keiner Lüge schuldig zu machen.[24]

Aus diesen und anderen Zeugnissen von Kirchenvätern lässt sich wie mit einzelnen Puzzlestücken rekonstruieren, wie das Evangelium von Matthäus entstanden ist: Markus schrieb sein Evangelium zuerst. Als Matthäus es las, merkte er wohl, dass es ein von Gott inspiriertes Dokument war, aber, salopp gesagt, fehlte ihm etwas.

Nach dem Zeugnis von Papias war Markus kein Apostel, sondern eine Art Sekretär von Petrus. Er verfasste sein Evangelium vermutlich in Rom. Wie in allen vier Evangelien liegt ein Schwerpunkt auf dem Tod und der Auferstehung von Jesus. Doch es sind auch große Unterschiede zu den anderen Synoptikern zu erkennen. Beispielsweise erwähnt er ein wichtiges Thema nicht, das wir im Matthäusevangelium und in Auszügen im Lukasevangelium finden: die Lehre von Jesus, von der die Bergpredigt einen sehr großen Teil ausmacht.

Aufgrund der inhaltlichen Schwerpunkte kann man davon ausgehen, dass Markus sein Evangelium in erster Linie für Nichtjuden schrieb. Das zeigen Stellen wie die folgende:

> Er (Jesus) sagte ihnen: »Wer sich von seiner Frau scheiden lässt und eine andere heiratet, begeht Ehebruch. Und wenn eine Frau sich von ihrem Mann scheiden lässt und wieder heiratet, begeht sie ebenfalls Ehebruch.«
> *Markus 10,11-12*

Der erste Vers klingt ähnlich wie die entsprechenden Aussagen in Matthäus 5,32 und Lukas 16,18 und ist typisch für rabbinisch-halachische Anweisungen.[25] Das heißt, Jesus legt an dieser Stelle keinen Bibelabschnitt aus, sondern gibt eine praktische Anweisung. Der zweite Vers, der bei Matthäus und Lukas fehlt, drückt dagegen den Gedanken aus, dass sich eine Frau auch von ihrem Mann scheiden lassen könnte. Nach römischem Recht war das damals möglich, aber nicht nach dem jüdischen. Das zeigt, dass das Markusevangelium sich nicht in erster Linie an Juden richtete. Somit gab es Bedarf für ein Evangelium, das den jüdischen Kontext berücksichtigt.

Es gab Bedarf für ein Evangelium, das den jüdischen Kontext berücksichtigt.

Folgende Merkmale weisen darauf hin, dass Matthäus bei seinem Evangelium genau darauf einen Schwerpunkt gelegt hat:

Die Geschlechtsregister und die Thoraauslegung

Das Geschlechtsregister und die Thoraauslegung von Jesus sind wichtige Elemente bei Matthäus. Für die damaligen Heiden hatten die jüdische Abstammung und die jüdischen Gesetze jedoch keine große Bedeutung.

Begriffe der jüdischen Theologie

Matthäus verwendet Begriffe, die nur für fromme Juden verständlich sind. Wenn er über Jerusalem spricht, sagt er beispielsweise »die Heilige Stadt« (Matthäus 4,5; LUT). Ir HaKodesch ist eine typisch jüdische Bezeichnung für Jerusalem und jeder Jude weiß, welche Stadt gemeint ist. Außerdem verwendet er den Ausdruck »Königreich« bzw. »Königsherrschaft des Himmels« (Matthäus 8,11; 20,1). Dieses Himmelreich wird unter dem Namen Malchut HaSchamaim[26] unzählige Male in der jüdischen Literatur und Liturgie erwähnt und wurde von frommen Juden herbeigesehnt. Bei den anderen Evangelisten findet man diesen Ausdruck gar nicht, bei Matthäus im griechischen Neuen Testament dagegen 55-mal.

Hebraismen

Das Evangelium nach Matthäus enthält viele hebräische Ausdrücke, die nicht immer korrekt ins Griechische übersetzt wurden, sogenannte Hebraismen.[27] Z. B. lesen wir in Matthäus 5,3 (LUT): »Selig sind, die da geistlich arm sind; denn ihrer ist das Himmelreich.« Meiner Meinung nach ist dieser Satz für uns Westeuropäer heute total missverständlich. Zum einen werden unter »geistlich Armen« oft Menschen verstanden, die irgendwie »nicht von dieser Welt« sind, und zum anderen versucht man, einen Spagat zu machen, indem man solchen Menschen das Himmelreich als Besitz zuordnet.

Der hebräische Ausdruck »Anjej Ruach« muss jedoch vor allem vor dem Hintergrund der Qumranschriften und der rabbinischen Literatur erklärt werden. Dort sind »geistlich Arme« Menschen, die demütig auf den Tag des Herrn warten und ständig auf das Kommen des Messias harren. Doch auch solche Menschen können das Reich des Himmels nicht besitzen, denn es gehört nicht den Menschen, sondern dem Schöpfer! Besser verstehen wir diese Aussage, wenn wir sie gemäß dem hebräischen Denken übersetzen, als »das Himmelreich besteht aus solchen wie diesen«. Es sind die Menschen, die Gottes Nähe suchen und darunter leiden, dass sie im Moment noch relativ fern von Gott sind (mehr dazu im Kapitel »Die Seligpreisungen« in Teil 3).[28]

Die Bedeutung des Schabbats

Die Gemeinde von Matthäus war sehr jüdisch-traditionell geprägt und legte einen großen Wert auf die Bedeutung des Schabbats. Auch hier wird ein Unterschied zwischen Matthäus und Markus deutlich. Bei Markus, der für Nichtjuden schreibt, lesen wir:

> Es wird die Zeit kommen, da werdet ihr das abscheuliche Götzenbild, das den heiligen Ort entweiht, an dem Platz stehen sehen, an dem es nicht stehen darf. – Wer dies liest, der horche auf! – Dann müssen alle, die in Judäa leben, in die Berge fliehen. Wer draußen vor dem Haus ist, darf nicht ins Haus zurückgehen, um etwas mitzunehmen. Wer auf dem Feld ist, darf nicht mehr heimgehen, und sei es nur, um einen Mantel zu holen. Am schlimmsten wird es für die schwangeren Frauen und stillenden Mütter sein. Und betet, dass eure Flucht nicht im Winter geschieht.
> *Markus 13,14-18*

Die gleiche Aussage findet sich auch bei Matthäus. Aber er fügt noch etwas Wichtiges hinzu:

> Betet darum, dass ihr nicht im Winter oder an einem Sabbat fliehen müsst.
> *Matthäus 24,20*

Warum ist dieser Zusatz »oder an einem Sabbat« wichtig für Juden? Weil sie den Schabbat heiligen! Nach dem jüdischen Gesetz darf sich ein frommer Jude am Schabbat nicht mehr als einen Kilometer von seinem Wohnort entfernen. Als Grundlage dafür gilt 2. Mose 16,29:

> Ich habe euch den siebten Tag, den Sabbat, als Ruhetag gegeben. Deshalb gebe ich euch am sechsten Tag Nahrung für zwei Tage. Am Sabbat sollt ihr zu Hause bleiben. Niemand soll an diesem Tag das Lager verlassen.

Wir lesen im Neuen Testament, dass diese Regel auch für Jesus und seine Jünger wichtig war:

> Da kehrten sie nach Jerusalem zurück von dem Berg, der Ölberg heißt und nahe bei Jerusalem liegt, einen Sabbatweg entfernt.
> *Apostelgeschichte 1,12;* LUT

Die Leser von Matthäus, die jüdischen Jünger von Jesus, sollen dafür beten, dass sie nicht am Schabbat fliehen müssen, weil sie dann das Schabbatgebot brechen würden und zusätzlich ein schlechtes Zeugnis für andere Juden wären.

Diese Merkmale weisen unmissverständlich darauf hin, dass Matthäus die Juden ganz besonders im Blick hatte. Die Ergänzung bezüglich des Schabbats soll zeigen, dass Juden, die an Jesus glauben, auch Thoraobservant sind, das heißt, sich streng an die Regeln der Thora halten und keinen Wechsel zu einer anderen Religion vollzogen haben.

Es gibt Gebote, die für die jüdischen Nachfolger sehr wichtig sind.

Gleichzeitig ist es eine wichtige Information an die Heidenchristen, die zeigt: Es gibt Gebote, die für die jüdischen Nachfolger sehr wichtig sind. Die nicht jüdischen Geschwister dürfen lernen, dass Juden und Nichtjuden in Gottes Plan unterschiedliche Berufungen haben und sich trotzdem als Geschwister annehmen sollen. Diese wertvolle Idee verdeutlicht Paulus sehr gut, wenn er schreibt:

> Wer einen bestimmten Tag bevorzugt, tut es zur Ehre des Herrn. Und wer Fleisch isst, tut es zur Ehre des Herrn; denn er dankt Gott dabei. Und wer kein Fleisch isst, unterlässt es zur Ehre des Herrn und auch er dankt Gott.
>
> Römer 14,6; EÜ

Nachdem die Motive von Matthäus deutlich geworden sind, stellt sich die Frage, wann er seinen Text geschrieben hat.

Die Zeit

Als ich vor dreißig Jahren mit meiner Familie nach Deutschland kam, erzählte ich oft meinen jüdischen Bekannten und Freunden von Jesus. Viele waren sehr skeptisch und manche äußerten den

Verdacht, dass ich zum Christentum übergetreten sei, um mich an die deutsche Kultur anzupassen. Deshalb war es mir wichtig, ihnen zu erklären, dass ich meine Entscheidung, Jesus nachzufolgen, bereits einen Monat vor meiner Ausreise aus der Ukraine getroffen hatte. Damit war der Verdacht der Anpassung vom Tisch.

Wie dieses Beispiel zeigt, kann es sehr entscheidend sein, wann ein Ereignis stattgefunden hat. So ist es auch mit den Büchern der Bibel. Eine Kenntnis der Entstehungszeit ermöglicht es uns, den geschichtlichen Kontext zu betrachten, um Ereignisse besser zu verstehen und einzuordnen.

Leider wissen wir nicht genau, wann Matthäus sein Evangelium geschrieben hat, denn wir finden im Neuen Testament keine direkte Angabe dazu.[29] Die meisten Bibelwissenschaftler gehen davon aus, dass das Matthäusevangelium nach dem Markusevangelium entstanden ist, das oft als das älteste Evangelium angesehen wird. Für das Matthäusevangelium ziehen Bibelwissenschaftler eine Entstehung zwischen 40 und 90 n. Chr. in Betracht. Im Wesentlichen unterscheiden sich die Meinungen in einem wichtigen Punkt: Wurde es vor der Tempelzerstörung im Jahr 70 n. Chr. geschrieben oder danach?

Es gibt für beide Theorien gute Argumente. Zum Beispiel schreibt Carl Friedrich Keil:

> Das erste Evangelium ist in der Hauptsache vor der Zerstörung Jerusalems (im J. 70) geschrieben. Man kann dieses angezeigt finden in der Abwesenheit aller Andeutungen darüber, dass das Jerusalem der Tage Jesu, welches die Stadt eines großen Königs ist, welches die Gold- und Steinpracht des Tempels, Altar und Opfer, wandelnde Priester und religiöse Parteien besitzt, zur Zeit des Schriftstellers nicht mehr ist.[30]

Dagegen bringt Gerhard Maier viele Argumente für ein späteres Datum. Die Tatsache, dass in Matthäus 23,2-3 auf dem Stuhl von Mose nicht die Sadduzäer, sondern die Pharisäer und die Schriftgelehrten sitzen, lässt auf eine Abfassung nach dem Krieg schließen. Ein weiterer Anhaltspunkt für eine relativ späte Entstehung des Matthäusevangeliums ist die trinitarische Formel im vorletzten Vers. Maier weist außerdem darauf hin, dass Matthäus einen längeren Abstand zum Jüdischen Krieg von 66 bis 73 n. Chr. haben muss, da in seinem Evangelium diese Katastrophe nur zweimal angedeutet, aber nicht ausführlicher erwähnt wird.[31]

Ich bin wie Gerhard Maier der Ansicht, dass das Evangelium von Matthäus erst einige Jahre nach dem Jüdischen Krieg geschrieben wurde, und gehe von etwa 85 n. Chr. aus. Die Gemeinde von Jesus stand damals vor einigen Herausforderungen, die sich durch den religiösen Hintergrund ergeben, vor dem sie sich entwickelt hat.

Die ersten zwei Jahrzehnte nach der Tempelzerstörung sind sehr wichtig, um die jüdische Weltanschauung und manche modernen Entwicklungen zu verstehen. Der Einfluss der jesusgläubigen Juden auf das Volk war damals groß. So lesen wir in der Apostelgeschichte, dass die Gemeinde rasch von 120 Personen auf mehrere Tausend anwuchs (Apostelgeschichte 21,20), und dass der Hohepriester zu den Jüngern sagte, sie hätten ihre »Lehre von Jesus in ganz Jerusalem verbreitet« (Apostelgeschichte 5,28). Außerdem begannen mit dem Apostel Paulus neben Heiden auch sogenannte »Gottesfürchtige« den Glauben an Jesus anzunehmen, das heißt Menschen, die sich zum Judentum hielten, ohne selbst Juden zu sein.

> Eine der wichtigsten Dimensionen im Leben eines frommen Juden ist das Gebet.

Das beunruhigte die Pharisäer in Jawne. Einerseits hielten sie die Jesusbewegung für eine Irrlehre, andererseits lebten die Gottesfürchtigen streng nach der Thora und unterstützten die Synagogen finanziell. Wenn diese Menschen nun alle die Seite gewechselt hätten, indem sie Jesusnachfolger geworden wären, dann hätten die Pharisäer einen großen Teil der Gemeinde verloren.

An dieser Stelle möchte ich betonen, dass nicht alle Pharisäer Gegner der Jesuaner waren. Viele Pharisäer, einschließlich Paulus, wurden selbst ein Teil der Gemeinde von Jesus und manche blieben dabei weiterhin Pharisäer. Die Apostelgeschichte berichtet über einen pharisäischen Flügel in der Urgemeinde (Apostelgeschichte 15,5). Den Leitern der Pharisäer war die Jesusnachfolge jedoch ein Dorn im Auge und nach der Zerstörung des Tempels diskutierten die Rabbiner in Jawne darüber, wie man dem messianischen Einfluss widerstehen könne.

Eine der wichtigsten Dimensionen im Leben eines frommen Juden ist das Gebet. Es durchdringt das jüdische Leben vom Morgen bis zum Abend. Zu den ältesten Gebeten, die im Judentum bekannt sind, gehört das Achtzehnbitten-Gebet, das noch heute den Mittelpunkt der Gottesdienste bildet.

Einer der Gelehrten, Schmuel Ha Katan, fügte diesem Gebet nun eine Bitte hinzu, einen Fluch gegen die Ketzer.

> Birkat ha Minim – Der Fluch gegen die Ketzer
> Den Verleumdern sei keine Hoffnung, und alle Übeltäter mögen augenblicklich untergehen und alle Feinde deines Volkes sollen bald ausgerottet werden, und entwurzle, zerschmettre, vernichte und demütige die Frevler bald, in unseren Tagen. Gesegnet seist du, Ewiger, der du die Feinde zerschmetterst und die Frevler demütigst.[32]

Aus der Sicht der Rabbiner gab es damals neben den jesusgläubigen Juden noch viele andere Häretiker, beispielsweise die Gnostiker, eine Sekte, die an den Dualismus[33] glaubte. Außerdem wurden Juden, die mit den Römern kooperierten, zu Verrätern erklärt.

Ich persönlich glaube, dass diese zwölfte Bitte in erster Linie gegen solche Verleumder gerichtet war. Dafür gibt es auch Zeugnisse aus der jüdischen mündlichen Tradition. Aber für jüdische Jesusnachfolger wurde diese Formulierung zu einem Problem.

Stellen Sie sich folgende Situation vor: Sie sind Jude und leben im Jahr 85 n. Chr. irgendwo in Galiläa oder Antiochien (Syrien). Sie glauben an Jesus und am Schabbat gehen Sie in die Synagoge, um zu beten. Dann würden Sie sicherlich auch einmal eingeladen, öffentlich und laut das Gebet Amida zu leiten. Im Tempel in Jerusalem durften nur Priester dienen. In der Synagoge dagegen sind alle gleich, zumindest die männlichen Juden ab 13. Jeder Teenager und jeder Mann darf das Gebet vortragen.

Sie werden also beim Schacharit (Morgengebet) gebeten, das Amida-Gebet zu leiten. Manche Leute in Ihrer Synagoge wissen, dass Sie an Jesus glauben, und beobachten, wie Sie das Gebet vortragen. Nun stecken Sie in einem Dilemma: Einerseits wollen Sie auf keinen Fall die Jesusnachfolger verfluchen. Andererseits wollen Sie nicht aus der Synagoge ausgeschlossen werden und vor Ihrem eigenen Volk als Verräter gelten.

Als Jesus einen Blindgeborenen heilte, kam ein Prüfungskomitee zu dessen Eltern, um sie zu verhören, doch sie wichen aus: »Er ist alt genug, um für sich selbst zu sprechen. Fragt ihn doch selbst« (Johannes 9,21). Johannes erklärt, dass sie Angst hatten, aus der Synagoge ausgeschlossen zu werden (Vers 22).

Dieser Ausschluss aus der Synagoge hatte nicht nur religiöse Nachteile. Ein moderner Artikel beschreibt einen solchen Bann folgendermaßen:

> Der Betroffene wird wie ein Nichtjude behandelt; seine Kinder dürfen keine jüdische Schule besuchen, auch ist für sie weder die Brit Mila noch eine jüdische Hochzeit möglich, und seine Frau darf keine Mikwe besuchen. Einer, der im Bann stirbt, erhält auch kein jüdisches Begräbnis; wohl bestattet man ihn, aber ohne die übliche Zeremonie und auch ohne Trauerrede, dafür legt man ihm einen großen Stein auf den Sarg.[34]

Einer meiner Lehrer kam als orthodoxer Jude zum Glauben an Jesus. Durch sein Zeugnis kamen noch andere jüdisch-orthodoxe Männer zum Glauben. Es ist herrlich, dass sie den Glauben an den Messias gefunden haben. Im täglichen Leben hatte dies jedoch schwerwiegende Folgen für sie. Keiner von ihnen fand eine richtige Arbeit, denn sie hatten nichts gelernt außer Thoraschreiben und andere religiöse Angelegenheiten. Sie bekamen keine Unterstützung mehr von ihren Gemeinden. Einige der Männer wurden von ihren Frauen verlassen und ihre Verwandten wandten sich von ihnen ab. Das Schlimmste war, dass diese Leute leider nicht wie andere Neubekehrte in der Gemeinde Anschluss und eine neue Familie fanden. Mit ihrem orthodoxen Lebensstil, den sie beibehielten, passten sie in keine christliche Gemeinde.

> Wie kann ich Jesus nachfolgen und Mose und mein Volk nicht verraten?

So ähnlich war die Situation eines Gebannten zur Zeit von Jesus. Alle sozialen Beziehungen wurden abgebrochen und das Leben der ganzen Familie war bemitleidenswert.

Verstehen Sie das Dilemma der jesusgläubigen Juden damals? Sie hatten viele existenzielle Fragen. Die wichtigsten waren: Ist es wirklich ein Dienst für den Gott Israels, wenn ich Jesus nachfolge? Wie kann ich Jesus nachfolgen und Mose und mein Volk nicht verraten?

Das Markusevangelium klärte die Fragen der jesusgläubigen Juden nicht ausreichend, weil es den jüdischen Kontext nicht berücksichtigt. Deshalb schrieb Matthäus sozusagen eine erweiterte Fassung – sein Evangelium ist fast doppelt so lang –, in der er Jesus als den erwarteten Messias vorstellt.

Doch warum tat er das auf Griechisch? Oder ist das gar nicht die Originalsprache seines Buchs?

Die ursprüngliche Sprache

Griechisch war im ersten Jahrhundert die Lingua franca der gelehrten Welt. Viele namhafte Juden in der Antike schrieben auf Griechisch, zum Beispiel der berühmte jüdische Geschichtsschreiber Josephus Flavius, Philo von Alexandria oder der Apostel Paulus – drei Menschen mit völlig unterschiedlichen Biografien. Viele ihrer Dokumente sind heute immer noch für uns zugänglich und geben uns wichtige Informationen, um die Geschichte zu rekonstruieren.

Auch die ältesten Überlieferungen des Neuen Testaments, so wie wir es heute kennen, sind in Griechisch verfasst. Doch es ist davon auszugehen, dass einige dieser Texte ursprünglich in anderen Sprachen geschrieben wurden. Dies gilt auch für das Matthäusevangelium. Obwohl die ältesten überlieferten Manuskripte des Evangeliums auf Griechisch verfasst wurden, bin ich der Meinung, dass das Original auf Hebräisch verfasst war, und zwar aus gutem Grund.

Einige Indizien finden sich im Evangelium selbst. So betonen viele Bibelgelehrte, dass darin ein semitischer Sprachhintergrund erkennbar ist. Außerdem hatte Matthäus, dessen Heimatsprache Hebräisch war, eine gute Kenntnis von jüdischen Sitten und Gebräuchen sowie ein hohes Interesse an den Worten von Jesus über das jüdische Gesetz.

Doch es gibt auch außerbiblische Quellen zur frühen Kirchengeschichte. Eine der wichtigsten ist Eusebius, ein christlicher Theologe und Geschichtsschreiber aus Caesarea. In seiner »Kirchengeschichte« hat Eusebius eine Menge wertvoller Zitate von Menschen gesammelt, die zur ersten und zweiten Generation der Jünger von Jesus zählten.

Zu diesen gehört der bereits erwähnte Papias. Er kannte einige der ersten Jünger von Jesus persönlich und ist daher ein wichtiger Zeitzeuge. Laut Eusebius von Caesarea schrieb er: »Matthäus hat in hebräischer Sprache die Reden zusammengestellt; ein jeder aber übersetzte dieselben so gut er konnte.«[35]

Dabei stellt sich die Frage: Warum sollten wir Papias vertrauen? Woher und von wem bezieht Papias seine Informationen? Mich hat das folgende Zitat überzeugt:

> Ohne zu zögern, will ich für dich alles, was ich je von den Älteren genau erfahren und dem Gedächtnis genau eingeprägt habe, zugleich mit den Auslegungen verbinden, und verbürge mich für dessen Wahrheit. Denn ich hatte nicht, wie die meisten, an denen Freude, die viele Worte machen, sondern an denen, welche die Wahrheit lehren. Auch nicht an denen, welche die fremden Gebote anführen, sondern an denen, welche die vom Herrn dem Glauben gegebenen und aus der Wahrheit selbst entspringenden Gebote bieten. Kam einer, der den Älteren nachgefolgt war, dann erkundigte ich mich nach den Lehren der Älteren und fragte: »Was sagte Andreas, was Petrus, was Philippus, was Thomas oder Jakobus, was Johannes oder Matthäus oder irgendein anderer

> von den Jüngern des Herrn, was dann ja auch Aristion und der sogenannte ›Älteste‹, nämlich Johannes, ebenfalls ein Jünger des Herrn, sagen.« Denn ich war der Ansicht, dass aus Büchern geschöpfte Berichte für mich nicht denselben Wert haben können wie das lebendige und beständige mündliche Zeugnis.[36]

Die Worte von Papias klingen für mich sehr authentisch, denn er greift auf die unmittelbaren Quellen, auf die Worte von Zeitzeugen, nämlich den Jüngern von Jesus, zurück.

Zudem bestätigt ein anderer Zeitzeuge, Irenäus von Lyon (ca. 180 n. Chr.), seine Aussage:

> Matthäus hat bei den Hebräern in deren Muttersprache ein Evangelium geschrieben, während Petrus und Paulus in Rom das Evangelium verkündeten und die Kirche begründeten. Nach dem Tode dieser beiden Apostel hat uns Markus, der Schüler und Dolmetscher des Petrus, das, was Petrus predigte, ebenfalls schriftlich überliefert. Lukas, der Begleiter des Paulus, hat das von Paulus verkündete Evangelium niedergeschrieben. Endlich hat Johannes, der Schüler des Herrn, der auch an dessen Brust geruht, während seines Aufenthaltes zu Ephesus in Asien sein Evangelium herausgegeben.[37]

Insgesamt belegen sieben wichtige historische Quellen, dass das Original des Matthäusevangeliums auf Hebräisch geschrieben wurde.[38] Später wurde es ins Griechische übersetzt und das hebräische Original ging verloren. Die älteste überlieferte Übersetzung ist der Kodex Sinaiticus aus dem Jahr 350, der in der Universitätsbibliothek in Leipzig aufbewahrt wird.

Nun können die wenigsten Christen flüssig Altgriechisch lesen. Somit greifen wir normalerweise auf eine Übersetzung und somit eine Interpretation dieser Übersetzung zurück. Allein im deutschen Sprachraum gibt es zig unterschiedliche Übersetzungen des Neuen Testaments und jede einzelne ist zugleich eine Auslegung der Person, die den Text übersetzt hat. Dabei spielen die Kultur sowie die eigene Glaubens- und Auslegungstradition eine entscheidende Rolle, denn für die meisten Wörter gibt es mehrere Übersetzungsmöglichkeiten.

> Das Original des Matthäusevangeliums wurde höchstwahrscheinlich auf Hebräisch geschrieben.

Wir können den Originaltext nicht rekonstruieren, aber wenn uns bewusst ist, dass das Evangelium nach Matthäus ursprünglich ein jüdisches Dokument war, haben wir die Möglichkeit, es durch die jüdische Brille zu lesen. Diese jüdische Betrachtungsweise beginnt mit der Struktur.

Aufbau

Für sein Evangelium hat Matthäus eine ganz besondere Struktur gewählt. Diese entspricht nach Ansicht einiger Wissenschaftler,[39] denen ich mich anschließe, dem Muster der fünf Bücher Mose beziehungsweise der Thora. Abgesehen von einer Einführung (Kap. 1–2: Geschlechtsregister; Geburt des Messias) und einem Schluss (Kap. 27–28: Tod, Auferstehung und Missionsauftrag) werden fünf große Themen behandelt.

Da der Aufbau des Matthäusevangeliums so viele Parallelen zu den fünf Büchern Mose hat, nennt man Kapitel 3 bis 27 auch »matthäische Thora«. Die wichtigsten Themen der »matthäischen Thora« sind die folgenden:

- 1. Buch (Kap. 3–7): Die Richtlinien des Gottesreiches, Johannes der Täufer, die Taufe von Jesus, die Versuchung und die Bergpredigt
- 2. Buch (Kap. 8–10): Taten von Jesus, Jüngerschaft und Nachfolge
- 3. Buch (Kap. 11–13): Das Himmelreich
- 4. Buch (Kap. 13–19): Das Geheimnis der Gottesherrschaft, Vollmacht für die Jünger, wahrer Reichtum mit Ewigkeitswert.
- 5. Buch (Kap. 19–26): Der Weg des Kreuzes, Nachfolge, das zweite Kommen von Jesus, sieben Gleichnisse über das Gericht

Der Aufbau zeigt sich auch in den fünf Reden von Jesus, die Matthäus anführt. So wie die fünf Bücher Mose die Absicht Gottes mit seinem Volk weitergeben, so enthalten die im Folgenden genannten fünf Reden die Substanz der Weisungen des Messias:

- Bergpredigt
- Aussendungsrede
- Himmelreichsrede
- Gemeinderede
- Endzeitrede

Warum hat Matthäus ausgerechnet diesen Aufbau für sein Evangelium gewählt?

Die Antwort auf diese Frage hängt mit einer anderen zusammen: Wer ist die wichtigste Person, die mit der Thora verbunden ist?

Juden würden antworten: Mose.

Doch zugleich ist der Messias eng mit ihr verbunden, denn nach jüdischer Vorstellung sollte er vor allem ein ausgezeichneter Lehrer der Thora sein. Dies verdeutlicht beispielsweise die Aussage der samaritischen Frau: »Ich weiß, dass der Messias kommen wird – der, den man den Christus nennt. Wenn er kommt, wird er uns alle diese Dinge erklären« (Johannes 4,25).

In der Thora findet sich folgende Ankündigung des Messias:

> Ich will einen Propheten wie dich einsetzen, den ich aus ihrem Volk erwähle. Diesem Propheten werde ich meine Worte in den Mund legen und er wird dem Volk alles sagen, was ich ihm auftrage.
> *5. Mose 18,18*

Die Messiaserwartungen sind also eng mit Mose und der Thora verknüpft. Und wenn ein Prophet wie Mose kommen würde – das heißt, ein Mann mit derselben oder sogar noch einer größeren Kraft und Autorität –, was wäre dann die Aufgabe dieses Propheten? Eigentlich das, was die Hauptaufgabe aller biblischen Propheten ist: dem Volk den Willen Gottes nahezubringen.

Beim Wort Prophet denken viele Menschen an einen Hellseher, doch das entspricht nicht dem biblischen Verständnis. Zwar haben viele Propheten zukünftige Ereignisse vorhergesagt – manchmal sogar Ereignisse einer sehr fernen Zukunft –, aber der primäre Dienst eines biblischen Propheten war es, den Menschen im Volk Gottes den Willen Gottes für ihr Leben aufzuzeigen und sie darauf hinzuweisen, wenn sie von diesem Weg abgewichen waren.

Der Wille Gottes für das Volk Israel aber findet sich in der Thora. Deshalb wurde von dem zukünftigen Messias erwartet, dass er seiner Generation den tieferen Sinn der Thora auslegen würde. Das erklärt, warum Matthäus sein Evangelium auf eine ganz bestimmte Art und Weise aufgebaut und einen Schwerpunkt auf die Lehre von Jesus gelegt hat.

Jesus und Mose

Die Parallelisierung von Mose und Jesus beschränkt sich jedoch nicht auf den Aufbau des Evangeliums als matthäische Thora. Es gibt auch im Leben von Jesus und Mose beziehungsweise von Jesus und dem ganzen Volk Israel Parallelen, von denen einige in der folgenden Tabelle aufgelistet sind:

MOSE	JESUS
Kurz nach seiner Geburt gerät er in unmittelbare Todesgefahr. Der Pharao hat den Tod vieler unschuldiger jüdischer Kinder angeordnet.	Kurz nach seiner Geburt gerät er in unmittelbare Todesgefahr. Herodes hat den Tod vieler unschuldiger jüdischer Kinder angeordnet.
Mose wird durch ein Wunder gerettet.	Jesus wird durch ein Wunder gerettet.
Mose verbringt seine Kindheit in Ägypten.	Jesus verbringt einen Teil seiner Kindheit in Ägypten.
Auf den Befehl von Mose wird das Meer gespalten.	Jesus beherrscht das Meer.
Mose geht aus Ägypten bis zur Grenze von Kanaan (zukünftig: Israel).	Jesus kommt aus Ägypten nach Israel.
Mose fastet 40 Tage auf dem Sinai.	Jesus fastet 40 Tage in der Wüste.
Mose hat ein »Team« von siebzig Mitarbeitern.	Jesus sendet siebzig Jünger aus.
Mose bekommt die Offenbarung Gottes auf einem Berg.	Jesus steigt auf einen Berg und gibt die Offenbarung Gottes an Israel weiter.
Mose erlebt, dass sein Gesicht nach der Begegnung mit Gott übernatürlich strahlt.	Jesus erlebt, dass die Herrlichkeit Gottes durch sein Gesicht strahlt.
Mose übt Fürbitte für sein Volk.	Jesus übt Fürbitte für sein Volk.

DAS VOLK ISRAEL	JESUS
Israel geht durch das Wasser (Schilfmeer, Jordan).	Jesus geht durch das Wasser (Taufe im Jordan) und auf dem Wasser.
Israel wird der erstgeborene Sohn genannt (2. Mose 4,22).	Jesus ist der erstgeborene Sohn.
Israel geht durch die Wüste (40 Jahre).	Jesus geht in die Wüste (40 Tage).
Israel wird in der Wüste geprüft.	Jesus wird in der Wüste geprüft.

Markus Spieker schlägt in seinem aktuellen Buch »Jesus« einen ganz anderen Weg vor als ich, um ihn als Person hervorzuheben. Er erzählt die Story von Jesus als welthistorisches Drama: von den Ursprüngen der Zivilisation bis hin zur Corona-Krise. Aber an einer Stelle kommt er zu der gleichen Schlussfolgerung: Das Schicksal des Messias und das Schicksal Israels weisen große Parallelen auf:

> Der Kleinstaat Israel ist im Weltzusammenhang so unbedeutend wie der Schreinersohn Jesus im galiläischen Kontext. So wie Jesus im Schatten von Führungspersönlichkeiten wie Augustus und Tiberius, Herodes und Kaifas steht, sie aber bald alle überstrahlt, so geht es auch dem Volk Israel. Ein scheinbar Über-Mächtiger nach dem anderen kreuzt seinen Weg: Pharao Ramses, Assyrerkönig Assurbanipal, Babylons Nebukadnezar, die Perserkönige Kyros, Darius und Xerxes, Alexander der Große und schließlich der mächtigste aller Imperatoren, Augustus. Sie alle hinterlassen im Vergleich zur Schneise, die Israel in der Geschichte schlägt, nur Trampelpfade.[40]

Ein jüdisches Evangelium?

Geschlechtsregister, Gleichnisse, der Bezug zur Thora, der Aufbau, Hebräisch als ursprünglich gewählte Sprache, das alles spricht dafür, dass Matthäus einen besonderen Wert auf die Verbindung mit dem jüdischen Glauben legte, als er sein Buch schrieb. Die Namen, die für den Messias gebraucht werden – Immanuel, Nazoräer, Menschensohn – aber auch die geografischen Schauplätze, die Zitate aus den Propheten – das alles hat einen Bezug zur Hebräischen Bibel!

Daraus könnte man schließen, dass Matthäus in erster Linie für Juden und jüdische Jesusnachfolger schrieb, die seine Codes verstehen konnten. Doch es gibt eindeutige Hinweise darauf, dass sein Evangelium auch an die Heiden adressiert war.

> In der Bibel kommt immer wieder zum Ausdruck, dass Ausländer unter Gottes besonderem Schutz stehen.

Gleich am Anfang werden Nichtjuden im Geschlechtsregister von Jesus erwähnt.[41] Der sogenannte Missionsbefehl ist eine Ausweitung des Auftrags, der zunächst nur Juden galt, auf alle Völker.[42] Die Episode mit dem römischen Hauptmann ist ebenfalls ein wichtiger Anhaltspunkt, dass das Evangelium sich auch an Nichtjuden richtet. Jesus sagte über ihn: »Einen solchen Glauben habe ich bisher in ganz Israel noch nicht erlebt!« (Matthäus 8,10). Dies macht deutlich: Nichtjuden sind genauso wie Juden an den Glauben an den Gott Israels berufen.

Daher gilt beides: Matthäus schrieb sein Evangelium für Juden, denn er wollte den Juden vor Augen führen, dass Jesus der wahre Messias ist, auf den sie warten. Gleichzeitig verdeutlicht er durch sein Evangelium wichtige Zusammenhänge und öffnet dadurch für Nichtjuden den Zugang zu dem Gott Israels.

Schon im ersten Buch der Bibel wird bei der Berufung von Abraham deutlich, dass Gott sich zwar ein Volk erwählt, aber letztlich alle Völker im Blick hat. In der gesamten Hebräischen Bibel kommt immer wieder zum Ausdruck, dass Nichtjuden, die unter den Juden leben, unter Gottes besonderem Schutz stehen und Menschen aus anderen Völkern in Gottes Volk integriert werden können wie beispielsweise Rut.[43] Matthäus schlägt mit seinem Evangelium in besonderem Maße eine Brücke zwischen der Hebräischen Bibel und dem Wirken von Jesus und macht deutlich, dass der Gott Israels letztlich der Gott aller Menschen ist.

Dieser zweite Aspekt kommt auch deutlich in der Begegnung von Jesus mit einer kanaanäischen Frau zum Ausdruck. Er betont, dass der Glaube dieser Heidin groß ist, und diesen Glauben hat sie auf den Messias Israels gesetzt (Matthäus 15,21-28).

Matthäus möchte mit seinem Evangelium also gleichermaßen Juden wie Nichtjuden erreichen. Dabei benutzt er besondere Methoden, die für uns heute nicht mehr ohne Weiteres verständlich sind, deren Kenntnis aber unser Glaubensleben bereichern kann. Zwei davon möchte ich im nächsten Kapitel vorstellen.

VERBORGENE SCHÄTZE

Paulus schreibt in Römer 3,1-2:

> Welchen Vorteil hat es dann eigentlich, Jude zu sein? Und was für einen Nutzen hat überhaupt noch die jüdische Beschneidung? Nun, Jude zu sein, hat viele Vorteile, vor allem aber den, dass den Juden die Worte Gottes anvertraut wurden.

Der Apostel bestätigt damit die Tatsache, dass das Wort Gottes in erster Linie dem jüdischen Volk gegeben wurde. Israel hat sich mit diesem heiligen Wort über 3 500 Jahre beschäftigt. In dieser Zeit haben die Weisen verschiedene Methoden der biblischen Auslegung entwickelt, die vor allem den kulturellen und historischen Hintergrund der biblischen Geschichte berücksichtigen.

Paulus schreibt, dass er unter dem großen Lehrer Gamaliel die Thora studiert hat (Apostelgeschichte 22,3). Dieser Gamaliel war ein Enkel des großen Weisen Hillel, der seinerseits die ersten Grundlagen der jüdischen Hermeneutik (Lehre der Auslegung) entwickelte. Sowohl Matthäus als auch Paulus kannten die jüdische Hermeneutik sehr gut und wandten sie in ihren Texten an.

Meines Erachtens ist es sehr bereichernd, wenn auch Christen diese Methoden kennenlernen und dadurch das Wort Gottes besser verstehen.

Die Rolle der Zahlen

Wenn wir in unseren deutschen, russischen oder englischen Bibeln bestimmte Zahlen lesen, machen wir uns normalerweise nicht viele

Gedanken, was sie bedeuten könnten. Warum sollten wir uns den Kopf darüber zerbrechen, dass Petrus ausgerechnet 153 Fische mit dem Netz aus dem See gezogen hat? Oder darüber, dass Abraham 318 Diener mitnahm, um Lot zu befreien?

Für Matthäus sind solche Zahlen jedoch wichtig – und nicht nur für ihn, sondern für jeden bibelkundigen Juden, denn sie sind Teil der biblischen Zahlenkunst Gematria.[44] Gematria ist eine Technik, bei der Wörter mithilfe von Zahlen interpretiert werden. Es gibt verschiedene Schlüssel, um Buchstaben Zahlenwerte zuzuordnen und so Bedeutungen zu entdecken und Elemente zueinander in Beziehung zu setzen.

Ein strukturelles Beispiel für Gematria findet sich im Aufbau des Matthäusevangeliums. Wie bereits erwähnt orientiert sich Matthäus an der Thora. Allerdings baut er noch zwei zusätzliche Abschnitte ein, die ersten beiden Kapitel des Matthäusevangeliums (Prolog) und die letzten zwei Kapitel (Schluss). Die Thora hat 5 Bücher. 5+2=7.

Die Sieben ist im Judentum die Zahl der Vollkommenheit. Wir kennen sieben Schöpfungstage, sieben Tage der Woche, jedes siebte Jahr war ein Jahr der Ruhe für das Land und jedes siebte Mal brachten sieben Jahre das Freudenfest (Jubeljahr). Es gibt sieben Feste des Herrn und vieles mehr.

Auch bei Matthäus spielt die Zahl Sieben eine wichtige Rolle:

- Das Vaterunser hat sieben Bitten (Kap. 6,9-13).
- Er erzählt sieben Gleichnisse über das Reich Gottes (Kap. 13).
- Er nennt sieben wichtige Eigenschaften der Gemeinde (Kap. 18).
- Beim zweiten Wunder der Brotvermehrung gibt es sieben Fische und es bleiben sieben Körbe übrig (Kap. 15,32-38).

- Im Gespräch mit Petrus über das Vergeben kommen die Zahlen 7 und 70 x 7 vor (Kap. 18,21-22).
- Es gibt sieben Gleichnisse über die letzten Tage (Kap. 24–25).

Aber nicht nur Gematria, sondern überhaupt die Zahlen und ihre Wiederholung waren bei den Juden seit Urzeiten eine wichtige Komponente der mündlichen Tradition. Zudem war es eine ausgezeichnete Methodik beim Auswendiglernen, bedeutende Ereignisse mit Zahlen zu verknüpfen. Das zeigt das folgende Zitat aus der Mischna:

1. Durch zehn Worte ward die Welt erschaffen. Was lehrt das? Konnte sie doch auch durch ein Wort erschaffen werden? Es geschah, damit die Gottlosen, welche die durch zehn Worte geschaffene Welt verderben, umso strenger bestraft würden, und damit die Gerechten, welche die durch zehn Worte geschaffene Welt erhalten, umso reicher belohnt würden.
2. Zehn Generationen sind von Adam bis Noah. Das zeigt seine Langmut; denn alle Generationen fahren fort, ihn zu erzürnen, er aber brachte erst dann die Wasser der Sintflut über sie.
3. Zehn Generationen sind es von Noah bis Abraham. Das zeigt seine Langmut, denn alle Generationen fahren fort, ihn zu erzürnen. Dann erst erschien unser Vater Abraham und empfing den ganzen Lohn.
4. Durch zehn Versuchungen ward unser Vater Abraham geprüft, und er hielt stand in allen. Das zeigt, wie sehr unser Vater Abraham geliebt ward.
5. Zehn Wunder geschahen an unseren Vätern in Ägyptenland und zehn am Meer.

6. Durch zehn Versuchungen versuchten unsere Väter Gott in der Wüste, denn es steht geschrieben (4. Mose 14,22): die mich nun zehnmal versucht und meiner Stimme nicht gehorcht haben.
7. Zehn Wunder geschahen an unseren Vätern im Tempel: Nie hat ein Weib fehlgeboren durch den Geruch des heiligen Fleisches; nie wurde das heilige Fleisch übel riechend; nie sah man eine Fliege im Schlachthaus; nie stieß dem Hohenpriester zu, dass er sich durch nächtlichen Samenerguss verunreinigte am Versöhnungstag; nie hat der Regen das Feuer auf dem Altar gelöscht; nie hat der Wind die Rauchsäule auf dem Altar niedergedrückt; nie fand sich Fehlerhaftes an der Webegarbe und den zwei Webebroten und den Schaubroten; zusammengedrängt stand das Volk im Tempel zum Gottesdienst und hatte doch Raum, sich niederzuwerfen; nie hat eine Schlange oder ein Skorpion einem Menschen in Jerusalem ein Leid getan; und nie hat einer zum andern gesagt: Es ist mir zu eng in Jerusalem, dass ich da übernachte.
8. Zehn Dinge wurden erschaffen in der Dämmerung am Vorabend des Sabbats: Der Mund der Erde (4. Mose 16,31), die Öffnung des Brunnens (4. Mose 20,7-11, 21,16), das Maul der Eselin (4. Mose 22,28), der Regenbogen (1. Mose 9,13), das Manna, der Stab Moses, der Stichel des Steinschneiders (2. Mose 28,21), die Schrift der Gesetzestafeln und ihre Schreibart und die Gesetzestafeln selbst (2. Mose 32,16). Manche fügen noch hinzu: die Dämonen, das Grab Moses und der Widder unseres Vaters Abraham (1. Mose 22,13). Andere fügen noch hinzu: die erste Zange, denn eine Zange kann nur mit einer Zange gemacht werden.[45]

Die gleiche Methodik verwendet Matthäus in seinem Evangelium. Für uns Westeuropäer sind solche Methoden ungewöhnlich. Obwohl … Vielleicht erinnern Sie sich aus der Schule noch an Gedichtinterpretationen und Textanalysen, in denen Alliterationen oder Reimschemata eine besondere Bedeutung hatten und Aussagen verstärkten oder erst deutlich machten? Die jüdischen Weisen schauen auf die Zahlen in der Bibel und sagen: Hier ergibt sich ein Bild.

Ein Beispiel aus dem ersten Buch der Bibel ist Abrahams treuer Diener Elieser (1. Mose 15,2). Als Sara stirbt, beauftragt Abraham ihn, nach Haran zu gehen und dort eine Frau für Isaak zu finden.

Ein Kapitel zuvor, in 1. Mose 14,14 werden »318 ausgebildete Männer« Abrahams erwähnt. Und nun kommt ein interessantes Detail: 318 ist der numerische Wert des Namens Elieser![46] Es ist kaum anzunehmen, dass das reiner Zufall ist. Die Rabbiner verbanden deshalb die Geschichte in 1. Mose 14,14 mit Elieser und schlossen daraus, dass Elieser derjenige war, der die Diener von Abraham ausbildete. Sie sagten damit zugleich: Elieser war so wertvoll für Abraham wie 318 Diener!

> Gematria diente dazu, wichtige Zusammenhänge und Parallelen im Wort Gottes zu erkennen.

Gematria diente also dazu, wichtige Zusammenhänge und Parallelen im Wort Gottes zu erkennen und das Wort Gottes aus unterschiedlichen Perspektiven zu betrachten.

Heute ist Gematria als jüdische Deutungsmethode bekannt, die Wörtern, Wendungen und/oder Sätzen Zahlenwerte hebräischer Buchstaben zuordnet. Anschließend versucht man, durch Verbindungen eine tiefere Bedeutung zu finden. Manchmal ist diese Verbindung weit hergeholt, aber manchmal ist sie ziemlich klar.

Im Buch der Offenbarung lesen wir: »Wer Verstand hat, der errechne die Zahl des Tieres! Denn es ist die Zahl eines Menschen. Sie lautet sechshundertsechsundsechzig« (Offenbarung 13,18). Der Autor sagt eindeutig, dass die Zahl des Tieres berechnet werden kann und auch sollte.

Biblische Prophezeiungen haben oft zwei Ebenen: eine in der Gegenwart oder näheren Zukunft und eine, die sich erst viele Jahrhunderte oder gar Jahrtausende später erfüllt. Dies werden wir im Kapitel über die Geburt von Jesus häufiger sehen. Ähnlich ist es bei dieser Prophezeiung.

Bei diesem Tier aus der Offenbarung handelt es sich mit ziemlicher Sicherheit nicht nur um einen Gegner des einen wahren Gottes im ersten Jahrhundert. Doch in der Zeit, in der das Buch vermutlich geschrieben wurde, gab es einen blutrünstigen Verfolger der frühen Christus-Nachfolger – Nero. Der Überlieferung nach starben sowohl Petrus als auch Paulus während seiner Herrschaft den Märtyrertod. Die hebräische Version seines griechischen Namens Nêrôn Kaisar hat den numerischen Wert 666. Es ist wahrscheinlich, dass Nero eine Symbolfigur für alle zukünftigen staatlich geförderten Verfolgungen war.

Wenn die ursprüngliche Identifizierung des Tieres als Kaiser Nero korrekt ist, würde dies auch erklären, warum einige frühe Manuskripte des Buchs der Offenbarung 616 anstelle von 666 als Nummer des Tieres nennen. Verwendet man nämlich Nero Kesar, die hebräische Version des lateinischen Namens anstelle des griechischen, ergibt sich diese Zahl.

Auch in den Evangelien lässt sich Gematria anwenden, zum Beispiel als Jesus nach seiner Auferstehung den Jüngern am See Genezareth begegnet: »Da stieg Simon Petrus ins Boot und holte das Netz an Land. Obwohl es mit hundertdreiundfünfzig großen Fischen gefüllt war, zerriss das Netz nicht« (Johannes 21,11).

Ich habe viele christliche Auslegungen dazu gehört, was die Zahl 153 bedeuten könnte. Einer meinte: »Es wird vermutet, dass damals 153 Fischarten bekannt waren.«

Ein anderer sagte: »Die Masse des Protons ist 1836-mal größer als die Masse des Elektrons. Und 1836 = 12 x 153. 12 ist die Zahl der Apostel. Wenn man diese Geschichte als eine Allegorie betrachtet, dann waren die 12 Apostel die Zeugen davon, dass Petrus ein Fangwunder erlebte.«

Ein interessanter Weg, den Fischfang mit der modernen Physik zusammenzubringen! Doch laut dem biblischen Bericht waren nur sieben und nicht zwölf Jünger Augenzeugen (Johannes 21,2) und »die Zwölf« gab es nach dem Verrat des Judas sowieso nicht mehr, es waren bis zur Ernennung von Matthias als Apostel nur noch elf.

Wie man die Zahl 153 bei dieser Bibelstelle richtig auslegen soll, weiß ich auch nicht, aber ich habe eine Idee. Sie erinnert mich an eine Geschichte, die ich von einem Rabbi gehört habe und die vermutlich aus einer uralten mündlichen Tradition stammt:

Ein Rabbi kommt an das Ufer eines Flusses und sieht,
wie ein Fischer die Fische aus dem Wasser zieht.
Der Rabbi fragt: »Wie viele Fische hast du gefangen?«
Der Fischer antwortet begeistert: »Ich habe 17 Fische!
Das ist großartig!«
Der Rabbi sagt: »Gut, Gut!«

In hebräischer Sprache heißt »gut« »tov«. Das Wort besteht aus den Buchstaben Tet, Waw und Bet. Deren Zahlenwert ist 9 + 6 + 2 = 17.

Daraufhin sagt der Rabbi: »Wenn der Messias kommt,
dann werden es neunmal mehr Fische sein. Es wird SEHR
GUT werden!«

Sehr gut heißt auf Hebräisch »tov meod«. Diese Form steht im Schöpfungsbericht: »Danach betrachtete Gott alles, was er geschaffen hatte. Und er sah, dass es sehr gut war. Und es wurde Abend und Morgen: der sechste Tag« (1. Mose 1,31).

Wenn der Messias kommt, werden nach dieser Geschichte also 9 x 17 Fische im Netz sein. Und 9 x 17 = 153.

Diese Geschichte ist ein hermeneutischer Schlüssel zu dem Gedanken: Der Messias ist da!

Ich kann gut nachvollziehen, dass für einen Westeuropäer diese Methode, die Bibel zu verstehen, ziemlich fremd erscheint. Aber genau hier liegt eine Besonderheit des hebräischen Denkens: Für einen Juden ist die Welt voller Bilder und Ideen, die durch Worte und Zahlen transportiert werden. Juden denken nicht nach dem Muster: »wenn – dann«, sondern Wörter, Bilder, Erfahrungen und auch Zahlen erwecken bei ihnen bestimmte Assoziationen.

Für einen Juden ist die Welt voller Bilder und Ideen, die durch Worte und Zahlen transportiert werden.

Die oben angeführten Beispiele zeigen uns, dass Zahlen in der antiken Kultur und vor allem in der Bibel eine wichtige Rolle spielen. Ich denke, dass unser Glaubenshorizont weiter wird, wenn wir die Symbolik der Zahlen in der Auslegung der Schrift berücksichtigen.

Gleichzeitig würde ich davon abraten, jeder Zahl in der Bibel eine geistliche Bedeutung beizumessen. Wir müssen uns vor unnötigen Spekulationen bewahren. Daher empfehle ich, diesbezüglich nur die Meinungen von anerkannten und guten Bibellehrern in Betracht zu ziehen und von esoterischen Deutungen Abstand zu nehmen. Zudem zeigen die genannten Beispiele lediglich eine Verstärkung von Gedanken, die in der Bibel enthalten sind. Die Botschaft, dass Jesus der Messias ist, wird durch die 153 Fische verstärkt, wenn man die Zahl deuten kann, aber sie ist im ganzen Evangelium enthalten. Der Gedanke, dass mit dem Kommen des Messias alles »sehr gut« sein wird, ist in Zeiten der Verfolgung eine zusätzliche Ermutigung, aber keine Information, die man nur in dieser Zahl findet.

Ähnlich wie Zahlen spielt auch die Abstammung eine wichtige Rolle im jüdischen Denken und auch in manchen anderen Kulturen. Bibelübersetzer berichteten einmal, dass die Menschen einer kleineren afrikanischen Sprachgruppe erst glaubten, dass das Evangelium wahr ist, als der Stammbaum von Jesus in ihre Sprache übersetzt wurde.

Die Generationen – Die Bedeutung des Geschlechtsregisters

Matthäus beginnt sein Evangelium mit der Toledot – dem Geschlechtsregister. In der griechischen Übersetzung des Alten Testaments, der Septuaginta, wird dafür das Wort Genesis verwendet, das Herkunft oder Genealogie bedeutet.

Wenn man Menschen im europäischen Sprachraum von Jesus erzählt, wäre die erste Frage vermutlich: »Was hat er getan?« Und Christen würden darauf antworten: »Er ist für meine Sünden gestorben und auferstanden.«

Die erste Frage eines Juden in Bezug auf den Messias dagegen wäre: »Wer ist er? Woher kommt er?« Deshalb zeichnet Matthäus von Anfang an seine Abstammung auf: »Dies ist das Buch der Geschichte Jesu Christi, des Sohnes Davids, des Sohnes Abrahams« (Matthäus 1,1; LUT).

Ich fragte einmal einen gläubigen Christen und einen gläubigen Juden, woran sie beim Ausdruck »Davids Sohn« denken. Der

Christ meinte: »An die Adventszeit.«[47] Der Jude erwiderte: »An den Bund!«

Die Antworten spiegeln einen großen Unterschied wider. Juden denken bei dem Ausdruck »Sohn Davids« an den Bund Gottes mit David, denn Gott hat dem Nachkommen Davids eine ewige Herrschaft verheißen![48] Christen besingen Davids Sohn zwar im Advent, vielen ist die Bedeutung aber nicht wirklich klar.

David

David bedeutet »der von Gott Geliebte«. »Sohn Davids« ist unter anderem ein messianischer Titel. Der Name David findet sich im Matthäusevangelium 17-mal (wie oben erwähnt, ist das der Zahlenwert des hebräischen Worts »gut«).

Ein kleiner Blick in die jüdische Gebetstradition zeigt, wie wichtig der Titel »Sohn Davids« für Juden ist.

Das bereits erwähnte Achtzehnbittengebet heißt auf Hebräisch Schmone Esre. Da es stets stehend gesprochen wird, bezeichnet man es auch als »Amidah« (= stehend). Dieses Gebet ist das Kernstück jedes Gottesdienstes, im Morgengebet (Shacharith), im Nachmittagsgebet (Minchah) und auch im Abendgebet (Ma'ariw). Oft wird es sogar einfach als »das Gebet« (hebräisch T'filah) bezeichnet.[49]

Dort heißt es in der fünfzehnten Bitte:

> Den Sprössling deines Knechtes David lass rasch emporsprießen, sein Horn erhöhe durch deine Hilfe, denn auf deine Hilfe hoffen wir den ganzen Tag. Gelobt seist du, Ewiger, der das Horn der Hilfe emporsprießen lässt!

Das ist nichts anderes, als die eindringliche Bitte, den Messias in diese Welt zu senden! Dreimal am Tag wird diese Bitte von jedem frommen Juden rezitiert.

Der Gedanke an einen endzeitigen Erlöser, der ein Davidide sein muss, ist fest im frühjüdischen Denken verankert. Die meisten Schriften, die zwischen dem ersten Jahrhundert vor und dem zweiten Jahrhundert nach Christi Geburt entstanden sind, gehören zur jüdischen Apokalyptik und behandeln den endzeitlichen König aus der Dynastie Davids. So heißt es in Psalmen Salomos:[50]

> Sieh darein, o Herr, und lass ihnen erstehen
> ihren König, den Sohn Davids,
> zu der Zeit, die du erkoren,
> Gott, dass er über deinen Knecht Israel regiere.
> Und gürte ihn mit Kraft, dass er ungerechte
> Herrscher zerschmettere,
> Jerusalem reinige von den Heiden,
> die (es) kläglich zertreten!

Auch das 4. Buch Esra und die Apokalypse von Baruch sprechen von dem idealen König aus davidischer Linie, der die Gerechtigkeit Israels wiederherstellen und den Tempel wiederaufbauen wird.

Da die reale davidische Herrschaft mit der babylonischen Gefangenschaft aufhörte, erwuchs die starke Sehnsucht nach einem gerechten Davididen in der Zukunft. Wir werden gleich sehen, wie Matthäus diese Erwartungen in das Geschlechtsregister von Jesus hineinbringt. Aber zunächst betrachten wir den zweiten Titel im Geschlechtsregister.

Abraham

Die zweite »Sohnschaft«, die Matthäus für Jesus angibt, hat mit dem Vater des Glaubens zu tun: Jesus war ein »Sohn Abrahams«.

Ich finde es bemerkenswert, dass Matthäus das Geschlechtsregister von Jesus auf Abraham bezieht. Bei Lukas geht das

Geschlechtsregister zurück bis Adam. Adam steht stellvertretend für alle Menschen, für Juden und Nichtjuden. Die jüdische Herkunft von Jesus hat für die ursprüngliche Zielgruppe des Lukasevangeliums keine große Bedeutung, denn er schreibt in erster Linie für die Heiden. Doch Matthäus möchte Jesus bewusst als den erwarteten Messias vorstellen und verknüpft so die Geschichte Israels mit der Heilsgeschichte der ganzen Welt.

> Matthäus verknüpft die Geschichte Israels mit der Heilsgeschichte der ganzen Welt.

»Sohn Abrahams« – dieser Titel hat mehrere Bedeutungen. Ich werde auf drei davon eingehen.

Zum einen geht es um die besondere Beziehung, die Gott mit seinem Volk hat. So lesen wir:

> Währenddessen stellte Zachäus sich vor den Herrn hin und sagte: »Herr, ich werde die Hälfte meines Reichtums den Armen geben, und wenn ich die Leute bei der Steuer betrogen habe, werde ich es ihnen vierfach erstatten!« Jesus erwiderte: »Heute hat dieses Haus Rettung erfahren, denn auch dieser Mann ist Abrahams Sohn.«
> *Lukas 19,8-9*

Dieses Haus hat Rettung erfahren, weil er ein Sohn Abrahams ist? Was für eine Begründung ist das denn? Die meisten westeuropäischen Christen sind es gewohnt, das Heil als Ergebnis des Glaubens an Jesus zu definieren. Hat Zachäus ein Übergabegebet gesprochen? Warum spricht Jesus hier mit dieser Souveränität über Zachäus und sein Haus? Was steckt hinter dieser Aussage?

Versuchen wir, diese Worte aus jüdischer Perspektive zu verstehen. Zachäus ist ein Jude. Ein abtrünniger Jude, weil er mit den

Römern kooperiert. Er ist auch nicht fromm. Aber … als geborener Jude steht er im Bund! Im Bund Gottes mit Abraham. Ein Bund mit bedingungsloser Verheißung, die jetzt von Zachäus durch seine Teschuwa[51], seine Umkehr, eingelöst wird!

Zum anderen ist Jesus der Messias für alle Menschen. Eine der wichtigsten Verheißungen des Bundes mit Abraham ist diese: »Alle Völker der Erde werden durch dich gesegnet werden« (1. Mose 12,3), der Nachkomme Abrahams ist also nicht nur ein Messias für Juden, sondern auch für Nichtjuden! Dieser Gedanke ist so wichtig, dass ich in diesem Buch immer wieder zu ihr zurückkehren werde.

Und schließlich ist Jesus der Messias, der schon immer war. Im Johannesevangelium sagt Jesus:

> Euer Vater Abraham freute sich auf mein Kommen. Er sah es voraus und war froh. … Ich versichere euch: Ich war schon da, bevor Abraham auch nur geboren wurde!
> *Johannes 8,56.58*

Was bedeuten diese Worte? War den Juden in der damaligen Zeit der Gedanke vertraut, dass der Messias vor Abraham existiert hat und dass Abraham von ihm wusste? Ist der Ausdruck »Sohn Abrahams« bei Matthäus eine Anspielung darauf?

Die Vorstellung, dass Abraham über den zukünftigen Erlöser Bescheid weiß, ist dem Judentum nicht fremd. Der Pseudoepigraf »Testament Abrahams« berichtet darüber, dass Abraham vor seinem Tod durch die Himmel geführt wurde und das letzte Gericht sah.

Der besondere Fokus, den Matthäus auf die Genealogie legt, wird dadurch deutlich, dass sich das Geschlechtsregister von Jesus in Matthäus 1 von allen Stammbäumen im Alten Testament unterscheidet. Bei den biblischen Stammbäumen geht es normalerweise nicht um die Vorfahren, sondern um die Nachkommen. Ob es um Noah, Abraham oder David geht, das Muster wiederholt sich: »Die Söhne Noahs, die aus der Arche gingen, sind diese: Sem, Ham und Jafet. … Die Söhne Jafets sind diese …« (1. Mose 9,18; 10,2; LUT) oder »Dies ist das Geschlecht des Perez: Perez zeugte Hezron; Hezron zeugte Ram …« (Rut 4,18-19; LUT).[52]

Zwar behält Matthäus im Gegensatz zu Lukas, der den Stammbaum von Jesus bis Adam erzählt (Lukas 3,23-38), diese Reihenfolge bei, aber seine Einleitung setzt einen klaren Kontrast zu den Büchern des Alten Testaments. Denn so wie Märchen im Deutschen immer mit »Es war einmal« beginnen, gibt es auch für Stammbäume eine klare Einleitung, in der der Mann genannt wird, dessen Nachkommen vorgestellt werden. Selbst bei einem wichtigen Mann wie König David erfährt der Leser erst am Ende, um wen es geht: »Dies ist das Geschlecht des Perez: Perez zeugte Hezron; Hezron zeugte Ram … Boas zeugte Obed; Obed zeugte Isai; Isai zeugte David« (Rut 4,18-22).

Bei Jesus dagegen ist es umgekehrt. Der Stammbaum beginnt mit den Worten »Dies ist das Buch der Geschichte Jesu Christi, des Sohnes Davids, des Sohnes Abrahams«, und das sorgt bei den ersten Lesern und auch bei heutigen Juden sicher für Überraschung. Durch die Umkehrung sieht das Geschlechtsregister für Juden auf den ersten Blick aufgrund der Namen wie ein Stammbaum von David und Abraham aus und nicht von Jesus. Und das ist der Gedanke, den Matthäus uns durch dieses Stilmittel nahebringen will: Der Messias war von Anbeginn der Welt da.

Das ist der gleiche Gedanke, dem wir in den ersten Versen des Johannesevangeliums begegnen:

> Am Anfang war das Wort. Das Wort war bei Gott und das Wort war Gott. Er war am Anfang bei Gott. Durch ihn wurde

alles geschaffen, was ist. Es gibt nichts, was er, das Wort, nicht geschaffen hat.
Johannes 1,1-3

Im Ratschluss Gottes ist Jesus vor der Grundlegung der Welt da. So bringen verschiedene biblische Autoren durch unterschiedliche literarische Mittel dasselbe zum Ausdruck.

Die Vierzehn und das Volk Israel

Wie bereits erwähnt war die Methodik, bedeutende Ereignisse mit Zahlen zu verknüpfen, hilfreich beim Auswendiglernen. Dies verwendet Matthäus bei seinem 3 x 14.

> Von Abraham bis König David sind es insgesamt vierzehn Generationen, von David bis zum babylonischen Exil wiederum vierzehn, und noch einmal vierzehn Generationen nach dem babylonischen Exil bis zu Christus.
> *Matthäus 1,17*

Die Zahl 14 bei Matthäus ist eine symbolische Zahl, denn der Evangelist überspringt mehrere Generationen.

Zum Vergleich: Wenn Sie im Lukasevangelium die Generationen von Abraham bis Jesus zählen, dann sind es 56, bei Matthäus dagegen 42 (14 x 3).

Auf den ersten Blick ist das verwirrend und wir fragen uns: Dürfen Matthäus und Lukas (oder zumindest einer von beiden) mit Geschlechtsregistern so spielerisch umgehen?

Man stelle sich vor, dass jemand in seinem Familienstammbaum einfach mal drei Generationen überspringt und den Ururgroßvater als Großvater nennt – das passt nicht zur mitteleuropäischen Kultur.

Doch in der Bibel geht es mehr um die Abstammung als um genaue Zahlen. Deshalb wird Zachäus als »Sohn« Abrahams bezeichnet (Lukas 19,9) und Jesus als Sohn Davids und Sohn Abrahams (Matthäus 1,1). Die Geschlechtsregister im Alten Testament dienten nicht dazu, jedes einzelne Glied des Stammbaums aufzuzählen. Es konnten Generationen übersprungen werden, da es vor allem darum ging, eine bestimmte Abstammung zu verdeutlichen und die wichtigsten Personen aufzuzählen. Dies ist beispielsweise auch im bereits erwähnten Stammbaum von König David im Buch Rut der Fall. Durch das Überspringen steht Boas an siebter Stelle und erhält somit einen Ehrenplatz.

In der Bibel geht es mehr um die Abstammung als um genaue Zahlen.

Auch Matthäus verwendet die Vierzehn ganz bewusst. Dieses 3 x 14 ist viel mehr als nur ein Spiel mit Zahlen!

Ein Midrasch[53], das heißt ein Text der jüdischen Tradition, besagt, dass das Volk Israel dem Mond gleicht. Ein gesamter Mondphasenzyklus von einem Neumond zum folgenden Neumond dauert 28 bis 29 Tage. Das heißt, der Mond wächst 14 Tage bis zum Vollmond und wird dann wieder 14 Tage kleiner und kleiner.

Mit Abraham begann die Geschichte des jüdischen Volkes und die Tradition vergleicht Abraham mit dem Neumond. In 14 Generationen von Abraham bis zu König David erreicht der Mond seine höchste Phase: den Vollmond.

Dann folgt die zweite Phase, der moralische und geistige Niedergang der Daviddynastie, die mit der Zerstörung des Ersten Tempels und der babylonischen Gefangenschaft endet.

Daran schließt sich wieder eine Wachstumsphase an, die Wiederherstellung der Dynastie Davids mit der Krönung des Messias Jesus! Und die Tradition sagt: Dieser Vollmond wird nie wieder kleiner werden.

Matthäus entwickelt die alte Mondüberlieferung weiter und stellt einen Bezug zum Messias her. Damit macht er von Anfang an durch verschiedene Stilmittel klar, von wem sein Buch handelt.

Die Vierzehn und die Daviddynastie

Doch der Vierzehn kommt auch in Bezug auf den Titel »Davids Sohn« Bedeutung zu. Wie bereits erwähnt entspricht jeder Buchstabe im hebräischen Alphabet einem Zahlenwert. Der Name David besteht auf Hebräisch aus den drei Buchstaben Dalet, Waw, Dalet und diese ergeben die Summe 14 (4+6+4). Das heißt: Der Name David soll den ganzen Stammbaum durchdringen. Sohn Davids ist ein messianischer Titel und der Jude Matthäus fügt diesen Gedanken in das Geschlechtsregister ein.

Zugleich stellt die Genealogie verschiedene Abschnitte der Davidsdynastie vor, die mit den erwähnten Mondphasen übereinstimmen. Matthäus verwendet die Genealogie somit auch, um Jesus in den drei Abschnitten numerisch (durch den Zahlenwert des Namens David) an David zu binden. Damit unterstreicht er, dass Jesus der Sohn Davids ist, das heißt der Messias.

Im ersten Abschnitt (V. 2-6) geht es um den Aufstieg der Daviddynastie und ihre Abstammung von den Erzvätern.

Im zweiten Abschnitt (V. 6-11) geht es um den moralischen und geistlichen Zerfall des Geschlechts Davids. Alle Personen in diesem Abschnitt sind dem Titel nach Könige von Juda. Doch nur David wird mit Titel Basileus (König) bezeichnet. Das ist wieder eine Andeutung auf den besonderen Status, den David im Judentum besitzt, denn einer seiner Nachkommen soll der Messias sein!

Die Rabbiner erklären, dass nach der Zerstörung des Ersten Tempels der Geist Gottes nicht mehr so ausdrücklich und stark unter dem Volk Gottes gewirkt hat wie vorher. Nach den letzten Propheten Haggai und Sacharja kommen Jahrhunderte des

Schweigens. Gott redet nicht mehr durch seine Propheten zu seinem Volk. Aber nicht für Matthäus!

Der dritte Abschnitt (V. 12-16) im Geschlechtsregister führt die Geschichte Gottes mit Israel weiter, um zu zeigen: Alles, auch die Gottlosigkeit der Könige und die anschließende Stagnation, hat einen Sinn: den Messias zu offenbaren. Diese letzten 14 Generationen sind für Matthäus die Wiederherstellung der Dynastie Davids. Sie endet mit dem größten Davidssohn – dem Messias Jesus!

Wir haben die 3 x 14 nun aus zwei Blickwinkeln betrachtet: aus der Abrahamsgeschichte (Neumond-Überlieferung) und aus der Entwicklung der Daviddynastie. Beide Geschichten gehören zur jüdischen Auslegungstradition. Doch es gibt noch einen weiteren interessanten Punkt: die Zahl 42.

3 x 14 = 42

In der Genealogie im Matthäusevangelium sind es von Abraham bis Jesus 14 x 3 = 42 Generationen. Die 42 ist eine sehr bedeutende Zahl in der Hebräischen Bibel. Wenn man in 2. Mose alle Stationen zusammenzählt, an denen das Volk in der Wüste sein Lager aufschlagen sollte, dann kommt man auf diese Zahl: 42.

Die Zahl 42 erweckt bei Juden daher eine bestimmte Assoziation: Nach 42 Stationen geschah der Übergang in das verheißene Land. Im Grunde genommen gleicht das einer Erlösung! Wir können annehmen, dass die 42 Generationen bei Matthäus eine Parallele zu den 42 Stationen sind. Auch das ist ein Hinweis darauf, dass das Kommen des Messias die Erlösung bringen wird.

Doch das ist noch nicht alles. Die jüdische Tradition verbietet es, den Namen Gottes auszusprechen, denn die Anrufung eines Namens bedeutet in der jüdischen Tradition, Zugang zu einer Person zu haben. Um den Namen Gottes nicht zu missbrauchen, sprechen Juden den Namen Gottes, die vier heiligen Buchstaben

JHWH, nicht aus und sagen stattdessen Adonaj oder HaSchem. Die Begründung dafür finden wir im zweiten Gebot:

> Du sollst den Namen des Herrn, deines Gottes, nicht missbrauchen. Denn der Herr wird jeden bestrafen, der seinen Namen missbraucht.
> *2. Mose 20,7*

Als der heilige Tempel in Jerusalem noch stand, ging der Hohepriester einmal im Jahr, an Jom Kippur, in das Allerheiligste und sprengte das Blut der geopferten Tiere auf den Deckel der Bundeslade. Dadurch erwirkte er Sühne für das ganze Volk. Dann kam er aus dem Allerheiligsten und rief aus voller Kehle einen der Namen Gottes. Und dieser Name, so sagt uns die jüdische Überlieferung, entsprach der Zahl 42![54]

Während der ganzen Wüstenwanderung, über all diese 42 Stationen hinweg, war Gott mit seinem Volk.

Das ist der Ausdruck von Gottes Dasein in unserer Welt. Während der ganzen Wüstenwanderung, über all diese 42 Stationen hinweg, war Gott mit seinem Volk. Und die Wanderung näherte sich mit jeder nächsten Station dem Punkt, an dem die Erlösung anbrechen würde!

Frauen

Beim Betrachten des Geschlechtsregisters fällt auf, dass neben Maria vier weitere Frauen genannt werden. Im Gegensatz zu heutigen Stammbäumen ist allein schon die Tatsache, dass Frauen darin vorkommen, sehr ungewöhnlich, denn normalerweise werden nur Männer genannt. Vielleicht würden jüdische Leser noch erwarten, dass Matthäus hier die Erzmütter nennt: Sara, Rebekka, Lea … Die würdigen Frauen!

Aber stattdessen nennt er Tamar, die von ihrem Schwiegervater schwanger wurde, Rahab, die ehemalige Prostituierte, die Frau des Uria, mit der David die Ehe gebrochen hat, und Rut – sie hat zwar keinen zweifelhaften Ruf, ist aber eine Ausländerin. Warum erwähnt Matthäus gerade diese Frauen?

Wäre ich ein guter protestantischer Pfarrer, würde ich sagen: Matthäus will uns zeigen, dass diese Frauen aus Gnade so gewürdigt wurden, dass sie Vorfahrinnen von Jesus Christus wurden und im Geschlechtsregister Christi aufgeführt sind. Und das stimmt, wirklich jeder Mensch kann errettet und wiederhergestellt werden, und der Stammbaum von Jesus Christus zeigt das auf sehr eindrückliche Weise.

Aber Matthäus ist kein christlicher Theologe und ich denke, dass es nicht seine Intention war, mit der Nennung dieser Frauen Gottes Gnade für Sünder aufzuzeigen – warum hätte er dann Rut genannt, von der in der Bibel keine einzige Sünde berichtet wird?

Ich glaube, dass es Matthäus um etwas anderes geht, denn diese vier Frauen haben ein Alleinstellungsmerkmal, das sie von allen anderen genannten Personen im Stammbaum unterscheidet: Tamar, Rahab und Rut sind heidnische Frauen, die in das Volk Gottes eingeheiratet haben. Batseba ist zwar eine Jüdin, aber sie wird hier nicht namentlich genannt, sondern Matthäus schreibt stattdessen: die Frau des Uria – und Uria war kein Jude, sondern ein Hethiter.

Was will uns der Jude Matthäus sagen, wenn er die Geschichte von Jesus Christus beginnt, indem er neben den männlichen jüdischen Ahnen die nicht jüdischen Personen in seinem Stammbaum erwähnt?

Er bekräftigt damit die Botschaft: Der Messias kam vor allem für die Juden, aber auch für die Nichtjuden! Das ist die Linie, die sich durch sein ganzes Evangelium zieht, von der Erwähnung von

Tamar im dritten Vers bis zum vorletzten Vers: »Darum geht zu allen Völkern und macht sie zu Jüngern« (Matthäus 28,19).

Fazit

Der Evangelist Matthäus wandte sich mit seinem Evangelium also an alle Völker, an Juden und Nichtjuden. Dabei legte er einen besonderen Fokus auf die jüdischen Wurzeln und eine Verknüpfung seines Evangeliums mit der Hebräischen Bibel. Als Jude wusste er, welche existenziellen Fragen seine Glaubensgenossen bewegten:

Diene ich als Jünger von Jesus wirklich dem Gott Israels?

Wie kann ich Jesus nachfolgen und Mose und mein Volk nicht verraten?

Brauchen Heiden auch das Evangelium oder ist es eine rein jüdische Angelegenheit?

Um diese Fragen zu beantworten, legt Matthäus in seinem einzigartigen Evangelium folgende Schwerpunkte:

- Jesus ist der verheißene Sohn Davids, der lang ersehnte Messias Israels.
- Ein Jude kann an Jesus glauben und die Gebote Gottes beachten. Der Glaube an Jesus ist kein Verrat an der eigenen Religion.
- Jesusgläubige Juden sollen den Auftrag an das gesamte jüdische Volk – das Licht für die Nationen zu sein – weiterführen. Die Frohe Botschaft muss allen Völkern verkündet werden
- Nicht jüdische Leser sollen durch das Evangelium den jüdischen Hintergrund der Heilsgeschichte kennenlernen, um die Botschaft von Jesus besser zu verstehen und zu erkennen, wie man mit Juden in einer Geschwistergemeinschaft lebt.

Deshalb schreibt Matthäus sein Evangelium ursprünglich auf Hebräisch. Für das Verständnis ist es an einzelnen Stellen wichtig, zu überlegen, welche Bedeutung die griechischen Worte im hebräischen Original hatten. Außerdem verwendet Matthäus besondere Methoden, die typisch für jüdische Bibelauslegung sind, und deren Kenntnis beim Verständnis der Texte helfen. Dazu gehört die Rolle der Zahlen sowie die Bedeutung des Stammbaums von Jesus, den wir bereits betrachtet haben.

Da im jüdischen Verständnis der Messias vor allem ein ausgezeichneter Lehrer der Thora sein musste, orientiert sich Matthäus im Aufbau seines Evangeliums an der Thora und legt einen Schwerpunkt auf die Lehre von Jesus, die Bergpredigt, den es so in den anderen Evangelien nicht gibt.

Mit diesem Vorwissen haben wir die Voraussetzungen dafür, im nächsten Teil die Person näher kennenzulernen, der Matthäus sein Evangelium widmet: Jeschua HaMaschiach – den verheißenen Messias und König Israels.

Vielleicht denken Sie an dieser Stelle: Ich kenne Jesus doch schon! Das ist wunderbar, aber kennen Sie ihn auch als Jude? Diesen Aspekt seiner Lehre und seiner Persönlichkeit zu entdecken und zu vertiefen, wird Ihren Glauben bereichern.

Ich lade Sie deshalb ganz herzlich ein, mit mir zusammen das Leben von Jesus durch die jüdische Brille zu betrachten.

Teil 2

DER MESSIAS

GEBURT UND FRÜHE KINDHEIT

Maria und Josef

Dem Geschlechtsregister folgt eine sehr aufregende Geschichte. Josef erfährt, dass seine Verlobte Maria schwanger ist. Josef hat noch keine intimen Beziehungen mit ihr gehabt, weil sie noch nicht verheiratet sind. Normalerweise lag zwischen der Verlobung und der Hochzeit ein Zeitraum von sieben bis zwölf Monaten.

Können Sie sich das Dilemma vorstellen, in dem Josef steckt? Die Bibel beschreibt ihn als einen gerechten Menschen (Zaddik). Maria hat eine große Schande auf sich und auf ihn geladen, aber nicht nur das:

> Wenn ein Mädchen, eine Jungfrau, einem Mann verlobt ist, und es trifft sie ein Mann in der Stadt und liegt bei ihr, dann sollt ihr sie beide zum Tor jener Stadt hinausführen und sie steinigen, dass sie sterben; das Mädchen deshalb, weil es in der Stadt nicht geschrien hat, und den Mann deshalb, weil er der Frau seines Nächsten Gewalt angetan hat. Und du sollst das Böse aus deiner Mitte wegschaffen.
>
> *5. Mose 22,23-24; ELB*

Warum eine so harte Strafe? Weil im Judentum das verlobte Mädchen schon als verheiratet galt, daher übersetzt die Elberfelder Bibel auch mit »der Frau seines Nächsten«. Die Todesstrafe erscheint aus heutiger Sicht übertrieben, aber man darf nicht vergessen, dass die Völker, unter denen die Juden lebten, weitab der göttlichen Normen lebten. Die Juden dagegen sollten heilig sein.

Sie hatten die höchsten moralischen Regeln durch die Thora, die Offenbarung Gottes bekommen. Deswegen musste ihr Lebensstil völlig anders sein als der der Heiden.

Wenn das Apostelkonzil in Jerusalem beschließt, dass die Christen sich von Unzucht enthalten sollen, dann meinen die Apostel unter anderem unmoralische Praktiken, die unter Heiden ganz normal waren, zum Beispiel sexuelle Beziehungen in der Familie, die im Judentum verboten sind.

Zurück zu Josef:

> Als Maria, seine Mutter, dem Josef vertraut war, fand es sich, ehe sie zusammenkamen, dass sie schwanger war von dem Heiligen Geist.
>
> *Matthäus 1,18; LUT*

Das ist eine sehr schwierige Situation. Zeigen Sie mir einen Mann, der in einer solchen Situation an den Heiligen Geist denkt!

Josef ist ein Gerechter, ein Zaddik. Zaddik, das ist ein religiöser Titel für einen hoch angesehenen, als heilig oder moralisch herausragend geachteten Mann.[55] An dieser Stelle sollten wir uns fragen: Warum betont Matthäus, dass Josef ein Zaddik ist?

Zur Zeit von Jesus waren die Ahnen sehr wichtig. Die Zugehörigkeit zu einem angesehenen Geschlecht wurde sehr geschätzt. Die Geschlechtsregister wurden im Tempel aufbewahrt und die Zugehörigkeit wurde über die Generationen hinweg mündlich überliefert.

Höchstwahrscheinlich haben die Gegner von Jesus später über seine Geburt sehr unschöne Geschichten erzählt. Im Johannesevangelium sehen wir, dass die Pharisäer Jesus implizit darauf ansprechen, dass etwas mit seiner Abstammung nicht in Ordnung ist:

> Sie entgegneten: »Wir jedenfalls sind nicht unehelich geboren! Unser einziger Vater ist Gott.«
> *Johannes 8,41*

Und als die Menschen ihn in Nazareth ablehnen, bezeichnen sie ihn als »Marias Sohn« (Markus 6,3). Das ist ebenfalls eine implizite Beleidigung in einer Kultur, in der der Vatername wie ein Nachname als Namenszusatz benutzt wurde. Nazareth ist ein kleines Dorf. Jeder kennt jeden und jeder weiß, was im Nachbarhaus geschieht.

Das Judentum ist eine Schamkultur. Die Ehre der Familie steht an erster Stelle, Schande zerstört das Ansehen, die Beziehungen und das ganze Leben eines Menschen. Normalerweise müsste Josef zu den Ältesten gehen und das Problem melden. Das Gesetz sagt klar: Wenn die Frau untreu war, muss sie gesteinigt werden, wobei dies unter der römischen Herrschaft wohl nicht praktiziert wurde. Auf jeden Fall würde eine alleinstehende Mutter aus der Gesellschaft ausgestoßen werden. Doch das will Josef nicht. Und so liegt er schlaflos auf seinem Bett und versucht, das Dilemma zu lösen: Er will seinem Gott treu bleiben. Er will keine Schande auf sich laden. Aber er liebt seine Frau und er will auch ihr gegenüber gerecht bleiben.

> Josef aber, ihr Mann, der fromm und gerecht war und sie nicht in Schande bringen wollte, gedachte, sie heimlich zu verlassen.
> *Matthäus 1,19; LUT*

Josef befindet sich in einem Zwiespalt zwischen seiner Liebe zu Gott und der Liebe zu seiner Frau. Was heißt Gerechtigkeit in dieser Situation?

An dieser Stelle ist es wichtig, zu verstehen, warum Matthäus diese Situation so ausführlich beschreibt: Weil die Juden, die sich für Jesus interessieren und ihm nachfolgen wollen, in der gleichen Situation sind! Sie wollen dem Gott Israels, ihrem Volk, aber auch dem Messias treu sein! Solange nicht klar ist, ob Jesus wirklich dieser Messias ist, befinden sie sich in einem Zwiespalt zwischen Mose und Jesus! Eigentlich ist dies auch der Zwiespalt, in dem Juden heute in Israel und überall stecken, wenn sie beginnen, den messianisch-christlichen Glauben zu entdecken. Sie sind Juden und wollen Jesus nachfolgen – zwei Dinge, die nur vereinbar sind, wenn Jesus wirklich der Messias ist.

Sie wollen dem Gott Israels, ihrem Volk, aber auch dem Messias treu sein!

Josef will den Willen Gottes tun. Und Gottes Wille ist in der Thora offenbart worden. Matthäus zeigt den inneren Kampf, durch den Josef geht, um seinen Lesern klarzumachen, dass sie in der gleichen Lage sind.

Aus diesem Dilemma befreit Josef eine Botschaft von Gott: Ein Engel kommt und bestätigt ihm in seiner Anrede, dass Gott ihn sehr gut kennt: Sohn Davids! Josef ist von edler Herkunft:

> Als er noch so dachte, siehe, da erschien ihm ein Engel des Herrn im Traum und sprach: Josef, du Sohn Davids, fürchte dich nicht, Maria, deine Frau, zu dir zu nehmen; denn was sie empfangen hat, das ist von dem Heiligen Geist.
> *Matthäus 1,20; LUT*

Dass hier der Heilige Geist erwähnt wird, ist kein Zufall. Aus 1. Mose 1,2 wissen wir, dass es der Geist Gottes – Ruach Elohim – war, der die ganze Schöpfung bewirkte:

> Und die Erde war wüst und leer, und Finsternis lag auf der Tiefe; und der Geist Gottes schwebte über dem Wasser.

Das Wort, das hier mit »schweben« übersetzt wird, beschreibt eine vertikale Bewegung von oben nach unten und von unten nach oben, vergleichbar dem vibrierenden, zitternden Flügelschlag eines Vogels über seinen Jungen. Wie eine Mutter, die über ihre Kleinen wacht.

So ist es auch hier, der Heilige Geist (im Hebräischen übrigens weiblich) wacht über das neu gewordene Leben, weil dieses Leben so wertvoll ist.

> Und sie wird einen Sohn gebären, dem sollst du den Namen Jesus geben, denn er wird sein Volk retten von ihren Sünden.
> *Matthäus 1,21; LUT*

Jesus heißt auf Hebräisch Jeschua und das bedeutet: »der Herr rettet«. Das Verb »retten« ist »jeschuâ« (Betonung auf der letzten Silbe).

So ergibt sich in diesem Vers ein wunderbares Wortspiel, das nur im Hebräischen funktioniert, weil der Name Jesus selbst mit dem Verb »retten« zu tun hat.

Die Verheißung eines Retters kennt Josef gut:

> Hoffe Israel auf den HERRN! Denn bei dem HERRN ist die Gnade und viel Erlösung bei ihm. Und er wird Israel erlösen aus allen seinen Sünden.
> *Psalm 130,7-8; LUT*

An dieser Stelle macht der Engel Josef klar: Diese Verheißung geht jetzt in Erfüllung. Das Kind, das deine Verlobte trägt, ist abgesondert, geheiligt von Gott, um genau diese kosmische Aufgabe zu erfüllen: das Volk Gottes von seinen Sünden zu erlösen!

Hier unterbricht Matthäus die Rede des Engels und sagt etwas, das für Josef persönlich von Bedeutung ist:

> All das geschah, damit sich erfüllt, was Gott durch seinen Propheten angekündigt hat: »Seht! Die Jungfrau wird ein Kind erwarten! Sie wird einem Sohn das Leben schenken, und er wird Immanuel genannt werden. Das heißt, Gott ist mit uns.«
> *Matthäus 1,22-23*

Für Matthäus ist die Geburt von Jesus nichts anderes als die Erfüllung nicht nur einer, sondern Dutzender Verheißungen im TeNaCH[56], der Hebräischen Bibel!

> Als Josef aufwachte, tat er, was der Engel des Herrn ihm gesagt hatte. Er nahm Maria zur Frau. Josef aber rührte sie nicht an, bis ihr Sohn geboren war. Und Josef gab ihm den Namen Jesus.
> *Matthäus 1,24-25*

Jesus ist noch nicht einmal geboren, aber seine Eltern tragen schon das Zeichen des Kreuzes – Verleugnung, Entfremdung, Kampf mit sich selbst.

Im Grunde nimmt Josef nach diesem Traum die ganze Schuld auf sich. Die Bewohner Nazareths waren sicher davon überzeugt, dass Josef die Verlobungsfrist nicht eingehalten und mit Maria geschlafen hatte. Warum sonst hätte er sie heiraten sollen?

Josef heiratet Maria, aber er schläft nicht ihr, bis ihr Sohn geboren ist – und es fehlten noch sechs Monate! Ein weiteres Opfer, das Josef bringt. Das sind wirklich die Merkmale eines Gerechten![57]

Das alles spricht dafür, dass beide – Josef und Maria – hingegebene und ehrliche Menschen waren.

Nach der Beschneidung gibt Josef Jesus seinen Namen und dadurch wird Jesus der legitime Sohn von Josef. Josef ist zwar nicht der biologische Vater, aber gemäß der jüdischen Tradition wird Jesus durch diese Adoption ein legitimer Nachfolger der Dynastie Davids. So steht in einem Traktat aus dem Talmud: »Sagt einer: ›Dies ist mein Sohn‹, ist er glaubwürdig.«[58]

In diesem Moment wird Jesus der legitime Sohn von Josef.

Die Tatsache, dass Matthäus immer wieder auf Prophetien in der Hebräischen Bibel hinweist, ist ein weiteres Merkmal dafür, dass er seine Heiligen Schriften sehr gut kennt. Dies ist für seine jüdischen Hörer und Leser ein wichtiger Punkt, daher möchte ich ein solches Beispiel näher betrachten. In der Geburtsgeschichte von Jesus bezieht sich Matthäus auf den Propheten Jesaja:

> Seht! Die Jungfrau wird ein Kind erwarten! Sie wird einem Sohn das Leben schenken, und er wird Immanuel genannt werden. Das heißt, Gott ist mit uns.
> *Jesaja 7,14*

Auf Hebräisch steht in diesem Vers das Wort »Alma«. Das Wort meint eine junge Frau, einen Teenager, bedeutet aber nicht unbedingt »Jungfrau«. Dafür gibt es im Hebräischen das Wort »betula«. Matthäus zitiert in seinem Evangelium jedoch die Septuaginta[59] und dort steht das griechische Wort »Parthenos«, das Jungfrau bedeutet.

Es geht also um eine junge Frau oder eine Jungfrau – doch was hat Matthäus dazu bewogen, diese Prophezeiung als messianisch einzustufen?

Im Kontext der Stelle in Jesaja geht es um Ahas, den König von Juda. Die Aramäer, Assyrien und das Nordreich Israel drohen ihm mit Krieg. In dieser Situation kommt der Prophet Jesaja zu ihm und sagt: »Bitte Gott um ein Zeichen!« Ahas will jedoch kein Zeichen erbitten, worauf Jesaja sagt:

> Ist's euch zu wenig, dass ihr Menschen müde macht? Müsst ihr auch meinen Gott müde machen? Darum wird euch der Herr selbst ein Zeichen geben: Siehe, eine Jungfrau ist schwanger und wird einen Sohn gebären, den wird sie nennen Immanuel. Butter und Honig wird er essen, bis er weiß, Böses zu verwerfen und Gutes zu erwählen. Denn ehe der Knabe weiß, Böses zu verwerfen und Gutes zu erwählen, wird das Land verödet sein, vor dessen zwei Königen dir graut.
> *Jesaja 7,13-16*

Interessant ist, dass Jesaja den König in diesem Abschnitt im Plural anredet. Das heißt: Er spricht zu den nächsten Generationen von Königen von Juda. Für Matthäus ist diese Tatsache sehr wichtig.

Selbstverständlich betrifft die Prophezeiung in erster Linie die Ereignisse damals, zur Zeit von Ahas. Jesaja spricht nicht über ein Zeichen, das erst in 700 Jahren erfüllt wird. Aber dieses Zeichen wird nicht nur Ahas, sondern dem ganzen Haus Davids zu einem Zeichen werden. Gott hat mit David einen ewigen Bund geschlossen, der die Herrschaftsfrage in Israel regelt. Und dieses Zeichen soll der künftigen Generation Sicherheit verschaffen: Gott ist mit uns (Immanuel).

In den Zeiten des Niedergangs der Davidsdynastie, besonders im babylonischen Exil, wuchs unter dem jüdischen Volk die Zuversicht, dass Gott bei ihnen ist. In der Bedrängnis und Not war Gott bei seinem Volk. Immanuel ist nicht nur ein Name, sondern, genauso wie der Name Jeschua, ein Programm. Gott wollte von Anfang an inmitten von seinem Volk leben. Durch die Geburt des Messias erreicht diese Verheißung ihren Höhepunkt.

Die Weisen aus dem Morgenland

Matthäus beginnt sein Evangelium mit verschiedenen Fragen. Da ist zunächst die Frage: Wer ist der Maschiach (Messias)? Wer ist der, der in den Gebeten in jeder Synagoge dreimal am Tag erwähnt wird, der »Spross Davids«? Die Antwort gibt der wunderbare Stammbaum (Toledot) am Anfang des Evangeliums.

Die nächste Frage, die Matthäus in den Raum stellt, lautet: Wie geschah es, dass der Messias in diese Welt kam? Als Antwort lesen wir von Josef, dem Zaddik, und davon, wie Maria durch den Geist Gottes das Kind empfangen hat.

Diese Fragen stehen nicht im Text. Aber sie sind implizit vorhanden. Fragen sind im Judentum unabdingbar. Das zeigt auch ein bekannter Witz:

> Ein Nichtjude fragt einen Rabbi: »Warum müsst ihr Juden auf eine Frage immer mit einer Gegenfrage antworten?« Der Rabbi überlegt und sagt nach einer Weile: »Warum nicht?«

Die nächste Frage bei Matthäus lautet: Wo geschah das? Und so lesen wir weiter:

> Jesus wurde in der Stadt Bethlehem in Judäa während der Herrschaft von König Herodes geboren.
> *Matthäus 2,1*

Vielleicht kennen Sie die Geschichte von Chanukka.[60] Die Makkabäer hatten einen großartigen Sieg über die Griechen erlebt und den Tempel wieder eingeweiht. Aber nach nur einer Generation war die Herrschaft der Makkabäer korrumpiert. Endlose Intrigen, Verschwörungen, Tötung von Verwandten, die einen Anspruch auf die Macht hatten – diese traurige Entwicklung kann man bei Josephus nachlesen.

Einer der letzten hasmonäischen Könige, Johannes Hyrkanos II., eroberte viele fremde Länder und bekehrte viele Heiden zum Judentum. Zu einer der idumäischen Familien, die zwangsbekehrt wurden, gehörte ein gewisser Antipatros. Er war der Vater von Herodes dem Großen.

In der Bibel gibt es eine Prophezeiung über das Volk der Idumäer, das heißt die Nachfahren von Edom:

> »Ich habe euch geliebt«, spricht der Herr. »Doch ihr entgegnet: ›Inwiefern hast du uns geliebt?‹« Und der Herr antwortet: »Ist nicht Esau der Bruder Jakobs? Jakob liebte ich, Esau dagegen hasste ich. Ich verwüstete sein Bergland und machte seinen Erbbesitz zu einer Wüste für Schakale.« Die Edomiter sagen vielleicht: »Wir wurden zerschlagen, doch wir werden das Zerstörte wieder aufbauen.« Aber der Herr, der Allmächtige, spricht: »Sie sollen nur versuchen es aufzubauen, doch ich werde es wieder zerstören! Ihr Land wird als ›Land der Gottlosigkeit‹ bekannt sein und das Volk als ›das Volk, auf das der Herr für immer zornig ist‹.
> Wenn ihr das mit eigenen Augen seht, werdet ihr sagen: ›Weit über Israels Grenzen hinaus reicht die Macht des Herrn!‹«
> *Maleachi 1,2-5*

Die Familie von Herodes stammte also aus dem »Volk, über das der HERR ewiglich zürnt«. Sie waren Idumäer, keine Juden, und selbstverständlich hatten sie keine Beziehungen zum Haus von König David. Herodes war ein Diktator und er regierte Israel mit eiserner Hand.

Das führt uns zur nächsten impliziten Frage im Text: Wer ist der legitime König der Juden? Nach diesem König fragen ausgerechnet Ausländer: »Da kamen Weise aus dem Morgenland nach Jerusalem« (Matthäus 2,1; LUT). Wer sind diese Weisen?

Diese sternkundigen Wissenschaftler kommen vermutlich entweder aus dem Zweistromland (Irak/Persien) oder sie sind Nabatäer aus dem südarabischen Raum. Die Hauptreligion in Persien war damals der Zoroastrismus, eine Religion, zu der die Anbetung des Feuers gehört. Die Weisen könnten Priester gewesen sein, in jedem Fall müssen es ranghohe Persönlichkeiten gewesen sein, sonst hätten sie im Palast kein Gehör gefunden. Jedenfalls konnten sie, das belegen keilschriftliche Funde zur Astronomie, die Bewegungen der Sterne sehr gut vorausberechnen und auf ein Jahrhunderte altes Wissen zurückgreifen.

Als diese Weisen eine neue Konstellation entdecken, wissen sie, was das bedeutet.

Als diese Weisen eine neue Konstellation entdecken, wissen sie, was das bedeutet: Der Messias wurde geboren. Wir erfahren nicht, woher sie dies wissen, vielleicht haben sie die jüdischen Heiligen Schriften gelesen, zum Beispiel die Schriften des Propheten Daniel. Nun reisen sie nach Jerusalem und stellen die Frage:

> Wo ist der neugeborene König der Juden? Wir haben seinen Stern aufgehen sehen und sind gekommen, um ihn anzubeten.
> *Matthäus 2,2*

Aufgrund dieser Beschreibung können seit Kepler auch Astronomen unserer Tage das Geschehen nachvollziehen. Trotzdem bleibt vieles daran erstaunlich und geheimnisvoll. Welche Wege Gott benutzt, ist unglaublich.

Der Begriff Stern hat eine große Bedeutung im Judentum. In der Thora findet sich eine gewaltige Prophetie, die von vielen Gelehrten als messianisch eingestuft wurde:

> Ich sehe ihn, aber noch nicht jetzt. Ich erkenne ihn, doch er ist noch nicht nahe. Ein Stern geht auf aus Jakob; ein Zepter kommt aus Israel hervor. Es zerschmettert die Schläfen Moabs und zermalmt seine Krieger.
> *4. Mose 24,17*

Obwohl Herodes kein frommer Jude war, kannte er diese Prophetie, daher war seine Reaktion absehbar:

> Als das der König Herodes hörte, erschrak er und mit ihm ganz Jerusalem.
> *Matthäus 2,3;* LUT

Warum hatte Herodes Angst? Weil er kein legitimer König aus dem Hause Davids war. Er hatte die Macht usurpiert. Josephus berichtet, dass Herodes ständig einen Anschlag fürchtete.

Als Jesus zum letzten Mal vor seinem Tod nach Jerusalem kommt, spricht Matthäus ebenfalls von der »ganzen« Stadt (Kap. 21,10). Damit will er sagen: Schon am Anfang der Geschichte von Jesus steht der neugeborene König der Juden in Gefahr, ermordet zu werden, und am Ende wird dies auf grausame Weise umgesetzt.

Herodes will den Rivalen aus dem Weg schaffen und versucht, so viele Informationen wie möglich zu bekommen:

> Er berief eine Versammlung der obersten Priester und Schriftgelehrten ein. »Wo soll denn der Christus nach Aussage der Propheten zur Welt kommen?«, fragte er sie. »In Bethlehem«, sagten sie, »denn der Prophet hat geschrieben: ›O Bethlehem in Judäa, du bist alles andere als ein unbedeutendes Dorf, denn ein Herrscher wird aus dir hervorgehen, der wie ein Hirte mein Volk Israel führen wird.‹«
> *Matthäus 2,4-6*

In diesen Versen findet sich nicht nur eine Prophezeiung von Micha, sondern auch eine Anlehnung an das zweite Buch Samuel:

> Schon damals, als Saul über uns König war, führtest du Israel in den Kampf und wieder heim. Dazu hat der HERR dir gesagt: Du sollst mein Volk Israel weiden und sollst Fürst sein über Israel.
> *2. Samuel 5,2; LUT*

Die Stämme Israels sprechen hier zu König David. Der Hirte, der seine Schafe weidet, ist eines der einprägsamsten Bilder, mit denen David selbst beschrieben wird, aber auch Gott beschreibt.

Nach dem Gespräch mit den Schriftgelehrten kennt Herodes den Ort. Wann genau der Stern erschienen ist, erfährt er von den Weisen, bevor diese ihre Reise fortsetzen. Die Sterndeuter kommen zu dem Ort, wo das Kind ist, beten es an und schenken ihm Gold, Weihrauch und Myrrhe (Matthäus 2,7-11). Dieses Ereignis ist auch eine Anlehnung an Psalm 72:

> Die Könige des Westens, aus Tarsis und von den Inseln, werden ihm Tribut zollen. Die Könige des Ostens, aus Saba und

Seba, werden ihm Gaben bringen. Alle Könige werden vor ihm niederfallen und alle Völker ihm dienen.
Psalm 72,10–11

Es gibt in der Menschheitsgeschichte keine andere Person, die von allen Völkern angebetet wird, als Jesus. Bei Jesaja gibt es eine Aussage, die in diesen Kontext gehört:

Steh auf und leuchte! Denn dein Licht ist gekommen und die Herrlichkeit des Herrn erstrahlt über dir. Denn die Erde ist von Finsternis zugedeckt und die Völker liegen in tiefer Dunkelheit, aber über dir strahlt der Herr auf. Man kann seine Herrlichkeit über dir schon erkennen. Völker strömen zu deinem Licht. Mächtige Könige kommen zum Glanz, der über dir aufgeht. Sieh dich um, alle versammeln sich und kommen zu dir. Deine Söhne kommen aus fernen Ländern; deine Töchter werden auf den Armen getragen. Du wirst es sehen und deine Augen werden leuchten, dein Herz wird vor Freude hüpfen und weit werden, wenn dir die Reichtümer der Meeresländer zufallen und die Schätze der Völker in dein Land strömen. Es kommen so viele Karawanen von Midian und Efa zu dir, dass dein Land von unzähligen Kamelen und Dromedaren übersät ist. Sie alle bringen dir Gold und Weihrauch aus Saba und dazu eine froh machende Botschaft von den großen Taten des Herrn.
Jesaja 60,1–6

Die Kirchenväter haben verschiedene Erklärungen dafür, was Gold, Weihrauch und Myrrhe bedeuten. Gold ist ihrer Ansicht nach ein Symbol für Reinheit und Macht und steht für das Königtum. Weihrauch als Priestergabe verstehen sie als Andeutung darauf, dass Jesus unser Hoherpriester ist. Und Myrrhe, das ist ein Myrrhenbaumharz, ist eine prophetische Gabe, die auf die Grablegung von Jesus hindeutet. Das klingt auch im jüdischen Kontext plausibel, und mir ist kein jüdischer Kommentar bekannt, der über diese Gaben spricht und zusätzliche Informationen bieten würde.

Die drei Geschenke haben für den Mythos gesorgt, dass es drei Weise gewesen sind, in der Tradition der syrisch-orthodoxen Kirche waren es dagegen zwölf. Die genaue Anzahl ist unbekannt, aber wir wissen, warum sie Herodes nicht über ihre Entdeckung informierten:

> Als es Zeit war, wieder aufzubrechen, zogen sie jedoch auf einem anderen Weg in ihre Heimat zurück, denn Gott hatte sie in einem Traum davor gewarnt, zu Herodes zurückzukehren.
> *Matthäus 2,12*

Interessanterweise redet Gott im Traum nicht nur mit gläubigen Juden und Christen, sondern auch mit orientalischen Magiern und gibt ihnen klare Anweisungen!

Die Flucht nach Ägypten

Auch Josef hört erneut eine Botschaft von Gott:

> Nachdem die Sterndeuter gegangen waren, erschien Josef im Traum ein Engel des Herrn. »Steh auf und flieh mit dem Kind und seiner Mutter nach Ägypten«, sagte der Engel.

»Bleib dort, bis ich dir sage, dass ihr zurückkehren könnt, denn Herodes will das Kind umbringen.«
Noch in derselben Nacht machte sich Josef mit dem Kind und dessen Mutter Maria auf den Weg nach Ägypten.
Matthäus 2,13-14

An dieser Stelle möchte ich die Zeitangabe »in derselben Nacht« unterstreichen. Denken wir an die Verknüpfung Jesus – Israel. Was geschah viele Jahrhunderte vorher bei Nacht mit dem Volk Israel? – Eines der wichtigsten historischen Ereignisse: der Auszug aus Ägypten! Und genau an diesen Ort flieht Josef mit der jungen Familie, ebenfalls bei Nacht.

Der nächste Vers bietet eine wunderbare Gelegenheit, ein sehr wichtiges Werkzeug der jüdischen Hermeneutik kennenzulernen, und zwar den Midrasch, der durch assoziative Logik aufgebaut wird:

Dort blieben sie bis zum Tod des Herodes. Auf diese Weise erfüllte sich, was der Herr durch den Propheten gesagt hatte: »Ich habe meinen Sohn aus Ägypten gerufen.«

Diese Prophezeiung müssen wir genauer unter die Lupe nehmen. In Hosea 11,1 heißt es:

Als Israel jung war, habe ich es in mein Herz geschlossen, und ich habe meinen Sohn aus Ägypten gerufen.

Wer ist der Sohn Gottes hier? Ohne Zweifel: Israel. Hat Matthäus die Bibel verdreht? Viele Übersetzer haben lange über diese Stelle gerätselt, weil der Urtext in Hosea 11 absolut nichts mit dem Messias zu tun hat.

Matthäus schreibt jedoch, dass mit der Rückkehr von Jesus nach Israel der Text von Hosea erfüllt würde: »Aus Ägypten habe ich meinen Sohn gerufen.« Jesus wurde aus Ägypten gerufen und die Kinder Israel, auf die als »Söhne Gottes« Bezug genommen wird, wurden ebenfalls aus Ägypten herausgerufen. Das entspricht der jüdischen Art der Bibelauslegung: Zusammen mit all seinen vorherigen unmissverständlichen Hinweisen will er durch das Zitat aus Hosea zum Ausdruck bringen: Jesus ist … Israel! Die ganze Geschichte von Jesus, dem Messias, ist die Geschichte Israels. In ihm, dem Mann aus Nazareth, erfüllt sich das, was über Israel gesagt wurde. Das Zitat aus Hosea ist keine Entstellung der biblischen Wahrheit, sondern ein Midrasch, es soll den Messias mit seinem Volk eins machen.

In Jesus erfüllt sich das, was über Israel gesagt wurde.

Warum ist es für Matthäus so wichtig, den Messias als Inbegriff Israels zu präsentieren? Es geht vor allem um die Funktion, die Israel nach dem Bund mit Gott erfüllen muss, nämlich ein Kanal für Gottes Gnade für alle Menschen zu werden (vgl. Jesaja 49,6). Diese Bundesverheißung bleibt immer aktuell, bis in die Ewigkeit. Aber ohne die Kraft dafür in seinem Messias zu finden, kann Israel seinem Auftrag nicht gerecht werden. Insofern ist Jesus hier vor allem Repräsentant seines Volkes. Deswegen macht Matthäus den Messias mit seinem Volk eins und gebraucht dazu das Zitat aus Hosea 11,1.

Der Evangelist Matthäus formuliert seinen Midrasch durch assoziative Logik. Dieses Werkzeug für Bibelauslegung wird von Jesus in einem Gleichnis legitimiert:

> Jeder Schriftgelehrte, der ein Jünger im Himmelreich geworden ist, ist wie ein Hausherr, der aus seinem reichen Vorrat Neues ebenso hervorholt wie Altes.
> *Matthäus 13,52*

Neues und Altes bedeuten für mich Folgendes: Wenn ich etwas im Neuen Testament lese, dann frage ich mich: Habe ich in der Hebräischen Bibel schon etwas Ähnliches gelesen?

Besonders im Matthäusevangelium sind diese Parallelen sichtbar, denn Matthäus verstreut viele kleine Details, die mit der Geschichte Israels verbunden sind. Im Leben von Jesus spiegelt sich in vielerlei Hinsicht die Geschichte Israels wider, zum Beispiel bei seiner übernatürlichen Geburt. Eine Frau, die kein Kind erwartet, bekommt ein Kind. Ein Jude denkt sofort: Das kenne ich: Sara, die Frau von Abraham, hat auch ein Kind bekommen, das sie nicht erwartet hat.

Beim Weiterlesen erfährt man, dass der zukünftige Adoptivvater Josef heißt. Und dieser Josef hat Träume. Ach, wir kennen doch einen Josef, einen Träumer, den Sohn Jakobs. Josef wird nach Ägypten gebracht (wie Jesus von Josef). Und was passiert mit dem Rest seiner ganzen Familie? Sie fliehen vor der Hungersnot, nach Ägypten.

Herodes, der böse König, der alle männlichen Babys umbringt – auch das kennen wir! Der Pharao tat in Ägypten das Gleiche. Und die fantastische Rettung von Jesus? Das kennen wir aus der Geschichte von Mose.

Solche Assoziationen lassen die Geschichte von Jesus vertraut wirken. Er wird eins mit seinem Volk, indem er Ähnliches erlebt. Auch Paulus verwendet solche Assoziationen, wenn er Jesus und Adam einander gegenüberstellt (1. Korinther 15,45-47).

Die assoziative Logik ist ein sehr wichtiges Werkzeug bei der Auslegung der Bibel. Sie bewirkt in einem jüdischen Leser vor allem Identifikation. Wenn Juden in der Bibel über die Beschneidung von Jesus lesen, dann denken sie an die eigene Beschneidung oder die Beschneidung ihrer Söhne.

In der evangelischen Liturgie endet die Schriftlesung am ersten Weihnachtstag mit dem Besuch der Hirten in Lukas 2,20. Die Beschneidung, die ab Vers 21 beschrieben wird, ist kein Merkmal der christlichen Identität und daher nicht Teil des evangelischen Weihnachtsgottesdienstes. Für einen Juden gehört dagegen die Beschneidung zur Geschichte von der Geburt dazu, denn die Beschneidung ist:

- ein integraler Teil des Geburtsprozesses
- ein Zeichen des Bundes mit Gott
- und damit ein Identitätsmerkmal

Dies ist nur einer der Punkte, der zeigt: Juden und Christen lesen die Bibel unterschiedlich. Für viele meiner christlichen Freunde gibt es nur ein »Entweder-oder«. In diesem Fall: entweder Jesus oder Israel. Im hebräischen Denken ist das anders. Das Prinzip: »Sowohl-als-auch« ist ein grundlegendes Prinzip der jüdischen Bibelauslegung. Es gibt keine Bibelstelle mit nur einer einzigen Bedeutung. Juden betrachten das Wort Gottes wie einen Diamanten mit vielen Facetten.

Juden und Christen lesen die Bibel unterschiedlich.

In Bezug auf unterschiedliche Lesarten der Bibel möchte ich Folgendes unterstreichen: Viele Christen stellen das Alte Testament dem Neuen gegenüber und meinen, das Neue sei viel wichtiger, weil es hier um Jesus geht. Oder, was noch schlimmer ist, man stellt den zornigen Gott des Alten Testaments dem gnädigen Gott des Neuen gegenüber oder schafft eine künstliche Kontroverse zwischen dem Gesetz und dem Evangelium. Eine solche Einstellung gegenüber der Bibel ist sehr gefährlich:

> Die ganze Schrift ist von Gottes Geist eingegeben und kann uns lehren, was wahr ist, und uns erkennen lassen, wo Schuld in unserem Leben ist. Sie weist uns zurecht und erzieht uns dazu, Gottes Willen zu tun. Durch die Schrift bereitet Gott uns umfassend vor und rüstet uns aus für alles, was wir nach seinem Willen tun sollen.
> *2. Timotheus 3,16-17*

In diesem Buch ist es mir daher wichtig, die hebräische Art, die Bibel zu lesen und zu verstehen, aufzuzeigen.

Auch im nächsten Vers zeigt ein Zitat, das Matthäus aus der Hebräischen Bibel heranzieht, wie die jüdische Auslegung wirkt. Um dieses zu verstehen, benötigen wir Kenntnis der jüdischen Geschichte und assoziatives Denken.

> In Rama hat man ein Geschrei gehört, viel Weinen und Wehklagen; Rahel beweinte ihre Kinder und wollte sich nicht trösten lassen, denn es war aus mit ihnen.
> *Matthäus 2,18; LUT*

Lesen wir dazu noch zwei Zitate aus dem Buch Jeremia:

> Nachdem Nebusaradan, der Oberbefehlshaber der Leibwache, Jeremia in Rama freigelassen hatte, gab der Herr Jeremia eine weitere Botschaft. Nebusaradan hatte Jeremia gefunden, als sich dieser, an den Händen mit einer Kette gefesselt, mitten unter den anderen Bewohnern Judas und Jerusalems befand, die nach Babel in die Gefangenschaft gebracht werden sollten.
> *Jeremia 40,1*

So spricht der Herr: »Schreie der Angst ertönen in der Stadt Rama – das Klagen und Trauern nimmt kein Ende. Rahel weint um ihre Kinder und lässt sich nicht trösten – denn sie sind alle tot.« Doch der Herr tröstet sie und spricht: »Hör auf zu weinen und zu klagen, denn das, was du für deine Kinder getan hast, soll nicht vergeblich gewesen sein. Deine Kinder werden aus dem Land des Feindes zu dir zurückkehren«, spricht der Herr. »Es gibt noch Hoffnung für die Zukunft, denn deine Kinder kehren in ihre Heimat zurück.«
Jeremia 31,15-17

Welche Symbolik wird hier gebraucht?

Als der babylonische König Nebukadnezar 586 v. Chr. Jerusalem und den Tempel zerstörte, sammelte er die Gefangenen in einem großen Lager in Rama, bevor sie alle nach Babylon geführt wurden. Dieses Ereignis ist eine der größten Katastrophen in der Geschichte Israels. Nach der jüdischen Tradition passierte das am 9. Av und auch beide Tempel wurden am 9. Av zerstört. Es ist ein Tag im jüdischen Kalender, an dem sehr viele negative Ereignisse und Katastrophen im jüdischen Volk geschehen sind. Deshalb ist der 9. Av noch heute ein Tag der Trauer.

Rahel, eine der Erzmütter Israels und die Lieblingsfrau von Jakob, starb bei der Geburt ihres zweiten Sohnes. Sie ist die einzige Patriarchenfrau, die nicht in Hebron in der Höhle Machpela bestattet ist, sondern in der Nähe von Rama bei Bethel.

Es gibt einen sehr interessanten Midrasch, der die Stelle aus Jeremia 31,15 deutet:

Was sah unser Vater Jakob, dass er die Rahel auf dem Wege nach Ephrath begrub, vgl. 1. Mose 35,19? Er schaute, dass die Verbannten dereinst dort vorüberziehen würden;

deshalb begrub er Rachel dort, damit sie dort für sie um Erbarmen bäte.

Rahel ist eine der vier gerechten Frauen, an die seit Jahrhunderten am Schabbat in jeder jüdischen Familie erinnert wird: Jüdische Mädchen werden im Namen von Sara, Rebekka, Rahel und Lea gesegnet. Insofern hat Rahel, als geliebte Frau von Jakob, im Judentum einen besonderen Status. Der Midrasch legitimiert diesen Status, da Rahels Bitte von Gott erhört wird.

Der Midrasch erzählt weiter:

R. Schmuel b. Nachman (um 260) hat gesagt: (Nach einer Klage der Väter Israels über Jerusalems Untergang) In jener Stunde sprang unsre Mutter Rachel hin vor Gott u. sprach: Herr der Welten, offenbar ist dir, dass Jakob, dein Knecht, mich geliebt hat mit gar großer Liebe, und um meinetwillen hat er meinem Vater sieben Jahre gedient; und als jene sieben Jahre vollendet waren u. die Zeit meiner Vermählung nahte, fasste mein Vater den Plan, mich meinem Eheherrn für meine Schwester zu vertauschen. Das lastete überaus schwer auf mir, denn der Plan war mir bekannt geworden; und ich teilte ihn meinem Eheherrn mit u. gab ihm Zeichen zur Unterscheidung zwischen mir und meiner Schwester, damit er mich nicht verwechseln könnte. Aber hinterher tröstete ich mich bei mir selber u. ertrug mein Verlangen u. erbarmte mich über meine Schwester, dass sie nicht mit Schimpf davonginge. Und am Abend vertauschten sie meine Schwester gegen mich, und ich überlieferte meiner Schwester alle die Zeichen, die ich meinem Eheherrn überliefert hatte, damit er meinen sollte, sie sei Rahel. Ja noch mehr, ich schlich mich unter das Lager, auf dem er mit mei-

> ner Schwester ruhte; und wenn er mit ihr redete, so schwieg sie, ich aber antwortete auf jedes seiner Worte, damit er die Stimme meiner Schwester nicht erkennen möchte. So habe ich Gnade an ihr geübt u. bin nicht eifersüchtig auf sie geworden, noch habe ich sie in Schimpf davongehen lassen. Und wenn ich, die ich Fleisch und Blut, Staub und Asche war, wider meine Nebenbuhlerin nicht geeifert noch sie in Schimpf und Schande habe davongehen lassen – Du, der du der ewig lebende barmherzige König bist, warum hast du dich ereifert gegen die Götzen, an denen nichts Wesenhaftes ist, und hast meine Kinder lassen in die Gefangenschaft ziehen, dass sie durchs Schwert getötet wurden u. die Feinde an ihnen handelten nach ihrem Gelüst! – Sofort regte sich das Erbarmen Gottes, und er sprach: Um deinetwillen, Rahel, bringe ich Israel zurück an ihren Ort.[61]

Was dieser Midrasch zum Ausdruck bringen will: Gott hört die Bitten der Gerechten, so wie bei Abraham, der Gott für die Bewohner von Sodom bittet, so wie bei Jesus, der für seine Peiniger bittet. Das Flehen der Gerechten findet immer Gehör bei Gott. Stefan Zweig stellt Rahel als Fürsprecherin ihres Volkes dar, die Gott anklagt und herausfordert:

> Hast du mich denn nicht gehört, Allgegenwärtiger, hast du mich nicht verstanden, Allverstehender – oder muss ich mein Wort dir noch deuten, ich, deine unkundige Magd? So begreife, Hartköpfiger – auch ich war in Eifersucht verfallen, weil Jakob an meine Schwester sich ausgoss, so wie du nun eiferst, weil meine Kinder andern Göttern räucherten an deiner statt. Aber doch, ich schwach Weib, ich bezähme mein

Grollen … – du aber, du Allmächtiger, der alles erschaffen und alles erschöpft … – du wolltest dich nicht erbarmen? … Nein, Gott, das darf nicht sein, denn so dein Erbarmen nicht ohne Ende ist, dann bist du selber unendlich nicht – dann – bist – du – nicht – Gott.[62]

Warum fügt Matthäus das Zitat von Jeremia an dieser Stelle ein?

Die jüdische Bibelauslegung unterscheidet zwischen dem wörtlichen Sinn des Textes (Pschat) und einem Hinweis (Remes). Der wörtliche Sinn des Zitats von Jeremia betrifft das Blutbad, das die Assyrer unter den nördlichen Stämmen Israels anrichteten. Aber Matthäus benutzt dieses Zitat, um seinen Lesern einen Hinweis zu geben. Rama ist ein Symbol für Trauer. So lesen wir bei den Propheten Jesaja und Hosea:

Rama erschrickt. Das Gibea Sauls flieht.
Jesaja 10,29

Blast die Widderhörner in Gibea! Schlagt in Rama Alarm! Lasst euer Kriegsgeschrei in Bet-Awen hören: Der Feind ist hinter dir her, Benjamin! Israel wird zu einer Wüste werden, wenn der Tag der Strafe gekommen ist. Blast die Widderhörner in Gibea! Schlagt in Rama Alarm! Lasst euer Kriegsgeschrei in Bet-Awen hören: Der Feind ist hinter dir her, Benjamin! Israel wird zu einer Wüste werden, wenn der Tag der Strafe gekommen ist.
Hosea 5,8-9

Hier geht es um die assyrische Invasion. Und Matthäus benutzt diese Symbolik, um zu sagen: Es geht um noch viel mehr als diese traurigen Ereignisse. Zum einen geht es um das große Herzweh, dass der Messias, der König Israels, aus seinem Volk nach Ägypten fliehen muss, um sein Leben zu retten. Und zum anderen werden die jüdischen Kinder bei Bethlehem grausam getötet. In gewissem Sinne weint Rahel wieder über ihr Volk.

Aber Matthäus bleibt nicht dabei stehen, sondern bringt auch Hoffnung. Diese ist schon bei Jeremia 31 vorhanden. Dort spricht der Prophet über die Hoffnung der Rückkehr und über den Neuen Bund, den Gott mit seinem Volk schließen wird. Daran knüpft Matthäus an, wenn er in Vers 15 über die Rückkehr aus Ägypten berichtet. So wie das Volk Israel aus der Gefangenschaft zurückkehrt, so kehrt auch der Messias in sein Land zurück, um die Erlösung zu vollbringen!

Die Rückkehr aus Ägypten

Die Rückkehr aus Ägypten beginnt mit einem wichtigen historischen Ereignis: dem Tod eines Diktators. Interessanterweise widmet der Geschichtsschreiber Josephus dieser Begebenheit viel mehr Platz in seinem Buch als Matthäus. Warum? Weil Josephus ganz andere Ziele verfolgt als der Evangelist. Für Matthäus ist der Tod von Herodes nur ein Mittel, um das Leben des Messias im historischen Kontext zu zeigen. Er erwähnt ihn daher nur beiläufig. Aus anderen Quellen wissen wir, dass Herodes kurz vor dem Passahfest im Jahr 4 v. Chr. gestorben ist.

Wieder erscheint Josef ein Engel im Traum, die Gefahr ist vorüber, die junge Familie kann nach Israel zurückkehren. Als Josef hört, dass Archelaus in Judäa die Nachfolge seines Vaters Herodes angetreten hat, fürchtet er sich jedoch und erhält eine neue Weisung:

Und im Traum empfing er einen Befehl und zog ins galiläische Land und kam und wohnte in einer Stadt mit Namen Nazareth, auf dass erfüllt würde, was gesagt ist durch die Propheten: Er soll Nazoräer heißen.
Matthäus 2,22-23; LU I

Moment mal, wo steht bei den Propheten, dass der Messias ein Nazoräer genannt wird? Wie können wir erklären, was Matthäus hier meint? Er nennt keinen konkreten Propheten, aber vielleicht können wir in seinen Worten irgendeinen Hinweis (Remes) finden?

Manche Gedanken finden sich bei verschiedenen Propheten.

Matthäus gebraucht das Wort »Propheten« im Plural. Das bedeutet, er denkt gar nicht an ein bestimmtes Zitat! Manche Gedanken finden sich bei verschiedenen Propheten, wie das folgende Zitat aus dem Talmud zeigt:

R. Jicchaq (um 300) hat gesagt: Ein und dasselbe Wort kann (seinem Inhalt nach) in vielen Propheten aufsteigen, aber nicht können zwei Propheten mit denselben Worten weissagen. Obadja hat gesagt (V. 3): »Der Hochmut deines Herzens hat dich berückt«[63]; Jeremia hat gesagt (Jeremia 49,16): »Schauder über dich! Berückt hat dich der Hochmut deines Herzens.« – Also nur die sprachliche Einkleidung einer Prophetie ist Eigentum des betreffenden Propheten.[64]

Ein solches Beispiel, dass »Propheten« erwähnt werden, aber kein direktes Zitat angeführt wird, findet man in der Hebräischen Bibel bei Esra:

> Was, unser Gott, sollen wir nun sagen, nach all diesem? Wir haben deine Gebote missachtet! Diese hast du durch die Hand deiner Diener, der Propheten, gegeben, indem du sagtest: »Das Land, in das ihr kommt, um es zu besitzen, ist verunreinigt von den Unreinheiten der Völker der Länder. Durch ihre Gräueltaten ist das Land von einem Ende zum anderen mit Verderben erfüllt.«
> *Esra 9,10-11*

Auch hier wird von einem Wort von Gott gesprochen, das sich im Alten Testament so nicht wiederfindet, ohne die geringste Andeutung, von welchen Propheten die Rede ist.

Wir sehen, dass diese Methodik als hermeneutischer Grundsatz schon lange vor Jesus verwendet wurde. Doch was ist damit nun gemeint?

Der Spross aus der Wurzel Isais

Im Zusammenhang mit den Begriffen Nazareth/Nasoräer ist eine Prophetie Jesajas von Bedeutung:

> Aus dem Stumpf Isais wird ein Spross hervorgehen – ein neuer Trieb aus seinen Wurzeln wird Frucht tragen. Auf ihm wird der Geist des Herrn ruhen – der Geist der Weisheit und des Verstandes, der Geist des Rates und der Macht, der Geist der Erkenntnis und der Furcht des Herrn. Er wird an der Furcht des Herrn Wohlgefallen haben. Sein Urteil wird sich nicht auf Äußerlichkeiten gründen, er wird nicht aufgrund dessen, was er hört, entscheiden.
> *Jesaja 11,1-3*

Diese Prophetie wurde im Judentum als messianisch verstanden:

> Der König wird aus den Söhnen Isais hervorgehen und der Messias aus seinen Enkelkindern wird groß werden.[65]

Das hebräische Wort für Trieb oder Reis ist Nezer. Es handelt sich um eine Anspielung, ein Wortspiel! Das Dorf heißt auf Hebräisch Nazeret und hat somit denselben Stamm wie »Trieb«. Matthäus kombiniert durch ein Wortspiel (Nezer – Nazereth – Nazarener) die Prophezeiung von Jesaja mit dem Ort, an dem Jesus aufgewachsen ist.

Heute werden Christen aufgrund dieser Wurzel in Israel Nozrim genannt. Der hebräische Satz über dem Kreuz von Jesus lautete: »Jeschua Ha Nazrati, we Melech Ha Jehudim!« – »Jesus von Nazareth, König der Juden« (Johannes 19,19).

Das Bild vom Messias als einem Trieb, Reis oder Spross aus dem Stamm Davids war für die ersten Jesusnachfolger sehr zentral. Jesaja fährt fort (Jesaja 11,10):

> Dann wird die Wurzel Isais, aus der neue Triebe wachsen, den Völkern ein Zeichen sein. Sie werden unermüdlich nach ihr fragen und sie werden in Herrlichkeit leben.

Paulus greift diesen Gedanken ebenso auf wie Matthäus:

> Es heißt: »Lobt den Herrn, all ihr Völker; lobt ihn, alle Menschen auf Erden.« Und der Prophet Jesaja sagte: »Der Erbe aus der Wurzel Isais wird kommen, und er wird über die Völker herrschen. Sie werden all ihre Hoffnung auf ihn setzen.«
> *Römer 15,11-12*

Auch in der Offenbarung begegnet uns dieses Bild:

> Und einer von den Ältesten spricht zu mir: Weine nicht! Siehe, es hat überwunden der Löwe aus dem Stamm Juda, die Wurzel Davids, aufzutun das Buch und seine sieben Siegel.
> *Offenbarung 5,5; LUT*

Das Bild vom Messias Israels als »Spross aus der Wurzel Isais«, als Nachkomme Davids, war fest in der jüdischen Tradition verwurzelt. Als moderne Nachfolger von Jesus benutzen wir eher andere Bilder wie das Lamm Gottes, das seinen Ursprung ebenfalls im Alten Testament hat.

Noch ein Gedanke ist mit dem Wort Nazareth verbunden. Aus den Worten von Nathanael erfahren wir, dass die Bewohner von Nazareth verachtet wurden: »Kann denn aus Nazareth etwas Gutes kommen?« (Johannes 1,46). Zu unbedeutend war dieses Dorf, das im ganzen Alten Testament nicht einmal erwähnt wird. Jesaja schreibt über den Messias: »Er wurde verachtet und von den Menschen abgelehnt« (Jesaja 53,3). Wahrscheinlich macht Matthäus hier auch eine Andeutung darauf und bringt Jesus, den Nazarener, mit der Missachtung in Verbindung, die ihm bevorsteht.

JOHANNES DER TÄUFER

Eine Auswahl

Der Evangelist Johannes bringt ein Dilemma auf den Punkt:

> Es gibt noch vieles andere, was Jesus getan hat. Wenn man dies alles aufschreiben würde, glaube ich, könnte die ganze Welt die Bücher nicht fassen, die man dann schreiben müsste.
> *Johannes 21,25*

Die Evangelisten mussten somit genau auswählen, was sie aufschreiben und was nicht. Deshalb ist es hilfreich, uns immer wieder die Absichten von Matthäus vor Augen zu führen, wenn wir sein Evangelium lesen. Matthäus schreibt sein Werk:

- Um Israel und vor allem seiner Gemeinde Jesus als den jüdischen Messias zu zeigen, Jesus als den verheißenen Sohn Davids.
- Um das Dilemma zu lösen: Wie kann ein Jude an Jesus glauben und sein Volk nicht verraten? Wie kann er gleichzeitig Mose treu bleiben und Jesus nachfolgen?
- Um seine Leser zu überzeugen: Als Nachfolger von Jesus sind wir berufen, die Frohe Botschaft allen Völkern zu verkünden.

Nachdem Matthäus in den ersten zwei Kapitel seines Buches beleuchtet hat, wer Jesus ist und wie er geboren wurde, berichtet er ab dem dritten Kapitel über seinen Dienst. Vergleicht man dies mit Biografien berühmter Persönlichkeiten, dann fällt auf, dass es, abgesehen von einer Episode, keine Berichte über die Kindheit und Jugend von Jesus gibt. Im zweiten Kapitel begegnet uns Jesus als Kind und am Anfang des dritten Kapitels ist er schon ein erwachsener Mann.

Wie groß ist der Abstand zwischen diesen beiden Kapiteln? Etwa 30 Jahre! Warum gibt es diese große Lücke?

Zum einen spüren die Evangelisten keinen Bedarf, uns alles zu erzählen, was im Leben von Jesus passiert ist, denn die Evangelien sind keine Biografien. Sie bilden eine besondere Gattung und erzählen nur das, was für ihr Ziel relevant ist. Der Übergang von der Vorgeschichte direkt zur Taufe ist für Matthäus logisch, weil Jesus dort seine Messiassalbung empfangen und danach seinen messianischen Dienst begonnen hat.

Die Evangelien sind keine Biografien.

Zum anderen gab es einen ganz praktischen Grund, sich auf das Wesentliche zu beschränken: Die Evangelien wurden auf Papyrus und später auf Pergament geschrieben. Eine Thorarolle ist 34 Meter lang, die große Jesajarolle aus Qumran 7,34 Meter, für das Matthäusevangelium benötigte man eine etwa 9 Meter lange Rolle. Wenn nun das Wichtigste auf wenigen Metern zusammengefasst werden sollte, dann musste jeder Satz, jedes Wort eine Botschaft tragen.

Von den vier Evangelisten erzählt nur Lukas eine kurze Episode aus der späteren Kindheit und Jugend von Jesus: Als Zwölfjähriger diskutiert er im Tempel mit den Lehrern und alle wundern sich über seine Weisheit: »Alle, die ihn hörten, staunten über sein Verständnis und seine klugen Antworten« (Lukas 2,47).

Trotzdem haben sich viele Nachfolger in den nächsten Generationen dafür interessiert, wie Jesus aufgewachsen ist und was ihn in seinen Jugendjahren geprägt hat. Daraus entstanden einige neutestamentliche Apokryphen, das Thomasevangelium, das Evangelium von Petrus und das Protoevangelium des Jakobus, deren Glaubwürdigkeit jedoch von vielen angezweifelt wird.

In den vier kanonischen Evangelien merken wir: Jeder der vier Evangelisten hat sein Buch für eine bestimmte Zielgruppe verfasst und hatte seine Gründe, warum er das oder jenes schrieb und anderes unerwähnt ließ.

Matthäus berichtet direkt im Anschluss an die Rückkehr der Familie nach Israel von einem Propheten: Johannan ha Matbil – so nennt man ihn im jüdischen Kontext – oder Deutsch: Johannes der Täufer.

Der Wegbereiter

> Zu der Zeit kam Johannes der Täufer und predigte in der Wüste von Judäa. Und sprach: Tut Buße, denn das Himmelreich ist nahe herbeigekommen!
> *Matthäus 3,1-2; LUT*

Die Worte von Johannes lassen uns eine Dringlichkeit spüren, es ist, als ob das Königreich des Himmels schon fast da wäre. Doch was ist das eigentlich?

In der jüdischen Geschichte gibt es zwei Dimensionen des Königreichs Gottes. Zu Beginn war das Volk Israel eine Theokratie. Das Volk wurde direkt von Gott regiert. Am Ende der Richterzeit fordert das Volk einen König und damit endet die Theokratie (1. Samuel 8). Aber in der Zukunft, so sagt die Bibel – und das ist die zweite Dimension – wird Israel auf ewig eine Theokratie haben. Die erste Dimension ist somit historisch, die zweite eschatologisch, also auf die Endzeit ausgerichtet:

> Und der Herr wird König über die ganze Erde sein. An jenem Tag wird der Herr der einzige Gott sein und sein Name allein wird angebetet werden.
> *Sacharja 14,9*

Diese Worte werden in den Synagogen und in den messianischen Gemeinden zum Schluss des Schabbatgottesdienstes proklamiert. Es ist der Schluss des Gebetes Alenu:

> »... der Ewige Gott ist im Himmel oben und auf der Erde unten, keiner sonst. Wie in deiner Lehre geschrieben:
> Der Ewige wird König sein über die ganze Erde. An jenem Tag wird der HERR der einzige sein und sein Name der einzige.«[66]

Auch im Buch Daniel lesen wir:

> Danach werden Reich, Herrschaft und Machtfülle aller Königreiche unter dem Himmel dem heiligen Volk des Höchsten übergeben werden. Das Reich des Höchsten bleibt für alle Zeiten bestehen und alle Mächte werden ihn ehren und ihm gehorchen.
> *Daniel 7,27*

Das Etablieren des Reichs Gottes hier auf der Erde ist eine der wichtigsten Ideen des Judentums. In einem der ältesten Gebete in der jüdischen Liturgie, im Kaddisch, heißt es:

> Erhoben und geheiligt werde sein großer Name auf der Welt, die nach seinem Willen von Ihm erschaffen wurde –

> sein Reich soll in eurem Leben in den eurigen Tagen und im Leben des ganzen Hauses Israel schnell und in nächster Zeit erstehen. Und wir sprechen: Amen![67]

Das, wofür die Vorfahren über Jahrzehnte und Jahrhunderte gebetet haben, das, was die Qumrangemeinde mit ihren rituellen Waschungen bezweckt hat – das ist für Matthäus Realität geworden und das wollte er den Juden weitergeben. Deshalb berichtet er von Johannes dem Täufer, der sagt: »Jetzt! Jetzt werden eure Träume und Hoffnungen erfüllt: Das Reich Gottes ist da! Tut Teschuwa, tut Buße, kehrt um!«

Johannes tut den Dienst, den vor ihm schon ein anderer Prophet getan hat: Elia.

Der Prophet Elia taucht in der Erzählung des 1. Königsbuchs ganz plötzlich auf. Genauso wie Johannes. Und in seiner Beschreibung, sogar in seinem Dresscode ist Johannes Elia ähnlich:

> Sie antworteten: »Er trug einen Mantel aus Fell und hatte einen Ledergürtel um die Hüften.«
> *2. Könige 1,8*

> Johannes trug Kleider aus gewebtem Kamelhaar und einen Lederriemen um die Hüften; er ernährte sich von Heuschrecken und wildem Honig.
> *Matthäus 3,4*

Manche Leute versuchen, aufgrund dieses Verses zu behaupten, dass schon Johannes der Täufer als »erster Christ« unkoscher gegessen habe, denn im Judentum sind Heuschrecken verboten. Doch in der Thora lesen wir dazu:

> Von diesen dürft ihr essen alle Arten der Heuschrecke, alle Arten des Solam, alle Arten des Hargol und alle Arten des Hagab.
> *3. Mose 11,22; LUT*

Dieser Vers handelt von vier Arten von geflügelten Insekten, die verzehrt werden dürfen. Da das Wissen um die koscheren Heuschreckenarten verloren ging, verboten die Rabbiner im Mittelalter jedoch, Heuschrecken zu essen. Bei den sephardischen Juden sind bestimmte Heuschreckenarten weiterhin erlaubt.

Seine eigenartige Diät hat Johannes nicht daran gehindert, eine Bußbewegung zu starten. Seine Botschaft wurde viele Jahre vorher in Jesaja 40,3 vorausgesagt:

> Schon Jesaja hatte auf Johannes hingewiesen, als er verkündete: »Er ist eine Stimme, die in der Wüste ruft: ›Schafft Raum für das Kommen des Herrn! Ebnet ihm den Weg!‹«
> *Matthäus 3,3*

Der historische Kontext in Jesaja ist der folgende: Das Volk soll aus der Gefangenschaft zurückkehren und Jesaja prophezeit, dass die Schechina[68], die Gegenwart Gottes, die nach dem Zeugnis der Bibel mit dem Volk in die Gefangenschaft gegangen ist, ebenfalls zurückkehren wird. – Ja, Gott selbst kehrt mit seinem Volk zurück und die Menschen sollen ihm den Weg bereiten.

Gott selbst kehrt mit seinem Volk zurück.

Im 1. Jahrhundert n. Chr. bekam diese Botschaft von Jesaja nicht nur die Aufmerksamkeit der Jesusnachfolger. Sie war auch in Qumran bei den Essenern im Nordwesten des Toten Meeres sehr populär. Die Essener glaubten aufgrund von Jesaja 40,3, Gott habe sie berufen, den Weg für den Herrn in der Wüste zu bereiten. Sie meinten, sie seien die Auserwählten, die »Söhne des Lichts«, die den Messias in der Wüste erwarten. Zu ihrem Kampf gegen die dunklen Mächte der Welt gehörte die strenge Beachtung der rituellen Reinigung und eine völlige Unterwerfung unter ihre Gemeindesatzung.

Ich glaube, dass Johannes bei den Qumranleuten aufgewachsen ist oder zumindest mehrere Jahre in einer essenischen Gemeinschaft verbracht und manche eschatologische Erwartungen der Essener aufgenommen hat.[69] Er kannte ihre Auslegung sehr gut, und vielleicht ist genau das der Grund, warum er sich von den Essenern getrennt hat. Weil er eine neue Vision von Gott bekommen hat.

Diese Vision betrifft keine abgesonderte mystische Gruppe in der Wüste, nein, das ganze Volk Israel soll auf dieses großartige Ereignis vorbereitet werden, und zwar durch aufrichtige persönliche Buße. Und Johannes der Täufer ist mit seinem Dienst erfolgreich:

> Aus Jerusalem, aus allen Teilen Judäas und aus dem ganzen Jordanland strömten die Menschen hinaus in die Wüste, um ihn predigen zu hören. Und wenn sie ihre Sünden bekannt hatten, taufte er sie im Jordan.
> *Matthäus 3,5-6*

Die Taufstelle am Jordan ist symbolträchtig. Josua führte das Volk durch den Jordan ins Gelobte Land und Josephus Flavius schreibt, dass viele Menschen, die einen Anspruch auf Messianität erhoben, zuerst zum Jordan gingen und dort ihre Anhänger sammelten.

Und hier kommt ein Prophet in der Kraft des Elia und sammelt das Volk an dieser markanten Stelle. Johannes und seine Botschaft konnten nicht unbemerkt bleiben.

Die Taufe im Judentum

Johannes ruft zur Buße und anschließend tauft er die Menschen. Spontan würde man die Taufe klar im Christentum verorten und nicht im Judentum. Das erste Argument, das man dagegen anführen könnte, ist: Johannes der Täufer hat vor der Entstehung des Christentums gelebt! Doch worum geht es bei seiner Taufe? Die Kenntnis der unterschiedlichen Aspekte von Taufe in der mehrdimensionalen Welt des Judentums im ersten Jahrhundert unserer Zeitrechnung kann uns helfen, unser modernes Taufverständnis zu weiten.

»Johannan, den Eintaucher«, so nennt David Stern Johannes in seinem jüdischen Neuen Testament.[70] Das »Eintauchen« war im Judentum bekannt. Es diente vor allem der rituellen Reinigung. Wenn sie einen Toten oder etwas Unreines berührten und durch manche Krankheiten wurden die Israeliten rituell unrein (3. Mose 11-15). Man verwendete Waschungen und Tauchbäder, auf Hebräisch Mikwe, um die rituelle Reinheit wiederherzustellen.

Auch beim Bundesschluss praktizierten die Juden eine solche Reinigung:

> Dann befahl der Herr Mose: »Steig hinunter und sorg dafür, dass sich das Volk heute und morgen nicht verunreinigt, und lass sie ihre Kleider waschen.«
> *2. Mose 19,10*

Eine Person, die sich darauf vorbereitet, die Offenbarung des Allmächtigen zu empfangen, muss sich in einem Zustand ritueller Reinheit befinden. Deshalb war es eine notwendige Bedingung, sich vorher in das Wasser der Mikwe zu tauchen.

Rabbi Hirsch schreibt dazu:

> Die Thora kommt zum Volk. Ihre Ankunft wird drei Tage lang erwartet. Und selbst während der Wartezeit muss das Volk Körper und Gewänder heilig halten. Es soll sich dadurch würdig machen, dass es sich symbolisch auf die Neugeburt seines inneren und äußeren Lebens vorbereitet, welche durch die Thora bewirkt wird.[71]

Der Midrasch[72] Pesikta Rabbati erzählt, dass Abraham beim Bundesschluss als Pfand den Heiligen Geist bekommen habe. Ebenso lag der Heilige Geist auf Mose (4. Mose 11,17), dem die Zehn Gebote gegeben wurden, und auf David, dem das ewige Königtum verheißen wurde (1. Samuel 16,13). Jeder Bundesschluss mit Gott und somit auch die vorherige Reinigung war mit dem Wirken des Heiligen Geistes verbunden.

Nach der mündlichen Überlieferung gab es noch einen weiteren Grund für das Eintauchen: Wenn ein Mensch freiwillig zu einem Knecht wurde, musste er ein Tauchbad nehmen.

Im Judentum des Zweiten Tempels war es außerdem üblich, das Joch (die Lehre) des Lehrers auf sich zu nehmen. Dieses Aufnehmen des Jochs war mit einem Eintauchen in Wasser verbunden, das bedeutete: Ich begebe mich auf den Weg dieses Meisters!

Wenn Juden von so einem »Weg« sprechen, meinen sie damit einen Glaubensweg. So sagt Gott über Abraham, bevor er ihm vom Gericht über Sodom und Gomorrha erzählt:

> Denn ich habe ihn erkannt, damit er seinen Söhnen und seinem Haus nach ihm befehle, dass sie den Weg des HERRN bewahren, Gerechtigkeit und Recht zu üben, damit der HERR auf Abraham kommen lasse, was er über ihn geredet hat.
>
> *1. Mose 18,19; ELB*

Im Gegensatz zu den beiden sündigen Städten soll Abraham zum Segen für alle Menschen werden. Wodurch kann er dieses Ziel erreichen? Indem er den Weg des Herrn geht!

In diesem Vers ist ein direkter Hinweis darauf, was Glaube ist: Derech HaSchem – der Weg des Herrn. Dieser Weg des Herrn wird durch die Begriffe Zedaka und Mischpat – Gerechtigkeit und Recht – beschrieben. Wenn Jesus in Bezug auf die Taufe Gerechtigkeit erwähnt (Matthäus 3,15), dann ist das nichts anderes als ein Hinweis darauf, dass seine Taufe ein Teil dieses Weges ist. Gerechtigkeit und Recht sind die Kriterien, die nach dem biblischen Maßstab den Weg des Herrn beschreiben.

Gerechtigkeit und Recht sind die Kriterien, die den Weg des Herrn beschreiben.

Die ersten Nachfolger von Jesus nannten sich Anaschim HaDerech – Menschen des Weges. An dieser Stelle frage ich mich: Wie weit ist unser Verständnis vom Glauben von einer solchen Definition entfernt? Ist unser Glaube etwas Statisches oder drückt er sich in unseren Werken aus?

Für Christen ist die Taufe ein Ausdruck ihrer Bekehrung. Sie zeigen damit, dass sie zum Neuen Bund gehören. Jesus spricht beim letzten Abendmahl von diesem Neuen Bund:

> Denn das ist mein Blut, das den Neuen Bund besiegelt …
> *Matthäus 26,28; JNT*

Es gibt reichlich Verwirrung bezüglich dieser Worte von Jesus. Viele Menschen meinen, die Juden würden unter dem Alten Bund leben und die Christen hätten durch Jesus einen Neuen Bund mit Gott. Allerdings sagt die Bibel ganz klar, dass Gott alle Bündnisse, einschließlich des Neuen Bundes, nur mit dem jüdischen Volk geschlossen hat:

> »Es wird der Tag kommen«, spricht der Herr, »an dem ich einen neuen Bund mit dem Volk Israel und mit dem Volk Juda schließen werde.«
> *Jeremia 31,31*

Jesus hat diesen Bund durch seinen Tod beglaubigt. Und anschließend wurden die Nichtjuden in diesen mit Israel geschlossenen Bund eingefügt, wie es schon in der Verheißung an Abraham anklingt (1. Mose 12,1-3). Jesus konnte keinen anderen Neuen Bund meinen als den, über den Jeremia spricht. Durch den Propheten gibt Gott seinem Volk eine wunderbare Verheißung, dass der Neue Bund den Menschen die Vergebung ihrer Sünden garantiert.

Und genau darüber, über das Problem der Sünde berichtet Matthäus im dritten Kapitel. Vor der Taufe bekannten die Menschen ihre Sünden. Daher erinnert die Art der Taufe, die Johannes der Täufer praktiziert, an einen Bundesschluss. Doch warum legten die Täuflinge ein Bußbekenntnis ab?

Zur Zeit von Johannes dem Täufer entwickelten die Pharisäer die Lehre, dass die Sünde ein Zeugnis für innere Unreinheit ist. Das bedeutet, dass die sündige Natur einen Menschen dazu treibt, zu sündigen. Ein moderner Mensch würde fragen: »Was fehlt mir, um mit Gott zu kommunizieren?« Die Rabbis im 1. Jahrhundert stellten die Frage anders herum: »Was hindert mich, mit Gott zu kommunizieren? Was soll ich beseitigen?« Die Antwort lautete: »Beseitige die konkrete Sünde, die zwischen dir und Gott steht.«

Zur Umkehr gehörte auch ein Tieropfer. Während der Zeit des Zweiten Tempels waren Tieropfer und Tauchbad eng verbunden.

Ohne sich in einem Tauchbad rituell zu reinigen, konnte man kein Opfer bringen. Wenn ein Mensch seine Hände auf das Opfer legte, um seine Sünden zu bekennen, mussten seine Hände rituell rein sein, das heißt: Erst rituelle Waschung, dann Opfer.

Was das Opfer selbst betraf, war die Situation damals kompliziert. Korrupte sadduzäische Leiter erklärten, dass man nur im Tempelbereich taugliche Opfertiere kaufen könne – und sie hatten das Monopol auf den Opferverkauf. Vorher musste man das Geld zu hohen Umrechnungskursen wechseln und daran verdienten wiederum bestimmte Priesterfamilien. Das brachte das Volk in ein Dilemma. Einerseits wollten und sollten sie Sündopfer bringen. Andererseits ahnten sie, dass sie dadurch das korrupte und ungerechte System unterstützten.

Die jüdische Tradition zur Zeit von Jesus verband die Reue (Teschuwa) jedoch auch mit dem Tauchbad.[73] Daher bot Johannes der Täufer eine wunderbare Alternative zum Opfersystem: Er gehörte zum priesterlichen Geschlecht, doch er war kein »normaler« Priester, weil er nicht im Tempel diente. Er war nicht an das korrupte System gebunden und sein Lebensstil beinhaltete keine Bestechungsgelder. Er verlangte kein Opfer für sein Reinigungsbad, er forderte nur eine Bestätigung, ein Zeugnis, dass der reuige Mensch seine Sünde verlassen hatte und den Weg der Heiligung gehen wollte. Und nur wer eine solche Entscheidung getroffen hatte, brauchte ein rituelles Reinigungsbad.

Neben dem Zeichen der Reue und dem Bundesschluss gibt es aber noch einen weiteren Aspekt. Die Apostel bezeichneten sich oft als Knechte des Messias (Römer 1,1; 2. Petrus 1,1; Jakobus 1,1). »Knecht Gottes« ist ein Ehrentitel, der schon für Mose benutzt wurde (5. Mose 34,5). In der Taufe bezeugen wir, dass Jesus unser Retter und unser Herr ist. Also zeugt die Taufe auch von Knechtschaft.

Paulus schreibt, dass er einige Menschen getauft hat, und fragt in diesem Zusammenhang: »Ist etwa Paulus für euch gekreuzigt?« (1. Korinther 1,13; ELB). Damit zeigt er implizit die Verbindung zwischen der Taufe und dem Tod von Jesus. Jesus hat sich für uns in den Tod gegeben und wir geben uns als Dankopfer unserem Herrn hin und werden seine Knechte.

Dies lässt sich auch anhand der Tauformel ablesen: »Ich taufe dich im Namen…« Was bedeutet das? Wenn im Judentum ein Vermögen, eine Habe einem anderen zum Besitz gegeben werden, dann schreibt man eine Rechnung im Namen (des Besitzers oder der Firma). Das ist einer der Aspekte, dass wir sein Besitz werden, seine Knechte.

Zugleich bekennen wir in der Taufe, dass wir nun den Weg des Meisters gehen wollen. Der Messias lädt uns ein, unter sein Joch zu kommen (Matthäus 11,28-30). Der Ausdruck »das Joch der Thora« bzw. »das Joch der Himmel auf sich nehmen« bedeutete, dass ein Mensch sich freiwillig unter Gottes Gebote stellt. Mit der Übernahme des Jochs ist somit die Anerkennung Gottes als Herr und König gemeint. Dabei ist zu bemerken, dass die Einladung an alle geht, aber besonders an Mühselige und Beladene.

Zwei Parallelen in den Apokryphen sind an dieser Stelle wichtig: Das Joch beinhaltet den Wunsch, beim Messias zu lernen. Im Buch Jesus Sirach ruft die Weisheit: »Kommt her zu mir, ihr Ungebildeten, und wohnt im Haus der Bildung!«[74] Der Messias wird von vielen messianischen Juden als personifizierte Weisheit gesehen.

Die Motivation, das Joch des Messias auf sich zu nehmen, wird sehr gut bei Henoch beschrieben:

> Er (der Menschensohn-Messias) wird ein Stab für die Gerechten und Heiligen sein, damit sie sich auf ihn stützen

> und nicht fallen; er wird das Licht der Völker und die Hoffnung derer sein, die in ihrem Herzen betrübt sind.[75]

Doch diese Einladung kommt erst durch Jesus. Die Taufe von Johannes dem Täufer gilt als Zeichen der rituellen Reinigung sowie als Zeichen der Buße und Vorbereitung für den Neuen Bund, den Gott uns durch den Tod und die Auferstehung von Jesus anbietet.

Seit dem Tod und der Auferstehung von Jesus beinhaltet die Taufe jedoch alle genannten Aspekte:

- Bundesschluss: Die Taufe ist das Zeichen für den Bund, den der Getaufte mit Gott eingeht, sie macht die Buße und Umkehr öffentlich.
- Erfüllt werden mit dem Geist Gottes: Die Jünger von Jesus werden mit dem Heiligen Geist erfüllt. Bei der Taufe »im Namen von Jesus« bereiten wir unseren Leib und unsere Seele als ein Gefäß zu, das mit dem Geist Gottes erfüllt wird.
- Knechtschaft des Messias und Weg des Herrn: Wir gehören nicht mehr uns selbst, sondern Jesus, dem Messias. Als Christusnachfolger wollen wir das tun, was seinem Reich entspricht.

Petrus schreibt über die Taufe:

> Sie dient nicht der Reinigung des Körpers von Schmutz, sondern ist die Zusage fester Bindung an Gott – dank der Auferstehung Jesu Christi.
> *1. Petrus 3,21; ZÜR*

Durch den Tod und die Auferstehung von Jesus Christus haben wir diese Bindung, diesen Neuen Bund.

Verdienste der Väter

Die Taufe (hebr. Twila) bei Johannes war Teil der Umkehr (hebr. Teschuwa). Umkehr ist ein Schritt auf dem Weg der Heiligung. Das kann man in der Hebräischen Bibel sehen. Überall wo das Wort »heiligt euch« steht, bedeutet das: Umkehr und Reinigung. Teschuwa ist ein bewusster Prozess, deswegen heißt der Mensch, der diese Umkehr vollzieht Baal Teschuwa (Herr der Umkehr).

Wir haben festgestellt, dass es kein Zufall war, dass Johannes die Menschen taufte. Sein Vater Zacharias war ein Kohen (Priester). Nur der Sohn eines Priesters konnte ein Priester werden.

> Nur der Sohn eines Priesters konnte ein Priester werden.

Eine der Aufgaben der Priester war es, einen Menschen, der wegen Aussatz kultisch unrein gewesen war, nach der Genesung für kultisch rein zu erklären (3. Mose 13–14). Nur wer rein war, konnte auf den Weg der Heiligung treten.

Die Taufe war ein Zeichen der Umkehr und der Reinheit, deshalb gewährte Johannes sie nur denjenigen, bei denen er von der Echtheit ihrer Buße überzeugt war:

> Als er aber sah, dass auch viele Pharisäer und Sadduzäer kamen, um sich von ihm taufen zu lassen, fuhr er sie an. »Ihr Schlangenbrut! Wer hat euch eingeredet, ihr könntet dem bevorstehenden Gericht Gottes entkommen? Beweist durch euren Lebenswandel, dass ihr eure Sünden hinter euch gelassen und euch Gott zugewandt habt.«
> *Matthäus 3,7-8*

Es ist sehr spannend, wie Johannes manche Kultusleute rasch abweist. Damit bestätigt er, dass die Taufe als oberflächlicher Akt keinen Platz in der Gottesbeziehung hat. Nach seiner Definition ist die Taufe eine Bestätigung dafür, dass der Mensch nicht nur behauptet, dass er eine Umkehr vollzogen hat, sondern dies auch durch Taten beweisen kann.

Die Taufe war damals somit eine Angelegenheit, der eine Prüfung vorausging. Auch beinhaltete sie nicht die Zugehörigkeit zu irgendwelchen Denominationen. Welch ein krasser Unterschied zum modernen Taufverständnis!

Johannes geht mit einem sehr interessanten Argument auf den vermeintlichen Anspruch dieser frommen Leute auf eine Taufe ein:

> »Es genügt nicht zu sagen: ›Wir sind die Nachkommen Abrahams. Uns kann nichts geschehen.‹ Das beweist gar nichts. Wenn Gott wollte, könnte er aus diesen Steinen Kinder Abrahams machen.«
> *Matthäus 3,9*

Warum wird hier Abraham erwähnt? Eine der zentralen Lehren im Judentum sind die Verdienste der Väter. Diese Lehre gründet sich auf Gottes Treue zu seinem Bund:

> Wenn sie dann ihre ungehorsamen Herzen demütigen und die Strafe für ihre Sünden annehmen, werde ich mich an meinen Bund mit Jakob, an meinen Bund mit Isaak und an meinen Bund mit Abraham erinnern und werde an das Land denken.
> *3. Mose 26,41-42*

Gott hat angekündigt, dass er das Volk in die Verbannung schicken wird, wenn es sündigt. Wenn es umkehrt, wird es zurückkehren. Der Bund mit Abraham ist ein bedingungsloser Bund. Israel ist Gottes Volk, daran wird sich nichts ändern. Die Herrlichkeit Gottes geht sogar mit in die Verbannung. Aber der Segen, den Gott dem Volk durch Mose verheißen hat, funktioniert nicht automatisch. Nur Umkehr und Gehorsam öffnen den Weg dafür.

Als Prophet hat Johannes von Gott eine besondere Gabe bekommen: die wirklichen Beweggründe der Menschen zu erkennen. Und er weiß, dass viele aus den falschen Motiven zu ihm kommen. Diese Leute glauben, sie könnten aufgrund des Bundes in das Königreich der Himmel eintreten, unabhängig von ihrer Herzenseinstellung und ihrem Lebensstil. Genau das greift Johannes an.

Auch für uns als moderne Jesusnachfolger ist es wichtig, das zu verstehen: Es gibt keinen Automatismus, der uns aufgrund irgendwelcher Rituale, christlicher Abstammung oder Gemeindezugehörigkeit einen Weg in den Himmel öffnet. Es kommt auf die Herzenseinstellung und den Lebensstil an. Der Glaube wird durch seine Dynamik glaubwürdig und ist keine statische Sache.

Dennoch hat die Lehre von den Verdiensten der Väter ihren Platz. So schreibt Paulus:

> Nach dem Evangelium sind sie zwar Feinde um euretwillen; aber nach der Erwählung sind sie Geliebte um der Väter willen. Denn Gottes Gaben und Berufung können ihn nicht gereuen.
> *Römer 11,28-29; LUT*

Paulus spricht über Juden, die nicht an Jesus glauben! Sogar in ihrem Unglauben bleiben sie Geliebte … um der Väter willen. Das Volk Israel hat einen besonderen Platz im Herzen Gottes!

Den Anspruch auf die Kindschaft ohne persönliche Hingabe lehnt Johannes jedoch ab, gerade indem er auf Abraham hinweist. Seine Worte enthalten eine Anspielung auf die Hebräische Bibel:

Alle, die ihr auf Gerechtigkeit aus seid, hört mir zu – alle, die den Herrn suchen! Schaut auf den Fels, aus dem ihr gehauen seid, den Brunnenschacht, aus dem ihr gegraben wurdet! Denkt an Abraham, euren Vater, und an Sara, die euch gebar. Ich berief ihn als Einzelnen, segnete ihn und ließ ihn sich vermehren.
Jesaja 51,1-2

Doch was meint Johannes der Täufer, wenn er schreibt, dass Gott aus Steinen Kinder Abrahams machen könnte?

Als Gott Abraham berief, war er alt und kinderlos. Die Wahrscheinlichkeit, dass Sara von ihm ein Kind bekommen würde, war etwa dieselbe wie bei einem Felsen. Als Isaak geboren wurde, glich das einem Wunder. Deshalb sagt Johannes der Täufer: Genauso kann Gott ein Wunder tun und aus einem Stein Kinder Abrahams erwecken!

Der Messias ist zwar jüdisch, aber er ist für alle Menschen da!

Dabei verwendet er, wie so oft, im Hebräischen ein Wortspiel: »Kinder« und »Steine« werden auf Hebräisch mit den gleichen Buchstaben geschrieben, aber unterschiedlich ausgesprochen (»banim« und »awanim«).

Die Diskussion von Johannes und seine harten Worte an die Pharisäer und Sadduzäer sind ein innerjüdischer Konflikt. Was dabei bemerkenswert ist: In der Zeit, als Matthäus sein Evangelium schreibt (ca. 85 n. Chr.), denken seine Leser bei den Steinen an die Heiden, die durch den Glauben Teil des Neuen Bundes werden. Einer der Gründe, warum Matthäus sein Evangelium schreibt, ist ja gerade, seine Landsleute an ihren wichtigen Auftrag zu erinnern: Alle Völker brauchen das Evangelium! Der Messias ist zwar jüdisch, aber er ist für alle Menschen da! Gott ist imstande, den Heiden den Glauben zu schenken, der in der Substanz nur Israel gehört.

Nur ein Prophet

Nach diesen Worten spricht Johannes prophetisch über das kommende Gericht und zeichnet einen Hinweis auf den, der nach ihm kommen soll:

> Ich taufe euch mit Wasser zur Buße; der aber nach mir kommt, ist stärker als ich, und ich bin nicht wert, ihm die Schuhe zu tragen; der wird euch mit dem Heiligen Geist und mit Feuer taufen.
> *Matthäus 3,11, LUT*

Johannes geht es nicht um sich selbst oder darum, ein angesehener geistlicher Leiter zu sein. Damals waren das die Hohenpriester, heute streben die Menschen nach Titeln wie Pastor, Rabbi, Bischof … In diesem Zusammenhang denke ich an einen jüdischen Witz:

> Eine christliche und eine jüdische Frau treffen sich in einem Restaurant. Die christliche Frau erzählt voller Stolz, dass ihr Sohn gerade eine Ausbildung zum Priester absolviert. »Wir setzen sehr viel Hoffnung auf ihn – er ist so talentiert«, sagt sie.
> »Was genau meinst du?«, fragt die jüdische Frau.
> »Na ja, wenn er wirklich gut ist, kann er Bischof werden.«
> »Ist das das Höchste, was er werden kann?«, erwidert die jüdische Frau.
> »Na ja, wenn er überdurchschnittlich gut ist, kann er auch Kardinal oder sogar Papst werden!«
> »Und das ist dann das Höchste, was er werden kann?«, fragt die jüdische Frau weiter.
> »Was willst du denn, was er wird? Etwa Gott?«, entgegnet die christliche Frau scharf.

»Warum denn nicht?«, fragt die jüdische Frau. »Einer von unseren Jungs hat es geschafft!«[76]

Ach ja, wir Juden haben manchmal hohe Ansprüche.

Johannes gibt uns ein Beispiel, was Demut bedeutet. Er meint: Ich bin nichts, weil ich nicht würdig bin, seine Schuhe zu tragen. Dazu gibt es ein interessantes Bild aus dem Talmud:

> Rabbi Yehoshua ben Levi sagte: Alle Aufgaben, die ein kanaanitischer Sklave für seinen Meister ausführt, muss ein Schüler für seinen Lehrer ausführen, mit einer Ausnahme: des Lösens seines Schuhs, einer erniedrigenden Handlung, die normalerweise von Sklaven ausgeführt wurde und für einen Schüler nicht angemessen wäre.[77]

Neben dem Lösen des Schuhs gehörte auch das Bringen und Wegtragen der Sandalen zu den Tätigkeiten, die ein Sklave verrichtete. Johannes der Täufer spielt darauf an und drückt damit aus: Obwohl er eine so wichtige Funktion als Wegbereiter und angekündigter Elia hat, ist er eben doch nicht der Messias. Ihm gegenüber darf er nicht einmal Sklavendienste verrichten. Daran sieht man die große Demut des Täufers, aber auch, dass er klar weiß, wer er ist – und wer nicht.

Trennung

Der Messias eint, aber der Messias trennt auch. Normalerweise empfinden Menschen Trennung als etwas Negatives. Doch wenn wir einen guten Wein kaufen, dann achten wir auf den Begriff »Auslese«. Auch in Gottes Reich geht es um die Qualität. Dies wird durch ein kleines Gleichnis, eine Allegorie vorgestellt. Der Reinigungsprozess – so der Täufer – ist eine Aufgabe des Messias:

> Er wird mit seiner Schaufel die Spreu vom Weizen trennen, den Dreschplatz aufräumen und den Weizen in die Scheune bringen; die Spreu aber wird er im ewigen Feuer verbrennen.
> *Matthäus 3,12*

Es wird eine Trennung geben zwischen den Menschen, die umkehren, und den Menschen, die dies nicht tun. Jesus selbst erwähnt eine solche Trennung in Matthäus 10,34-39 noch ausführlicher.

Manche christliche Gruppen verwenden diese Aussagen dazu, ihre ungläubigen oder andersgläubigen Verwandten zu manipulieren. Das ist nichts anderes als Mangel an Erkenntnis und Missbrauch der Schrift. Jesus befürwortet den Zwist in Familien nicht, sondern bestätigt nur eine Realität. Dies ist aber kein Grund, andersgläubige Menschen schlecht zu behandeln oder für minderwertiger zu halten.

Gott verspricht auch, dass der Streit in den Familien einmal aufhören wird (Maleachi 3,23-24). Dann werden die Menschen, was die Erkenntnis Gottes betrifft, viel mehr wissen als wir heute.

Die Formulierung »ewiges Feuer«, die in diesen Versen gebraucht wird, hat viele christliche Kommentatoren auf die Idee gebracht, dass es hier um eine Vernichtung geht. Dieser Gedanke wurde auf die meisten »Feuerbegriffe« im Neuen Testament ausgeweitet, als ob Gott die bösen Menschen bzw. ihre Seele und diese Erde vernichten wird (2. Petrus 3,10; Offenbarung 8,7). Allerdings versteht man Feuer im Judentum nicht als ein Werkzeug der Vernichtung, sondern als Instrument der Reinigung (4. Mose 31,23). Es gibt eine Diskussion im Talmud darüber, welche Reinigung wichtiger ist: die im Wasser oder die im Feuer?

> Ein Minäer sprach zu R. Abahu: Euer Gott ist ja ein Priester, denn es heißt (Ex. 25,2): Sie sollen mir eine Hebe entrichten. Wo nahm er das Tauchbad, als er Moše bestattet hatte; wenn etwa im Wasser, so heißt es ja (Jes. 40,12): Wer hat mit seiner hohlen Hand das Wasser gemessen!? Dieser erwiderte: Er tauchte im Feuer unter, wie es heißt: Denn fürwahr, der Herr wird im Feuer kommen. – Ist denn das Untertauchen im Feuer gültig!? Dieser erwiderte: Im Gegenteil, das Untertauchen musste ja vornehmlich im Feuer erfolgen (Num. 31,23).[78]

Ebenso, meine ich, werden auch nicht die Menschen oder dieser Planet vernichtet (Gott hat schon so viel investiert!), sondern gereinigt. Das heißt: Alles, was nicht zum Reich Gottes gehört, wird verbrennen (Spreu) und alles, was Ewigkeitswert hat (Weizen), wird bleiben.

Exkurs: Tikkun Olam

Johannes der Täufer predigt, dass das Himmelreich nahe herbeigekommen ist. Damit trifft er auf eine Erwartung im Judentum, und zwar die Glaubenshoffnung auf die Erneuerung der Welt. Dieses Konzept, das seinen Ursprung in der Bibel hat, heißt auf Hebräisch Tikkun Olam.

Michael Jackson hat es mit seinem Hit »Heal The World« auf den Punkt gebracht. Er singt darin nicht nur von einer besseren Welt, sondern macht auch deutlich, dass jeder seinen Anteil dazu beitragen soll. Man könnte das Lied daher als eine Hymne zu »Tikkun Olam« verstehen.

Was hat es mit dem Matthäusevangelium zu tun? Im Grunde genommen ist das, was Gott durch Jesus tut, eine Wiederherstellung der Welt, Tikkun Olam.

Das Konzept von Tikkun Olam ist ein Grundgedanke im Judentum. Die Bibel berichtet vom Sündenfall, der Sintflut und dem Turmbau zu Babel und macht immer wieder deutlich, dass die Welt (auf Hebräisch »Olam«), so wie Gott sie geschaffen hat, zerstört wurde. Als Gott Abraham beruft, gibt er ihm jedoch eine einmalige Verheißung:

> Wer dich segnet, den werde ich auch segnen. Wer dich verflucht, den werde ich auch verfluchen. Alle Völker der Erde werden durch dich gesegnet werden.
> *1. Mose 12,3*

Später wird diese Verheißung für das ganze Volk Israel konkretisiert:

> Wenn ihr mir nun gehorcht und den Bund haltet, den ich mit euch schließen werde, sollt ihr vor allen anderen Völkern der Erde mein besonderes Eigentum sein, denn die ganze Erde gehört mir. Ihr sollt mir ein Königreich von Priestern, ein heiliges Volk sein.
> *2. Mose 19,5-6*

Die ganze Menschheit soll durch das Volk Israel gesegnet werden. Um diese Aufgabe zu erfüllen, bekommt Israel von Gott ein einzigartiges Instrument: die Thora. Wenn das Volk nach dieser Weisung Gottes lebt, dann fließt der Segen Gottes durch das jüdische Volk zu allen Völkern der Erde. Gleichzeitig repräsentiert Israel die gesamte Menschheit vor Gott. Das Konzept von Tikkun Olam beschreibt, wie Israel dieses Ziel erreicht.

Der Begriff Tikkun Olam leitet sich aus einem Vers der Hebräischen Bibel ab: »Krummes kann nicht gerade werden[79], und Fehlendes kann man nicht zählen« (Prediger 1,15). Die Wortwurzel »takan« bedeutet »begradigen, gerade biegen, in Ordnung bringen«. Im modernen Hebräisch bedeutet das Verb »letaken« reparieren. Das passt sinngemäß sehr gut zum talmudischen Prinzip »Tikkun Olam«.

Die ganze Menschheit soll durch das Volk Israel gesegnet werden.

Um den Begriff besser zu verstehen, beleuchte ich seine Bedeutung in unterschiedlichen Kontexten. Zum Beispiel erscheint er in der Mischna im Sinne von »in Ordnung bringen«:

> Am Anfang änderte einer seinen Namen oder ihren Namen, den Namen seiner Stadt oder den Namen ihrer Stadt (um seine Identität zu verbergen). Rabban Gamli'el der Alte ordnete an, dass geschrieben wird: Der Mann N.N. und alle Namen, die er hat, Frau N.N. und alle Namen, die sie hat, der Ordnung der Welt wegen.[80]

Der Kontext dieses Zitats ist das Familienrecht. Viele geschiedene jüdische Frauen wurden von ihren früheren Ehemännern um ihre Rechte betrogen, indem diese die Namen änderten. Im Neuen Testament begegnet es uns häufiger, dass Menschen mehrere Namen haben, zum Beispiel Matthäus/Levi oder Saulus/Paulus. War nun ein Mann beispielsweise in Bethlehem unter dem Namen Micha bekannt, so nannten ihn die Leute in Jericho vielleicht Zacharias. Wenn nun auf der Scheidungsurkunde Zacharias aus Jericho stand, so galt diese in Bethlehem nicht. Rabban Gamliel der Ältere ordnete deshalb an, dass der Schreiber alle Namen, unter denen der Mann und die Frau bekannt waren, im Scheidungsbrief nennen sollte. Dadurch konnte die Frau überall beweisen, dass sie rechtmäßig geschieden war. Dies sorgte dafür, dass die Rechte der geschiedenen Frauen wiederhergestellt und geschützt wurden, und trug somit »zur Verbesserung der Welt« bei.

Der Begriff Tikkun Olam taucht auch in dem uralten jüdischen Gebet »Alenu«[81] auf. Viele Judaisten gehen davon aus, dass dieses Gebet schon zur Zeit von Jesus sehr bekannt war. Dort heißt es unter anderem:

> Und so setzen wir unsere Hoffnung auf Dich, Adonai, unser Gott, um Deine Macht in ihrer Schönheit offenbart zu sehen, die alles Böse und Falsche auslöscht. Um die Schöpfung wiederherzustellen[82] unter Deiner nährenden Herrschaft.[83]

Diese Idee von der Wiederherstellung der Welt findet ihre Fortsetzung sowohl im rabbinischen Judentum als auch im Neuen Testament. So lesen wir im Bericht über die letzte irdische Begegnung von Jesus und seinen Jüngern:

> In den vierzig Tagen nach seiner Kreuzigung erschien er den Aposteln immer wieder … Und er sprach mit ihnen über das Reich Gottes.
> *Apostelgeschichte 1,3*

Vierzig Tage verbringt der auferstandene Herr mit seinen Jüngern und lehrt sie über das Reich Gottes! Die Aufrichtung des Reiches ist für Jesus und auch für seine Jünger nichts anderes als Tikkun

Olam. Deshalb fragten sie ihn bei nächster Gelegenheit: »Herr, wirst du in dieser Zeit wieder aufrichten das Reich für Israel?« (Apostelgeschichte 1,6; LUT).

Offensichtlich wissen die Apostel, dass die Wiederherstellung des Reiches (Tikkun Olam) und die Wiederherstellung Israels ein und dasselbe sind. Das ist ein sehr wichtiger Gedanke, denn er widerlegt die Substitutions- oder Ersatztheologie[84], nach der die Gemeinde das »neue« bzw. das »geistliche Israel« sei, das die Juden als Gottesvolk abgelöst habe. Diese Idee diente jahrhundertelang als Rechtfertigung für antijüdische und antisemitische Handlungen innerhalb der Kirche und aktuell als Argumentation für die These, die gegenwärtige Sammlung des jüdischen Volkes im Land Israel sei ohne jede heilsgeschichtliche Bedeutung.

Wenn die Substitutionstheologie wahr wäre, dann hätte Jesus an dieser Stelle vermutlich seine Jünger über dumme Fragen belehrt. Es ist hochinteressant, was er stattdessen antwortet: »Die Zeit dafür bestimmt allein der Vater … es steht euch nicht zu, sie zu kennen« (Apostelgeschichte 1,7).

Das Königreich Israels wird mit Sicherheit wiederhergestellt! Die Frage ist nur, wann das geschehen wird. Doch das bleibt den Jüngern und uns im Moment verborgen.

Eine weitere interessante Bibelstelle, die Tikkun Olam, die Wiederherstellung aller Dinge, ankündigt, findet sich in einer der ersten Predigten von Petrus. Nachdem er die Ablehnung des Messias und seine Auferstehung verkündigt hat, ruft er zur Umkehr auf und sagt, dass die nationale Umkehr Israels zur Wiederherstellung aller Dinge führen wird:

> So tut nun Buße und bekehrt euch, dass eure Sünden ausgetilgt werden, damit Zeiten der Erquickung kommen vom Angesicht des Herrn und er den euch vorausbestimmten

Jesus Christus sende! Den muss freilich der Himmel aufnehmen bis zu den Zeiten der Wiederherstellung aller Dinge, von denen Gott durch den Mund seiner heiligen Propheten von jeher geredet hat.
Apostelgeschichte 3,19-20; ELB

Die Wiederherstellung des Königreichs, das ist die Erlösung, auf die wir alle hoffen! Es ist aber noch viel mehr: das Ziel des Heilsprogramms Gottes mit den Menschen. Paulus schreibt, dass die ganze Natur darauf wartet, erlöst zu werden: »Denn wir wissen, dass die ganze Schöpfung bis zu diesem Augenblick mit uns seufzt, wie unter den Schmerzen einer Geburt« (Römer 8,22).

Was wir in Offenbarung 21 lesen, ist nichts anderes als die Erfüllung der Hoffnung, die uns in der Hebräischen Bibel begegnet: ein neuer Himmel und eine neue Erde.

So wird das Konzept Tikkun Olam von unserem Schöpfer eingesetzt, um durch Israel die ganze Menschheit ans Ziel zu bringen. Das erste Kommen des Messias war ein Meilenstein in der Geschichte. Seitdem arbeiten Nachfolger von Jesus, Juden und Nichtjuden, zusammen, um an diesem wunderbaren Werk teilzunehmen.

Auch Propheten haben Zweifel

Johannes der Täufer tritt im dritten Kapitel als demütiger und wortgewaltiger Wegbereiter mit Autorität auf. Doch das ist nicht das letzte Mal, dass wir ihm begegnen. Einige Zeit später sitzt er im Gefängnis.

Matthäus redet unangenehme Dinge nicht schön, sondern beschreibt, wie Jesus von den eigenen Jüngern missverstanden wird.

Und nun drückt selbst eine prophetische Gestalt wie Johannes der Täufer ihre Zweifel am Messias aus:

> Johannes der Täufer, der damals im Gefängnis war, hörte von den Taten des Christus. Er schickte seine Jünger zu Jesus mit der Frage: »Bist du wirklich der, der kommen soll, oder sollen wir auf einen anderen warten?«
> *Matthäus 11,2-3*

Was ist passiert, dass eine solche Person wie Johannes, der Prophet, der Jesus getauft hat, der Mann, der gesagt hat: »Ich bin nicht würdig, seine Schuhe zu tragen«, an Jesus zweifelt? Oder zweifelt er nicht an Jesus selbst, sondern an seinem Auftrag? ... Ja, warum zweifelt er?

In Matthäus 14 erfahren wir, wie Johannes verhaftet wurde und schließlich starb. Johannes predigte nicht nur Buße, sondern auch soziale Gerechtigkeit. Johannes schwieg nicht, als Herodes Antipas, der Sohn von Herodes dem Großen, die Frau seines Bruders zur Frau nahm, denn dies widersprach der Thora (3. Mose 18,16; 20,21). Der König war sehr zornig darüber und ließ Johannes ins Gefängnis werfen.

Johannes predigte nicht nur Buße, sondern auch soziale Gerechtigkeit.

Die Zweifel von Johannes hängen meiner Ansicht nach mit der Tatsache zusammen, dass eine der Taten, die vom Messias erwartet wurden, die Freilassung der Gefangenen war:

> Der Geist Gottes, des Herrn, ruht auf mir, denn der Herr hat mich gesalbt, um den Armen eine gute Botschaft zu verkünden. Er hat mich gesandt, um die zu heilen, die ein gebro-

> chenes Herz haben, und zu verkündigen, dass die Gefangenen freigelassen und die Gefesselten befreit werden. Er hat mich gesandt, um ein Gnadenjahr des Herrn und einen Tag der Rache unseres Gottes auszurufen und alle Trauernden zu trösten.
> *Jesaja 61,1-2*

Johannes sitzt im Gefängnis, er kann nicht zu Jesus kommen und ist gezwungen, stattdessen seine Jünger zu schicken. Ich glaube, dass seine Frage mit seiner eigenen Befreiung zu tun hat. Johannes zweifelt meines Erachtens nicht an der Messianität von Jesus, von der er selbst Zeugnis abgelegt hat. Nachdem er jedoch gehört hat, dass Jesus die Jünger aussendet, stellt er die Frage, ob Jesus selbst oder einige seiner Jünger kommen und ihn aus dem Gefängnis entlassen werden, wie es nach seinem Verständnis geschehen sollte.

Wie geht Jesus mit dieser komplizierten Situation um? Es ist eine Sache, mit den Pharisäern über die richtige Thoraauslegung zu diskutieren, und eine ganz andere, einem zum Tode verurteilten Propheten die eigene scheinbare Passivität zu erklären. Meiner Ansicht nach ist das einer der Gründe, warum Jesus oft missverstanden wurde. Seine Sendung und der Auftrag haben von ihm immer verlangt, sich auf die Dinge zu fokussieren, die er bei seinem ersten Kommen erfüllen musste. Doch die Menschen erwarteten von ihm »alles und sofort«. Jesus antwortet den Jüngern von Johannes:

> Geht zurück zu Johannes und berichtet ihm, was ihr gesehen und gehört habt: Blinde sehen, Gelähmte gehen, Aussätzige werden gesund, Taube hören, Tote werden zum Leben erweckt und den Armen wird die gute Botschaft verkündet.

Und sagt ihm weiter: »Glücklich sind die, die keinen Anstoß an mir nehmen.«
Matthäus 11,4-6

Seine Jünger sollen Johannes daran erinnern, was der Prophet Jesaja gesagt hat (Jesaja 35,5). Das Gericht kommt gewiss. Und alles, was in dieser Prophetie steht, hat Jesus bereits erfüllt:

- Heilung der Aussätzigen (Matthäus 8,2)
- Heilung der Gelähmten (Kap. 9,2)
- Heilung der Blinden (Kap. 9,27)
- Das tote Mädchen wird auferweckt (Kap. 9,18-26)
- Jesus predigt das Evangelium (Kap. 4,17)

Der Größte und der Geringste

Obwohl Jesus Johannes nicht aus dem Gefängnis befreit, würdigt er seinen Dienst:

Ich versichere euch: Von allen Menschen, die jemals gelebt haben, war keiner größer als Johannes der Täufer. Und doch ist noch der Geringste im Himmelreich größer als er!
Matthäus 11,11

Jesus möchte seinen Hörern den Gedanken nahebringen: Johannes ist die Verkörperung Elias. Die geistlichen Werte des Propheten Elia wurden im Judentum als höchster Level der Gerechtigkeit geschätzt. Rabbi Pinhas ben Yair sagt:

> Fleiß führt zu physischer Reinheit, physische Reinheit führt zu spiritueller Reinheit, spirituelle Reinheit – zur Loslösung von dieser Welt, das – zur Heiligkeit, Heiligkeit – zur Bescheidenheit, Angst vor Sünde – zur Frömmigkeit (Hasidut), und Frömmigkeit führt zum Empfang des Geistes der Heiligkeit (Ruach Ha-Kodesh), der Geist der Heiligkeit führt zu einem Zustand der Auferstehung von den Toten und die Auferstehung von den Toten führt zum Aufstieg auf die Ebene des Propheten Eliyahu.[85]

Das heißt, für Jesus ist Johannes der Täufer auf der höchsten spirituellen Ebene, die für »Normalsterbliche« erreichbar ist. Wenn jedoch eine neue geistliche Dimension – das Himmelreich in seiner Fülle – offenbart wird, werden die Geringsten, die diesen Level erreicht haben, größer sein als Johannes.

Der Dienst von Johannes war einzigartig: Seine Aufgabe bestand darin, in Israel den Boden für den Aufbau des messianischen Gottesreiches zu bereiten. Als Prophet spürte er, dass die Zeit des messianischen Heils nahe war, und er wollte sein Volk darauf vorbereiten. Als Priester wollte er, dass das Volk sich durch Buße und durch das Tauchbad kultisch reinigt.

Johannes erklärte seinen Zuhörern, dass seine Handlung nur eine Vorbereitung war. Durch die Worte des Täufers schlägt der Evangelist Matthäus die Brücke zu einem der bedeutendsten Ereignisse im Leben des Messias: seine Taufe und die Legitimation von Gott selbst.

DIE TAUFE VON JESUS

Wenn wir in der Bibel das Wort »Zeit« lesen, müssen wir aufhorchen, denn es geht oft nicht um die Dauer zwischen zwei Ereignissen, sondern um einen bestimmten Zeitpunkt, der aus kosmischer Perspektive historisch wichtig ist. So wie bei Paulus, der schreibt: »Als aber die Zeit erfüllt war, sandte Gott seinen Sohn« (Galater 4,4; LUT).

Matthäus beginnt seinen Bericht über das Wirken von Johannes mit den Worten: »Zu der Zeit« (Vers 1; LUT). Dies kann sich nicht auf die letzten Worte im vorigen Vers beziehen, weil seit der Kindheit von Jesus Jahrzehnte vergangen sind. In der Bibel finden sich ähnliche Angaben, wenn es um die Endzeit geht (vgl. Sacharja 8,23). Ebenso möchte Matthäus mit diesen Worten klarstellen, dass die messianische Zeit beginnt. Und in Vers 13 tritt dieser Messias zum ersten Mal als Erwachsener in Erscheinung:

> Um diese Zeit kam Jesus aus Galiläa an den Jordan, um sich von Johannes taufen zu lassen.
> *Matthäus 3,13*

Johannes ruft die Menschen zur Umkehr und zur Erneuerung des Bundes durch die Taufe und Jesus kommt zu ihm, um von ihm die Taufe zu empfangen. An dieser Stelle möchte ich noch einmal kurz daran erinnern, was die Taufe des Johannes nicht bedeutete: Es war keine Konversion. Es war kein Bekenntnis zum Tod und der Auferstehung von Jesus. Die Taufe des Johannes war eine Bestätigung, dass der Mensch eine Umkehr erlebt hatte und seine Beziehungen mit Gott ins Reine brachte, und ein Zeichen des Bundesschlusses.

Der eine, der keine Umkehr braucht

Johannes war für diese Begegnung nicht bereit. Alle Menschen, die zu ihm gekommen waren, brauchten Umkehr und Reinigung. Aber jetzt sieht er diesen einen Juden und weiß, dass er der Einzige ist, der keine Umkehr braucht.

Als der Prophet Jesaja in einer Vision vor Gott tritt, sagt er:

> Mir wird es furchtbar ergehen, denn ich bin ein Mann mit unreinen Lippen, inmitten eines Volkes mit unreinen Lippen. Ich werde umkommen, denn ich habe den König, den Herrn, den Allmächtigen, gesehen!
> *Jesaja 6,5*

Das ist die verständliche Reaktion eines Menschen, der in Gottes Gegenwart kommt: Gottes Herrlichkeit ist für uns Menschen nicht zu ertragen. Als Petrus einen wunderbaren Fischzug erlebt, bittet er:

> Herr, geh weg von mir! Ich bin ein sündiger Mensch.
> *Lukas 5,8; LUT*

Johannes erlebt etwas Ähnliches wie Jesaja und Petrus: die Präsenz einer höheren Macht, das Bedürfnis, sich selbst unter diese göttliche Autorität zu stellen:

> Aber Johannes wehrte ihm und sprach: Ich bedarf dessen, dass ich von dir getauft werde, und du kommst zu mir?
> Jesus aber antwortete und sprach zu ihm: Lass es jetzt zu! Denn so gebührt es uns, alle Gerechtigkeit zu erfüllen.
> Da ließ er's ihm zu.
> *Matthäus 3,14-15; LUT*

Was steht hinter dieser Aussage von Jesus? Wir wissen, dass Jesus nicht umkehren musste. Warum lässt er sich dennoch von Johannes taufen? Drei Aspekte sind hier wichtig.

1.) Jesus wurde versucht

Jesus hat nie gesündigt, aber er wurde versucht:

> Denn wir haben nicht einen Hohenpriester, der nicht könnte mit leiden mit unserer Schwachheit, sondern der versucht worden ist in allem wie wir, doch ohne Sünde.
> *Hebräer 4,15; LUT*

Jesus wurde in allem versucht, weil er Mensch war. Aber aus allen Versuchungen kam er als Überwinder hervor. Nicht weil er nicht sündigen konnte, sondern weil er in jeder Anfechtung die richtige Entscheidung traf. Das ist gemeint, mit »ohne Sünde«! Wenn Jesus dank seiner göttlichen Natur nicht sündigen könnte, worin läge dann sein Verdienst? Dann wäre sein Kampf mit Sünde und Satan ein Schauspiel gewesen!

Dass Jesus in allem versucht wird und sich so mit den sündigen Menschen identifiziert, ist Teil des ganzen Ratschlusses Gottes. Als Messias vertritt er das ganze Israel. Er macht sich mit seinem Volk eins, indem er als Gerechter stellvertretend vor Gott tritt und die Versuchung als Teil seines Auftrags zulässt und überwindet. So lesen wir bei Jesaja:

> Doch wegen unserer Vergehen wurde er durchbohrt, wegen unserer Übertretungen zerschlagen. Er wurde gestraft, damit wir Frieden haben. Durch seine Wunden wurden wir geheilt!
> *Jesaja 53,5*

Das ist die Gerechtigkeit, die Jesus erfüllt hat. Aber dafür musste sich der Messias mit seinem Volk identifizieren. Diese Verse aus Jesaja reden vom Knecht Gottes. Gleichzeitig ist es ein starkes Bild aus dem Alten Testament, das in seiner Komplexität nur von praktizierenden Juden verstanden werden konnte, die das Ritual von Jom Kippur, dem Großen Versöhnungsfest, kannten. An diesem Tag wurden alle Sünden des Volkes auf einen Bock gelegt. Bevor der Sündenbock starb, legte der Hohepriester seine Hände auf dessen Kopf und identifizierte sich sozusagen mit den Sünden des Volkes.

Schon im Jesaja-Buch wird prophezeit, dass eine Person kommen wird, die diese Sünden des Volkes trägt. Verbindet man dies mit dem Ritual des Sündenbocks, dann ist der Grundgedanke, dass einer stirbt und die Sünden aller trägt, bereits in der Hebräischen Bibel impliziert.

Im hebräischen Sinn bedeutet Gerechtigkeit vor allem Gottes Treue zu seinem Bund.

Im hebräischen Sinn bedeutet Gerechtigkeit vor allem Gottes Treue zu seinem Bund. Weil Gott treu zu seinem Bund mit Israel steht, erfüllt er die Bedingung des Neuen Bundes:

> Dann gieße ich reines Wasser über euch aus, und ihr werdet rein sein. Von allen euren Unreinheiten und von allen euren Götzen werde ich euch reinigen. Und ich werde euch ein neues Herz geben und euch einen neuen Geist schenken. Ich werde das Herz aus Stein aus eurem Körper nehmen und euch ein Herz aus Fleisch geben. Und ich werde euch meinen Geist geben, damit ihr nach meinem Gesetz lebt und meine Gebote bewahrt und euch danach richtet.
> *Hesekiel 36,25-27*

Um aber diese Verheißung Gottes einzulösen, musste der Knecht Gottes, der Gerechte, durch die Versuchung geprüft werden.

2.) Jesus unterstützt Johannes in seiner Bußbewegung

Indem Jesus zu Johannes kommt und sich öffentlich taufen lässt, signalisiert er: Es ist richtig, was Johannes macht. Es ist von Gott. Johannes ist kein Spinner und kein falscher Prophet.

Ein bedeutender Punkt bei Johannes ist, dass er Frucht der Buße verlangt. Dadurch bewegt er sich im Rahmen der jüdischen Tradition, die lehrt: Die Echtheit der Buße wird anhand der Taten geprüft.[86] Dies zeigt sich beispielsweise bei den Niniviten. Der König befahl nach der Predigt von Jona seinen Untertanen:

> Weder Mensch noch Vieh, Rind und Schaf dürfen irgendetwas essen. Sie dürfen weder weiden noch Wasser trinken. Mensch und Tier sollen sich in Säcke kleiden und sich ganz dem Gebet zu Gott widmen. Sie sollen von ihren bösen Wegen umkehren und von ihren Gräueltaten ablassen. Wer weiß? Vielleicht kehrt Gott um und bereut und bezähmt seinen grimmigen Zorn, sodass wir nicht zugrunde gehen.
> *Jona 3,7-9*

Und Gott reagiert darauf:

> Als Gott sah, dass sie von ihren schlechten Wegen umgekehrt waren, bedauerte er, dass er ihnen Unheil angedroht hatte, und verschonte sie.
> *Jona 3,10*

Als Zeichen der Buße wertete Gott nicht ihre Emotionen, nicht ihr Fasten, sondern dass sie von ihren bösen Werken abgelassen hatten! Unser Tun ist der wegweisende Ausdruck unserer Umkehr.

Auch wenn Jesus selbst keine Umkehr brauchte, zeigte er mit der Taufe, dass diese für uns notwendig ist und sich anhand unserer Taten zeigt.

3.) Die öffentliche Erklärung der Gerechtigkeit von Jesus
Eine Aufgabe eines Kohen (Priesters) war, wie bereits erwähnt, die Reinheit vom Aussatz zu bestätigen. Der Priester selbst – und Johannes ist ein Priester – konnte keine Reinigung vollziehen. Er konnte nur bestätigen, dass der Mensch kultisch rein war. Das musste der Priester ohne Ansehen der Person tun, egal, ob es sich um einen König oder um einen Knecht handelte. Man kann die Worte von Jesus in Matthäus 3,15 daher auch so verstehen: »Es ist im Moment nicht wichtig, wer ich bin. Wenn du als Priester weißt, dass ich kultisch rein bin, dann bestätige es bitte öffentlich.«

Das tut Johannes und dann geschieht etwas Besonderes:

Der Geist Gottes

> Als Jesus gerade aus dem Wasser stieg, öffnete sich der Himmel, und er sah den Geist Gottes wie eine Taube herabschweben und sich auf ihm niederlassen.
> *Matthäus 3,16*

Wir sehen hier zwei Elemente: Wasser und Geist. Wo kommen diese beiden in der Geschichte der Menschen zum ersten Mal vor? – Bei der Schöpfung! Wie bereits erwähnt, beginnt Matthäus sein Evangelium mit den Worten Buch des Ursprungs, Genesis. Und in der Taufe von Jesus klingen Aspekte der Schöpfung an.

Der Talmud kommentiert den Schöpfungsakt:

> »Und der Geist Gottes schwebte über der Wasserfläche« (1. Mose 1,2), wie eine Taube über ihren Jungen schwebt, ohne sie zu berühren.[87]

Als die Rabbiner diesen Abschnitt über den Geist in 1. Mose 1,2 diskutierten, kamen sie zu einem überraschenden Ergebnis:

> Und der Geist Gottes schwebte – das ist der Geist des Königs Messias! S. Jesaja 11,2: Auf ihm wird ruhen der Geist des HERRN, der Geist der Weisheit und des Verstandes, der Geist des Rates und der Stärke, der Geist der Erkenntnis und der Furcht des HERRN.[88]

Das ist eine gewaltige Aussage! Der Geist Gottes ist der Geist des Messias! Wenn der Geist Gottes wie eine Taube herabfährt und über Jesus kommt, ist das für die jüdischen Gelehrten eine Andeutung, noch mehr, ein Indiz, dass Jesus der Messias ist!

Offensichtlich wussten die Kirchenväter von dieser Idee im Judentum. Später wurde sie in der Theologie als Dreieinigkeit ausformuliert. Aber ich denke, diese drückt die ursprünglich jüdische Vorstellung nicht korrekt aus. Wenn Jesus sagt: »Der Vater und ich sind eins« (Johannes 10,30), denkt er wenig an die Dreieinigkeit. Er spricht zu Juden und die Dreieinigkeit als Konzept war damals unbekannt. Stattdessen will Jesus sagen, dass er und Vater im gleichen Geist wirken. Dass ihre Absichten übereinstimmen. In einem Kommentar wird dieser Gedanke auf den Punkt gebracht: »Da Jesus den Willen des Vaters tut, handeln sie wie Einer durch das Wirken Jesu in der Welt.«[89]

Bevor der Geist Gottes herabkommt, öffnet sich der Himmel. Nach rabbinischer Auffassung hat Gott nach den letzten Propheten Haggai und Maleachi (ca. 500 v. Chr.) nicht mehr durch Propheten zu seinem Volk gesprochen.

> Nachdem die letzten Propheten Haggai, Sacharja und Maleachi gestorben waren, verließ der göttliche Geist der prophetischen Offenbarung das jüdische Volk.[90]

Im rabbinischen Verständnis ist der Geist Gottes der Geist der Prophetie. Das heißt, in ihrem Verständnis war der Geist Gottes seit einem halben Jahrtausend nicht mehr wahrnehmbar. Doch jetzt passiert es, der Himmel öffnet sich, der Geist Gottes kommt herab.

> Und eine Stimme aus dem Himmel sprach: »Dies ist mein geliebter Sohn, an ihm habe ich große Freude.«
> *Matthäus 3,17*

Mehrmals lesen wir im Alten Testament, dass eine Stimme vom Himmel spricht, zum Beispiel zu Hagar in der Wüste (1. Mose 21,17). »Bat Kol« heißt diese Art der Offenbarung. Im Talmud kommt es sehr oft vor, dass Bat Kol, die Stimme vom Himmel, entscheidet, wer von den Weisen Israels in einer halachischen Diskussion recht hat.

Dass Jesus die Gerechtigkeit Gottes erfüllt, indem er sich taufen lässt, ist in den Augen Gottes so bedeutsam, dass sich der Himmel öffnet! Gemäß den Rabbis: nach 500 Jahren Schweigen!

Die Stimme sagt: »Dies ist mein geliebter Sohn«. Das erinnert an Psalm 2:

> Der König verkündet den Beschluss des Herrn: »Der Herr hat zu mir gesprochen: ›Du bist mein Sohn. Heute habe ich dich gezeugt.‹«
> *Psalm 2,7*

Dieser Psalm gehört zu den Königspsalmen. Wenn im antiken Israel Könige gesalbt und eingesetzt wurden, wurde er feierlich vorgetragen. Von vielen Weisen wurde er als messianisch eingestuft.

Es ist kein Zufall, dass die Menschen gerade diese Worte hören, als Jesus, der König der Juden, aus dem Wasser steigt. So wie sich im Psalm der allmächtige Gott zum König auf dem Berg Zion bekennt, so bekennt sich Gott zum König Messias und bestätigt seine Gerechtigkeit.

Die Aussage »an ihm habe ich große Freude« hat ebenfalls einen biblischen Hintergrund:

> Schaut her, das ist mein Knecht, den ich festhalte. Er ist mein Auserwählter und macht mir Freude. Ich habe ihm meinen Geist gegeben, damit er den Völkern das Recht bringt.
> *Jesaja 42,1*

Das ist eines der Knechtslieder aus Jesaja. Manchmal kommt in diesen Liedern Israel als Gottesknecht vor, manchmal ist es eindeutig eine messianische Figur. Und das zeigt, was wir schon von Anfang an festgestellt haben: Für Matthäus ist Jesus Israel. In ihm, dem größten Sohn Israels, spitzen sich alle Aussagen zu, die Gott über sein Volk macht.

> Wenn wir unser Leben Gott ganz zur Verfügung stellen, dann öffnet sich der Himmel auch für uns.

Gleichzeitig ist die Erwähnung des Knechtslieds ein Appell an uns: Wenn wir unser Leben ganz Gott zur Verfügung stellen, so wie Jesus das gemacht hat, dann öffnet sich der Himmel auch für uns. Gott hat Jesus nicht gerecht gemacht, weil Jesus nett war. Auch nicht, weil er sündlos war. Die Gerechtigkeit eines Gerechten besteht darin dass er in der Anfechtung – und diese kommt nach der Taufe auf Jesus zu – gerecht handelt und dadurch Gott die Ehre gibt. Und dann gilt auch für uns: »Dies ist mein geliebter Sohn, das ist meine geliebte Tochter, an dem/an der ich Wohlgefallen habe.«

Es ist kein Zufall, dass gerade nach dieser Bestätigung der Sohnschaft des Messias eine der größten Prüfungen folgt, ein Crashtest für Gottes Sohn.

DIE VERSUCHUNG VON JESUS

Das Wesen der Versuchung

> Haltet es für lauter Freude, meine Brüder, wenn ihr in mancherlei Versuchungen geratet.
> *Jakobus 1,2; ELB*

Was ist Versuchung? Wie unterscheidet sich das moderne Verständnis dieses Wortes vom Verständnis vor 2 000 Jahren? Und vor allem, was sagen die Bibel und die jüdische Überlieferung dazu?

Ich habe viele christliche Bücher über das Thema Versuchung gelesen. Die meisten Autoren malen, kurz gefasst, folgendes Bild: Gott prüft uns, Satan versucht uns. Das Ziel der Prüfung durch Gott ist, uns zu stärken. Das Ziel der Versuchung ist, uns zu zerstören. Aber ist es wirklich so einfach?

Die folgende biblische Geschichte kann uns beim Verständnis weiterhelfen. 4. Mose 13 berichtet, wie die Israeliten an der Grenze des verheißenen Landes angekommen sind. Dieser Wochenabschnitt der Thora heißt »Schelach Lecha« (sende dir aus). Er berichtet, wie zwölf Kundschafter ausgesandt werden, um das Land Kanaan zu erkunden. Dieses Ereignis endet sehr dramatisch: Infolge des Unglaubens wird das Volk für vierzig Jahre in die Wüste zurückgeschickt. Dabei stellt sich die Frage: War es richtig, die Kundschafter auszusenden? Wessen Idee war es? Im Bericht steht:

> Wie der Herr ihm befohlen hatte, schickte Mose zwölf Männer aus der Wüste Paran los, jeder von ihnen hatte eine führende Stellung in seinem Stamm inne.
> *4. Mose 13,3*

Es gibt keinen Zweifel, hier steht, dass Gott Mose befohlen hat, ehrenhafte Männer als Kundschafter auszusenden. Aber 5. Mose 1,22 berichtet, dass die Initiative vom Volk ausgegangen ist:

> Doch ihr gabt mir alle zur Antwort: »Lass uns zuerst Männer losschicken, die das Land für uns erkunden sollen. Sie sollen herausfinden, wie wir am besten ins Land kommen können und wie die Städte sind, zu denen wir kommen werden.«

Wessen Initiative war es also, Spione nach Kanaan zu senden? Wir können es nicht klar sagen, sondern müssen einfach diese Spannung aushalten.

Ich weiß, dass es für viele Christen nicht einfach ist, zuzugeben, dass es Widersprüche in der Bibel gibt. Für manche würde dies die Glaubwürdigkeit der Bibel als Wort Gottes infrage stellen. Juden sind dagegen geübt darin, in diesen Widersprüchen den Ratschluss Gottes zu erkennen und dabei zu lernen, dass das Leben keine einfachen Antworten impliziert. Dies gilt auch für eine andere Situation, die das Thema Versuchung ambivalent beschreibt.

Gegen Ende seiner Regierungszeit ordnet David eine Volkszählung an – und anscheinend war es Gott, der David diese Idee gegeben hat:

> Und der Zorn des HERRN entbrannte abermals gegen Israel, und er reizte David gegen sie und sprach: Geh hin, zähle Israel und Juda!
> *2. Samuel 24,1; LUT*

Doch dann erfahren wir, dass es eine schwere Sünde von David war, das Volk zu zählen:

> Doch nachdem David die Volkszählung hatte durchführen lassen, meldete sich sein Gewissen, und er sagte zum Herrn: »Ich habe eine große Sünde begangen. Vergib mir mein falsches Handeln, Herr.«
> *2. Samuel 24,10*

Hat Gott David etwa angestiftet, zu sündigen?! Doch es wird noch verwirrender, denn in 1. Chronik 21,1 (LUT) lesen wir über dieselbe Begebenheit:

> Und der Satan stellte sich gegen Israel und reizte David, dass er Israel zählen ließe.

Wie kann man das alles verstehen?

Wenn wir davon ausgehen, dass beides wahr ist, dass Gott und Satan David reizten, dass es eine schwere Sünde war, dass er das Volk zählte, dann ist Anfechtung und Versuchung vielschichtiger, als es oft dargestellt wird und als wir uns wünschen würden. Es würde den Rahmen dieses Buchs sprengen, eine ausführliche Abhandlung über dieses komplizierte Thema zu schreiben. Deshalb werde ich mich auf einen Gedanken konzentrieren, der uns hilft, zu verstehen, wie Juden mit dem Thema Versuchung umgehen. Was haben die Autoren des Neuen Testaments und besonders Jakobus, der Bruder von Jesus, darüber gedacht und geschrieben?

Wenn wir davon ausgehen, dass Versuchung nur negativ belegt ist, dann könnte man den Vers aus Jakobus 1,2 so deuten: »Meine Geschwister, freut euch darüber, wenn ihr den Wunsch habt, zu sündigen!« Aber das würde dem biblischen Konzept von Sünde widersprechen. Wir merken, Versuchung ist kein einfaches Konzept. Aber Jakobus, der an Juden schreibt, geht davon aus, dass sie ihn verstehen. Einerseits impliziert Versuchung die Möglichkeit, dass wir falsch handeln. Und Gott – so wissen wir aus der Schrift – will nicht, dass wir falsch handeln. Andererseits impliziert jede Versuchung ein Element der Prüfung.

Mathe gilt als eines der schwersten Fächer, doch das ließe sich leicht ändern, wenn in den Klassenarbeiten nur noch Aufgaben wie die folgende gestellt würden: 2 x 2 = 4. Jeder hätte eine Eins – aber wären das noch Prüfungen? Es wäre ziemlich langweilig! Eine echte Prüfung muss die Möglichkeit beinhalten, dass man eine Aufgabe falsch löst. Damit wir das Richtige wählen können, müssen wir die Möglichkeit haben, uns falsch zu entscheiden. Wenn bei jeder Herausforderung im Leben klar wäre, wie wir uns entscheiden, wären wir keine Menschen, sondern Marionetten. Fakt ist: Gott prüft uns. Und die Möglichkeit, das Falsche zu wählen, ist in unsere Natur eingebaut.

Damit wir das Richtige wählen können, müssen wir die Möglichkeit haben, uns falsch zu entscheiden.

Jakobus meint: Wenn Gott uns prüft, dann werden wir gleichzeitig versucht. »Versucht wodurch?«, fragen wir uns. Und Jakobus antwortet: »Jeder Mensch wird durch seine eigenen Begierden verlockt, geködert und verführt« (Jakobus 1,14). Doch was ist eigentlich Begierde?

Die jüdische Tradition erklärt, dass jeder Mensch mit zwei wichtigen Trieben geboren wird: Jezer HaTow und Jezer HaRa. Der eine befähigt den Menschen zum Guten und spornt ihn dazu an, der andere zum Bösen. Der Mensch ist frei, sich zu entscheiden, welchem Ruf er folgen will. Grundsätzlich hat er die Fähigkeit, den Willen Gottes zu tun, und Partner oder Partnerin Gottes im Hinblick auf die Vollendung der Welt zu werden.

Im Schöpfungsbericht (1. Mose 1) bestätigt Gott nach jedem Schöpfungstag, dass es gut ist, aber an einer Stelle fehlt diese

Aussage, und das ist nach der Erschaffung der Menschen. Zwar bestätigt Gott später, dass alles sehr gut ist, aber zum Menschen allein gibt es keine Aussage wie zum Licht, den Pflanzen oder den Tieren.

Dies hat für Diskussionen unter jüdischen Gelehrten gesorgt, denn hier gibt es einen scheinbaren Widerspruch. Wenn der Mensch nicht gut wäre, dann hätte Gott nicht über die ganze Schöpfung »sehr gut« sagen können. Aber warum sagt er es dann nicht direkt nach der Erschaffung des Menschen, wo sonst jeder Schöpfungsakt diese Qualitätsmarke bekommen hat? Gott macht doch alles perfekt, er könnte keinen »sehr guten« Mechanismus mit einem schlechten Detail produzieren.

Die Antwort ist: Der Mensch unterscheidet sich von der ganzen Schöpfung unter anderem darin, dass er einen freien Willen bekommt. Das heißt, im Moment der Schöpfung ist der Mensch weder gut noch schlecht. Er hat vom Schöpfer die großartige Möglichkeit bekommen, sich zu entscheiden: für das Gute, aber genauso für das Schlechte.

Als Ergebnis einer korrekten Entscheidung wird der Mensch vor Gott gerecht. Doch dabei geht es nicht um reine Taten, sondern um die Kombination aus Hand und Herz, aus dem, was wir tun, und aus der Motivation, warum wir es tun:

> Und Abram glaubte dem Herrn und der Herr erklärte ihn wegen seines Glaubens für gerecht.
>
> *1. Mose 15,6*

Adam und Eva scheiterten im Paradies, weil sie der Schlange mehr vertrauten als Gott. Man könnte sagen: Die Schlange hat die Menschen versucht und auch der Baum war eine Art Versuchung. Wenn kein Baum und keine Schlange gewesen wären … Das stimmt, aber dann hätten wir eine sterile Welt und sterile Menschen, die nie eine Prüfung machen und nie eine reife Entscheidung treffen könnten!

Die Schlange und der Baum sind die Instrumente der Prüfung. Gott hat die Schlange gemacht und er hat den Baum gepflanzt. Und so steht dieser schöne Baum im Garten und Gott gibt ein Gebot (ein einziges): »Ihr sollt nicht von diesem Baum essen.« Doch da ist eine Stimme, Jezer HaRa, der böse Trieb in uns Menschen, die Adam und Eva und damit auch uns zuflüstert: »Du kannst gerne das Gebot missachten.« Wofür ist diese Stimme da? Um mich zu Fall zu bringen? Nein! Sondern um mir die Möglichkeit zu geben, mich aus freiem Willen für den Gehorsam gegenüber Gott zu entscheiden. Die Versuchung hat nicht das Ziel, mich nach unten zu ziehen, sondern schenkt mir eine Gelegenheit, nach oben zu steigen. Im jüdischen Verständnis ist die Versuchung ein Potenzial für geistliches Wachstum. Das, was uns nicht versucht, gibt uns keine Wachstumsperspektive.

Ich kenne Männer, die stolz darauf sind, dass sie ihre Frauen nie betrogen haben. Das ist wunderbar! Allerdings hatten viele von ihnen auch keine Gelegenheit dazu. Es ist keine große Leistung, wenn man nicht getan hat, wozu man nie versucht wurde. Nur die Versuchung, die geistig, geistlich, moralisch überwunden wurde, lässt uns wachsen.

Wenn wir eine Entscheidung für das Gute oder das Böse treffen müssen, können wir Fehler machen. Das Geschenk der Willensfreiheit impliziert Fehler. Und Gott weiß das. Deswegen gibt es ein Instrument, das Gott vor Anbeginn der Welt geschaffen hat: Teschuwa. Auf Deutsch umschreiben wir das Wort mit Buße oder Umkehr.

In der säkularen Welt heißt es: Ich mache eine Revision meines Lebens, meiner Handlungen. Im biblischen Kontext bedeutet das: Ich akzeptiere, dass weder die Schlange noch die Frau schuldig sind. Ich bekenne, dass ich selbst eine falsche Entscheidung getroffen habe. Das ist der erste Schritt zur Veränderung. Und er steht jedem offen.

Die jüdische Tradition lehrt:

> Rabbi Hanina sagte auch: Alles ist in den Händen des Himmels, außer der Angst (Anm.: gemeint ist Ehrfurcht) vor dem Himmel. Wie gesagt wird: »Israel: Was dein allmächtiger Gott von dir erwartet, nur dass du den Allmächtigen fürchtest.«[91]

Gott regiert diese Welt. Seine Macht ist absolut und unumstritten. Es gibt keine Macht oder Kraft unter dem Himmel, die Gott widerstehen kann. Alles ist dem Schöpfer untergeordnet. Es gibt nur eine Sache auf dieser Welt – und es ist Gott selbst, der es so arrangiert hat –, eine Sache, die von Gott unabhängig ist: die freie Wahl des Menschen. So sind wir Menschen gebaut.

> Es gibt nur eine Sache auf dieser Welt, die von Gott unabhängig ist: die freie Wahl des Menschen.

Doch Gott kann nicht die Ursache der Sünde oder Versuchung sein:

> Wer der Versuchung erliegt, sollte niemals sagen: »Diese Versuchung kommt von Gott.« Gott lässt sich nicht zum Bösen verführen, und er verleitet auch niemanden zur Sünde.
> *Jakobus 1,13*

Gott versucht nicht, sondern er schafft die Umstände, die uns die Möglichkeit geben, in Gerechtigkeit aufzusteigen.

Was passiert, wenn wir begreifen, welche Rolle die Versuchung, die Anfechtung in unserem Leben spielt? Welche Qualitäten werden in uns entwickelt, wenn wir in der Versuchung die richtige Entscheidung treffen?

> Wenn in schwierigen Situationen euer Glaube geprüft wird, dann freut euch darüber. Denn wenn ihr euch darin bewährt, wächst eure Geduld.
> *Jakobus 1,2-3*

Wenn wir sehen, was auf der Welt passiert, werden wir manchmal von Angst überwältigt. Ich schreibe diese Zeilen in einer Zeit, in der die halbe Welt aus Angst vor einem unsichtbaren Virus gelähmt ist, und die andere Hälfte aus Angst davor, dass sie von ihren Regierungen manipuliert wird. Die Welt erscheint chaotisch und manche glauben, dass alles zusammenbricht und das Böse siegt.

Wie kann sich in dieser Situation unser Glaube bewähren? Und welcher Glaube ist gemeint? Woran soll ich glauben, um eine so wertvolle Eigenschaft wie Geduld zu trainieren? Ich denke, es ist der Glaube daran, dass der Schöpfer die Kontrolle über mein Leben hat.

Wenn sich unser Glaube bewährt, wirkt er Geduld:

> Und durch die Geduld werdet ihr bis zum Ende durchhalten, denn dann wird euer Glaube zur vollen Reife gelangen und vollkommen sein und nichts wird euch fehlen.
> *Jakobus 1,4*

Geduld ist notwendig, um im Glaubensleben erfolgreich zu sein. Oder um es mit Winston Churchill zu sagen: »Erfolg ist die Fähigkeit, von einem Misserfolg zum anderen zu gehen, ohne seine Begeisterung zu verlieren.«

Wenn durch die Umstände manchmal unser Enthusiasmus als Nachfolger des Messias gedämpft wird, können uns die folgenden Worte des Bruders des Herrn aufmuntern:

> Alles, was gut und vollkommen ist, wird uns von oben geschenkt, von Gott, der alle Lichter des Himmels erschuf. Anders als sie ändert er sich nicht, noch wechselt er zwischen Licht und Finsternis. Durch das Wort der Wahrheit sind wir zu seinen Kindern geworden, weil er es so wollte. Wir sind die erste Frucht seiner neuen Schöpfung.
> *Jakobus 1,17-18*

In diesen wertvollen Worten ist die Substanz unseres Glaubens. Alle gute Gabe kommt her von Gott dem Herrn. Er ist beständig und ändert sich nicht. Wenn uns das bewusst ist, können wir Gottes Handeln mitten im Chaos dieser Welt sehen. Das gibt uns ein festes Fundament unter die Füße. Und wir können gewiss sein: Wenn Gott anfängt, etwas zu tun, wird er es definitiv zu Ende bringen:

> Ich bin ganz sicher, dass Gott, der sein gutes Werk in euch angefangen hat, damit weitermachen und es vollenden wird bis zu dem Tag, an dem Christus Jesus wiederkommt.
> *Philipper 1,6*

Es ist unsere Entscheidung, ob wir an diesem Prozess teilnehmen oder nicht.

Obwohl der Sohn Gottes in der Herrlichkeit lebte, entschied er sich, als Mensch auf die Erde zu kommen. Er kam nicht als Superheld, sondern als Baby. Und er wurde in allem versucht.

Wüstenzeit

Die Versuchung von Jesus ist tief in der Hebräischen Bibel verankert. Die Worte, die Jesus gegenüber Satan zitiert, stammen alle aus der Thora, genauer aus 5. Mose 5-8.

Was ist der Kontext dieser drei Kapitel aus dem 5. Buch Mose? In welcher Situation befindet sich das Volk? – Mit einem Wort: Prüfung! Das Volk Israel wird in der Wüste geprüft!

Matthäus bringt in der Versuchungsgeschichte von Jesus zwei Andeutungen dazu:

- geschichtlicher Kontext
- Zusammenspiel der Zahlen

Die Prüfung des Volks Israel und die Prüfung von Jesus spielen sich beide in der Wüste ab. Die Zahl Vierzig, einmal Jahre, einmal Tage, bildet den zeitlichen Rahmen.

Wie erläutert, ist es für Matthäus von Bedeutung, die historischen Parallelen zwischen Jesus und Mose bzw. Jesus und Israel zu ziehen. Die Parallelen sind in diesem Fall: Das Volk Israel lebt vierzig Jahre in der Wüste, um von Gott geläutert zu werden. Jesus wird vom Geist Gottes vierzig Tage in die Wüste geführt, um dort eine der schwersten Prüfungen seines Lebens durchzumachen.

In der Wüste wurde das Volk einerseits geprüft und lernte andererseits, dass es komplett von Gott abhängig war:

> Erinnert euch an den ganzen Weg, den der Herr, euer Gott, euch während dieser 40 Jahre durch die Wüste führte. Dadurch wollte er euch demütigen und auf die Probe stellen, um euren wahren Charakter ans Licht zu bringen und um zu sehen, ob ihr seine Gebote befolgen würdet

> oder nicht. Ja, er ließ euch eure Abhängigkeit spüren, indem er euch hungern ließ. Dann gab er euch Manna zu essen, das ihr und eure Vorfahren bis dahin nicht kanntet. Dadurch wollte er euch zeigen, dass der Mensch mehr als nur Brot zum Leben braucht. Er lebt auch von jedem Wort, das aus dem Mund des Herrn kommt.
> *5. Mose 8,2-3*

Das Volk Israel hungerte in der Wüste und wurde mit Manna gespeist. Die Tatsache, dass Jesus vierzig Tage fastet, deutet außerdem auf Mose, den Knecht Gottes:

> Mose war 40 Tage und 40 Nächte oben auf dem Berg bei dem Herrn. Während dieser Zeit aß und trank er nichts.
> *2. Mose 34,28*

Solche Parallelen sind für einen geübten Bibelleser unverkennbar! Sie weisen darauf hin, dass die Geschichte des Messias ein integraler Teil der ganzen Geschichte Israels ist. Durch eine unsichtbare Nabelschnur ist Jesus untrennbar mit Mose und mit seinem Volk verbunden.

Die erste Prüfung: Brot in der Wüste

Jesus fastet also genau wie Mose vierzig Tage und vierzig Nächte. Und dann hungert ihn.

Als ich zum ersten Mal in meinem Leben am Jom Kippur 25 Stunden nichts gegessen und nichts getrunken habe, habe ich mir das als eine große geistliche Leistung angerechnet. Die meiste Zeit verbrachte ich – neben Schlafen – mit Gebet und Bibellesen in der Gemeinschaft mit anderen Gläubigen. Und Jesus fastet vierzig Tage …

Wie lange kann ein Mensch ohne Nahrung aushalten? Unter »normalen« Bedingungen überlebt man vier Tage ohne Trinken und sechzig Tage ohne Essen. Doch es gibt auch Ausnahmen: 2006 hat der Japaner Mitsutaka Uchikoshi 24 Tage ohne Essen und Trinken überlebt, nachdem er sich beim Wandern verlaufen hatte. Als die Retter ihn fanden, war seine Körpertemperatur 15 Grad niedriger als normal. Trotzdem wurde er nach nur wenigen Tagen gesund aus dem Krankenhaus entlassen. 2011 überlebte eine 56-jährige Frau in Nevada ganze 50 Tage nur mit einer Handvoll Süßigkeiten und Wasser. Sie verlor dabei 13 Kilo.[92]

Jesus fastet vierzig Tage lang. Warum macht er das?

Jesus fastet vierzig Tage lang. Warum macht er das? Warum bringt er sich an den Rand menschlicher Kräfte? Warum so extrem? Was soll diese Geschichte veranschaulichen und was können wir daraus lernen?

In der Bergpredigt sagt Jesus:

> Darum sage ich euch: Sorgt euch nicht um euer tägliches Leben – darum, ob ihr genug zu essen, zu trinken und anzuziehen habt. Besteht das Leben nicht aus mehr als nur aus Essen und Kleidung? Schaut die Vögel an. Sie müssen weder säen noch ernten noch Vorräte ansammeln, denn euer himmlischer Vater sorgt für sie. Und ihr seid ihm doch viel wichtiger als sie.
> *Matthäus 6,25-26*

An dieser Stelle lehrt Jesus, wie wir Gott vertrauen sollen. Und in der Versuchungsgeschichte wird sein eigenes Vertrauen geprüft:

> Da trat der Teufel zu ihm und sagte: »Wenn du der Sohn Gottes bist, dann verwandle diese Steine in Brot.«
> *Matthäus 4,3*

Was ist an der Aussage Satans das Wichtigste? Wo ist die Schwachstelle, die er bei Jesus sucht? Soll Jesus als Sohn Gottes mit seiner Tat den Menschen beweisen, dass er Steine in Brot verwandeln kann? Ich denke nicht, denn außer Satan gibt es in der Wüste nur Schlangen und Skorpione als Zuschauer. Hier geht es um etwas anderes: Satan erwartet, dass Jesus seine Wunderkräfte einsetzt, ohne Gottes Ja dazu zu haben. Dass er seinen Willen über den Willen des Vaters stellt.

Dabei führt uns Matthäus wieder einen seiner Hauptgedanken vor Augen: Jesus verkörpert Israel. Jesus muss das erreichen, was Israel erreichen sollte, denn das Volk Israel wurde in der Wüste auf die gleiche Weise geprüft:

> Doch sie sündigten weiter gegen ihn und lehnten sich in der Wüste gegen den Höchsten auf. Absichtlich stellten sie Gott auf die Probe und verlangten Nahrung, auf die sie Lust hatten.
> *Psalm 78,17-18*

Israel hat die Prüfung damals nicht bestanden. Sie mussten nicht hungern, aber das Manna schmeckte ihnen nicht mehr. Und sie forderten Schaschlik!

Die Prüfung von Gott diente nicht dazu, die Menschen zu quälen, sondern dazu, sie auf einen neuen Level der Gerechtigkeit zu bringen. Jesus erreicht die Gerechtigkeit, die Israel nicht erreichen konnte, und benutzt für seine Antwort das Schwert des Wortes:

Doch Jesus erwiderte: »Nein! Die Schrift sagt: ›Der Mensch braucht mehr als nur Brot zum Leben. Er lebt auch von jedem Wort, das aus dem Mund Gottes kommt.‹«
Matthäus 4,4

Der Wille des Herrn ist dem Messias wichtiger als seine menschlichen Bedürfnisse.

Die zweite Prüfung: Showtime

Doch Satan gibt nicht auf:

Darauf nahm ihn der Teufel mit nach Jerusalem, auf den höchsten Punkt der Tempelmauer.
Matthäus 4,5

Jerusalem ist aus der Sicht des Judentums der Nabel der Welt. Dies stellt Heinrich Bünting in seiner Karte »Die ganze Welt in einem Kleebatt« von 1581 sehr eindrücklich dar.

Weltkarte von Heinrich Bünting von 1581 – Jerusalem als Nabel der Welt

Im geistlichen Sinne ist Jerusalem der höchste Platz auf diesem Planeten. Und der höchste Turm an diesem höchsten Platz war der Tempel! Satan bringt Jesus in die höchste geistliche Dimension, die es auf dieser Erde gibt. Dort sagt er:

> Wenn du der Sohn Gottes bist, dann spring hinunter! Denn die Schrift sagt: »Er befiehlt seinen Engeln, dich zu beschützen. Sie werden dich auf ihren Händen tragen, damit deine Füße niemals stolpern.«
> *Matthäus 4,6*

Satan ist ziemlich fromm! Er kennt unsere Bibel – manchmal besser als wir!

Er stellt Jesus also auf den höchsten Platz im Tempel und der Charakter dieser Prüfung ist der ähnlich wie bei der ersten: Nutze deine messianischen Kräfte, um ein Wunder zu vollbringen. Wie reagiert Jesus darauf?

> Da sprach Jesus zu ihm: Wiederum steht auch geschrieben (5. Mose 6,16): »Du sollst den Herrn, deinen Gott, nicht versuchen.«
> *Matthäus 4,7; LUT*

Zum einen zitiert Jesus die Stelle aus der Thora, in der der Kern dieser Prüfung beschrieben wird. Zum anderen erklärt Jesus: Die Engel sind da, um den Menschen in Gefahr zu helfen. Wenn ich mich aber aus lauter Populismus in Gefahr bringe und hinunterstürze, sind die Engel nicht beauftragt, mich aus diesem Schlamassel zu retten. Du sollst den Herrn nicht versuchen!

Die dritte Prüfung: Loyalität

Am höchsten Platz im Tempel hatte der Teufel keinen Erfolg, jetzt sucht er einen noch höheren Ort:

> Als Nächstes nahm ihn der Teufel mit auf den Gipfel eines hohen Berges und zeigte ihm alle Länder der Welt mit ihren Reichtümern. »Das alles schenke ich dir«, sagte er, »wenn du vor mir niederkniest und mich anbetest.«
> *Matthäus 4,8-9*

Was ist der Sinn dieser Prüfung?

Satan bietet Jesus den Thron an. Er soll König werden … ohne Kreuz! Dafür soll Jesus den Teufel anbeten. Jesus soll eine Kreatur statt des Schöpfers verehren. Satan will, dass Jesus das erste Gebot bricht.

> Da sprach Jesus zu ihm: Weg mit dir, Satan! Denn es steht geschrieben (5. Mose 6,13): »Du sollst anbeten den Herrn, deinen Gott, und ihm allein dienen.« Da verließ ihn der Teufel. Und siehe, da traten Engel herzu und dienten ihm.
> *Matthäus 4,10-11; LUT*

Die Prüfung ist bestanden. Jesus hat den Charakter eines Sohnes gezeigt, der seinem Vater bedingungslos gehorcht. Er hat das erreicht, was Israel und wir alle nicht geschafft haben. Als Ergebnis schickt Gott seine Engel und der Messias bekommt das, was er braucht.

Die Strategie Satans

Die jüdische Exegese erlaubt es uns, nicht nur eine, sondern mehrere Bedeutungen eines Wortes oder Abschnittes nebeneinander stehen zu lassen. An dieser Stelle möchte ich deshalb die Versuchungsgeschichte noch aus einem anderen Blickwinkel betrachten und andere wichtige Aspekte beleuchten.

Lassen Sie uns darüber nachdenken: Was kennzeichnet diesen Zeitabschnitt, in dem Jesus von Satan versucht wird? Er passiert unmittelbar, bevor Jesus seinen Dienst beginnt. Das ist eine Parallele zum ersten Mal, bei dem Satan in der Bibel erwähnt wird: im Garten Eden. Die ersten Menschen wurden erschaffen und stehen unmittelbar davor, ihren »Dienst« in dieser Welt zu beginnen. Die Art der Versuchung, durch die Adam und Eva gehen müssen, ist dieselbe wie die, durch die Jesus gehen muss.

Dies ist der zweite Strang, der immer wieder bei Matthäus auftaucht: die Schöpfungsgeschichte. Der Messias ist eng mit Israel und Mose verbunden, aber er auch mit der ganzen Menschheit. Auf die Schöpfung, in der der Geist über den Wassern schwebt, folgt die Prüfung von Adam und Eva. Und auf die Taufe im Wasser, bei der der Geist vom Himmel herabschwebt und sich auf Jesus niederlässt, folgt seine Prüfung.

> Wenn wir von Jesus lernen, werden wir unsere Prüfungen ebenfalls bestehen.

Warum ist die Verknüpfung vom Geschehen im Paradies mit der Begebenheit in der Wüste von Bedeutung? Weil wir an beiden Situationen die Strategie Satans erkennen und davon etwas Wichtiges für uns lernen können.

Bei den ersten Menschen ist die Strategie Satans ein voller Erfolg. Adam und Eva sind gefallen. Sie haben die Prüfung nicht bestanden. Statt Gott zu glauben, haben sie Satan geglaubt. Nun wendet er bei Jesus die gleiche Strategie an, aber: Sie funktioniert nicht. Jesus siegt. Und das bedeutet: Wenn wir von ihm lernen, werden wir unsere Prüfungen ebenfalls bestehen. Den Schlüssel dazu gibt uns Johannes:

> Habt nicht lieb die Welt noch was in der Welt ist. Wenn jemand die Welt lieb hat, in dem ist nicht die Liebe des Vaters. Denn alles, was in der Welt ist, des Fleisches Lust und der Augen Lust und hoffärtiges Leben, ist nicht vom Vater, sondern von der Welt.
> *1. Johannes 2,15-16; LUT*

Drei Eigenschaften dieser Welt sind nach Johannes die Kupferhaken mit Köder, die Satan zum Angeln benutzt: die Lust des Fleisches, die Lust der Augen und der Hochmut des Lebens. In einer modernen Übersetzung (nlb) heißt es:

> Denn die Welt kennt nur das Verlangen nach körperlicher Befriedigung, die Gier nach allem, was unsere Augen sehen, und den Stolz auf unseren Besitz. Dies alles ist nicht vom Vater, sondern kommt von der Welt.

Die Lust des Fleisches

Bei der ersten Prüfung wollte Satan Jesus dazu bringen, dass er seine Wunderkräfte einsetzt und Steine in Brot verwandelt. Aber der wesentliche Teil der Prüfung lag gerade darin, dass Jesus hungerte. Was können wir daraus lernen?

Wie reagieren wir normalerweise, wenn wir durch Prüfungen gehen? Wenn uns etwas fehlt? Vielleicht beginnen wir, zu beten:

»Lieber Gott, mir fehlt das und jenes. Du weißt, dass es mir fehlt. Bitte füll diese Lücke aus!« Und wir denken überhaupt nicht daran, dass Gott möglicherweise diese Umstände zugelassen hat, damit wir unseren Mangel überwinden und dadurch geistlich wachsen.

Die Antwort von Jesus »Der Mensch lebt nicht vom Brot allein, sondern von einem jeden Wort, das aus dem Mund Gottes geht« (LUT) lehrt uns: Wenn wir Gottes Willen akzeptieren, dann ist das wertvoller als die Befriedigung unserer momentanen Wünsche.

Lust des Fleisches ist der Wunsch, sich selbst auf Kosten eines anderen zu befriedigen. Das Fleisch, der alte Mensch in uns, will die ganze Zeit auf den Thron klettern. Das Fleisch ist immer das, was dem Geist widersteht.

Adam und Eva war es wichtiger, von der verbotenen Frucht zu probieren, als Gottes Willen zu respektieren. Auch heute stehen wir vor der Entscheidung, ob wir seinem Geist folgen oder unserem Fleisch.

Bei den Begierden des Fleisches geht es einerseits um konkrete körperliche Bedürfnisse: noch ein Stück Schokolade, Zigaretten, Pornografie. Aber es geht auch darum, zu tun, was der alte Mensch will, statt in der Auferstehungskraft nach Gottes Willen zu leben.

Wenn wir uns zum Beispiel mit unserem Ehepartner gestritten haben, sagt der Geist: »Geh schnell und bitte um Vergebung.« Aber das Fleisch sagt: »Lass dich auf keinen Fall demütigen! Du hast recht! Er/Sie sollte sich entschuldigen.«

Oder der Geist sagt: »Investiere dein Geld in Unternehmen, die Gott gefallen.« Das Fleisch meint: »Geld zu spenden, lohnt sich nicht. Die meisten Hilfswerke sind korrupt und sie werden dein Geld missbrauchen.«

Einem jungen Menschen sagt der Geist: »Sei vorsichtig in deiner Beziehung zu deinem Freund/deiner Freundin. Du bist zu weit gegangen. Du kannst sie/ihn verletzen.« Das Fleisch meint: »Was bist du für ein Idiot! Alle deine Freunde haben es bereits probiert. Verpass nicht die Chance, erwachsen zu werden.«

Diese Auseinandersetzung zwischen Fleisch und Geist ist ein Bild von dem, was das Judentum Jezer HaRa (böser Trieb) und Jezer HaTov (guter Trieb) nennt. Die jüdische Perspektive hilft uns, zu verstehen, dass auch der böse Trieb ein Teil von uns ist. Wir können Fleisch und Geist nicht trennen. Deswegen ist es wichtig, zu verstehen, dass der böse Trieb (Fleisch) auch einen »guten« Job tut. Nur weil wir diesen Trieb haben, können wir lernen, der Versuchung zu widerstehen und einen von Gott gewollten Weg zu gehen.

Die Lust der Augen

Als Nächstes stellt Satan Jesus »auf die Zinne des Tempels«. Dazu gibt es einen Vers bei Maleachi:

> »Siehe! Ich sende meinen Boten, damit er mir den Weg ebnet. Dann wird der Herr, den ihr sucht, unverhofft in seinen Tempel kommen. Der Bote des Bundes, auf den ihr so sehnsüchtig wartet, kommt«, spricht der Herr, der Allmächtige.
> *Maleachi 3,1*

Aufgrund dieser Prophetie verknüpfte die jüdische Tradition das Kommen des Messias mit dem Tempel. Sein Kommen sollte ebenfalls unerwartet, plötzlich geschehen. Darauf spielt Satan an und meint: »Wenn du den Menschen auf eine solche Weise erscheinst, dann wird sich dadurch die Maleachi-Prophetie erfüllen. Und wenn mit deinem Gravitationssystem etwas nicht klappen sollte, kein Problem. Wir haben eine Versicherung abgeschlossen! Da ist der Psalm 91,11-12: Gott befiehlt seinen Engeln, dich zu beschützen und auf Händen zu tragen, damit du deinen Fuß nicht an einen Stein stößt.«

Eigentlich passt alles in diesem Bild, das Satan Jesus vor Augen malt. Die Leute bekommen die Sensation, die sie wollen, und wenn Jesus auf dieses Angebot eingeht, bleibt er dabei einhundert Prozent bibeltreu, so könnte man meinen.

Das ist eine der schlauen Methoden Satans: Bibeltreue Leute erhalten immer ein Superangebot von ihm! Doch warum nimmt Jesus dieses Angebot nicht an?

Jesus weiß, dass er das Ziel, das Gott mit ihm hat, nicht durch billiges Prestige erreichen soll, sondern durch Opfer und völligen Gehorsam gegenüber dem Willen des Vaters. Jesus kennt die Psyche der Menschen, die sich nach Wundern und Erlebnissen sehnen. Und er weiß, dass Erlebnisse schnell langweilig werden. Die diesjährige Sensation ist nächstes Jahr schon alltäglich. Der Glaube, der auf Zeichen und Wundern beruht, ist ziemlich wackelig, weil er eine regelmäßige Bestätigung seiner Zweifel sucht.

Der biblische Glaube dagegen ist eine tägliche Hingabe an Gottes Willen: »Nimm dein Kreuz, nimm deine Berufung an und folge mir nach!«

> Hätten die Engel Jesus getragen, falls er doch gesprungen wäre?

Ich wurde einmal gebeten, die Kinderstunde in einer Gemeinde zu gestalten. Wir lasen mit den Kindern die Versuchungsgeschichte und anschließend durften die Kinder Fragen dazu stellen. Ich mag die Fragen von Kindern. Sie sind irgendwie echter als die Fragen von Erwachsenen, die sowieso schon alles wissen. So war es auch dieses Mal. Ein Junge fragte: »Hätten die Engel Jesus getragen, falls er doch gesprungen wäre, oder nicht?« Ich war baff! Ich hatte kein theologisches Konzept dafür! Doch schließlich antwortete ich: »Ich weiß es nicht. Aber, ich denke, eher nein.« Wer Gott versucht, kann sich nicht auf seine Unterstützung verlassen!

Wir müssen sehr vorsichtig sein, wie wir das Wort Gottes benutzen. Wir dürfen nicht damit rechnen, dass Gott unsere egoistischen Wünsche erfüllt, wenn wir sie in fromme Worte verpacken. Darum bewahre uns Gott vor Gebeten wie dem folgenden: »Lieber Gott, bitte gib mir viel Geld, weil du versprochen hast: Was auch immer ihr in meinem Namen bittet …« Wir dürfen Gott nicht versuchen!

> Und die Frau sah, dass von dem Baum gut zu essen wäre und dass er eine Lust für die Augen wäre und verlockend, weil er klug machte.
> *1. Mose 3,6; LUT*

Bevor es zum Sündenfall kam, »sah« die Frau. Die Frucht war »eine Lust für die Augen«. Was wir sehen, hat eine starke Wirkung.

Unsere Weisen sagen: »Dort, wo deine Augen sind, dort ist dein Herz.« Richten wir unsere Augen auf das, was Gottes Willen entspricht? Oder schauen wir Filme und lesen Bücher und Zeitschriften, die uns nicht guttun? Was betrachten wir im Internet? Nutzen wir Programme, die das versehentliche Öffnen von gefährlichen Seiten verhindern?

Wir müssen auch bei Werbung vorsichtig sein, denn alle Werbung basiert darauf, dass Menschen dazu gebracht werden sollen, sich ein Produkt oder eine Dienstleistung zu wünschen.

»Die Gier nach allem, was unsere Augen sehen« ist auch ein Hinweis auf das zehnte Gebot: »Du sollst nicht begehren …« Die Lust der Augen ist eng verbunden mit der Lust des Fleisches – erst sehen wir, dann begehren wir. Von Jesus können wir lernen, in allem auf Gott zu vertrauen, der uns zur rechten Zeit gibt, was wir brauchen.

Der Hochmut des Lebens

Als Letztes bietet Satan Jesus unbegrenzte Macht. Eigentlich ist das doch ganz im Sinne Gottes, oder? Schließlich schreibt Paulus:

> Vor diesem Namen sollen sich die Knie aller beugen, die im Himmel und auf der Erde und unter der Erde sind. Und zur Ehre Gottes, des Vaters, werden alle bekennen, dass Jesus Christus Herr ist.
> *Philipper 2,10-11*

Ja, alle Knie werden sich beugen – aber Gottes Weg führt übers Kreuz!

Was hätte es für Jesus bedeutet, das Angebot Satans anzunehmen, das so verlockend klingt? Wenn er diese menschliche Ambition gehabt hätte, hätte er seinen Hochmut befriedigt, aber gleichzeitig eine Kreatur angebetet, die viel niedriger ist als er selbst. Jesus fällt nicht auf die Strategie Satans herein. Nur der Vater verdient Anbetung!

Was können wir daraus lernen? Das Böse kann niemals besiegt werden, wenn man einen Deal mit ihm macht. Wir dürfen keine Kompromisse mit dem Bösen eingehen!

Die folgende Geschichte verdeutlicht das:

Ein Mann wollte ein Haus kaufen. Der alte Besitzer stellte nur eine Bedingung: Ein Nagel in der Wand sollte immer noch ihm gehören. Der Käufer willigte ein. Eine Woche nach dem Kauf kam der alte Besitzer zu Besuch und hängte ein Paket mit Fleisch an seinen Nagel. Das Paket hing dort einen Tag, eine Woche und keiner durfte es berühren. Das Fleisch vergammelte und schließlich stank das ganze Haus bestialisch und es war unmöglich, sich dort aufzuhalten.

Vielleicht denken einige: Ich weiß, dass dieses oder jenes in meinem Leben nicht in Ordnung ist, aber es ist so klein und unbedeutend wie der Nagel in der Geschichte, ich kann ohne Probleme damit leben. Irren wir uns nicht: Die kleinste Sünde kann einen großen Schaden verursachen: »Stolz kommt vor dem Verderben und Hochmut vor dem Fall« (Sprüche 16,18).

Der Sündenfall beginnt damit, dass Eva mit der Schlange spricht und auf sie hört. Was die Stimme sagt, klingt verlockend: »Ihr werdet sein wie Gott, und wissen, was gut und böse ist« (1. Mose 3,5). Sein wie Gott – mit dem Wissen über gut und böse brauchen wir den Schöpfer nicht mehr, wir werden unabhängig von ihm, so mag Eva gedacht haben. Der Baum wird für sie begehrenswert, weil er Wissen vermittelt.

Selbst so eine coole Sache wie Wissen kann uns zur Sünde verleiten, wenn daraus Stolz entsteht. Aus Wissen – auf Griechisch Gnosis – entstanden die »gnostischen« Sekten im Christentum, die auf griechische Philosophie und geheimes Wissen pochten und die Hierarchien in den christlichen Kirchen, die Aufteilung in Priester und einfache Menschen, die zu viel Machtmissbrauch geführt hat. Jene, die geheimes Wissen hatten, sollen leiten, das Wort Gottes stand nicht mehr allen Menschen zur Verfügung, da es in einer fremden Sprache verkündet wurde. Das Volk konnte sich kein eigenes Bild von dem machen, was Gott gesagt hat.

> Zeig mir, wie du lebst, und ich sage dir, was du glaubst.

Wie kann man die Falle des Hochmuts umgehen? Indem wir nicht nach unseren Begierden leben, sondern Gott allein dienen.

In Bezug auf Wissen hilft das jüdische Verständnis, die Substanz des Glaubens zu verstehen: Glaube ist nicht das, was du weißt, sondern wie du lebst.

»Zeig mir, wie du lebst, und ich sage dir, was du glaubst«, könnte man sagen. Es ist nicht entscheidend, wie viel wir wissen, sondern, wie viel von dem, was wir wissen, in unserem Leben umgesetzt wird.

Die jüdische Sichtweise auf die Versuchung von Jesus hilft uns, das Gedankengut von Matthäus tiefer zu begreifen. Jesus als jüdischer Messias verkörpert die Berufung seines Volkes: Diese Welt muss auf einen neuen geistlichen Level gehoben werden. Allerdings können die Menschen das aus eigenen Kräften nicht erreichen. Der Messias, der die Versuchung überwindet, ist dazu fähig, diese kosmische Veränderung zu bewirken und diese Reparatur der Welt zu meistern, die im Kleinen schon während seines Dienstes auf der Erde geschieht.

Doch wie sah dieser Dienst aus? Darum geht es im dritten Teil, der sich mit der Lehre und den Taten des Messias beschäftigt.

In der Einführung habe ich geschildert, dass Matthäus sein Evangelium wie die Thora aufgebaut hat. Die ersten vier Kapitel sind eine Art Erläuterung für das ganze Evangelium, deswegen habe ich ihnen viel Platz gewidmet. Bei den folgenden Kapiteln konzentriere ich mich auf die wichtigsten Momente und Höhepunkte und stelle punktuell diejenigen Aspekte heraus, die die Absichten von Matthäus auf besondere Weise zeigen. Wenn uns diese bewusst sind, kommen wir zu einem tieferen Verständnis und einer ganz neuen Lesart dieses einzigartigen Evangeliums, die uns zugleich das Alte Testament näherbringt.

Teil 3

WORTE UND TATEN

EIN LICHT AUS GALILÄA

Schon die ersten vier Kapitel des Matthäusevangeliums haben uns gezeigt, wie tief das Evangelium im TeNaCH und in der jüdischen Tradition verwurzelt ist. Die Taufe von Jesus, aus der jüdischen Perspektive gelesen, lässt uns verstehen, warum er, der Sohn Gottes, der Messias Israels, sich der Gerechtigkeit Gottes unterordnet und wie er sich mit seinem Volk identifiziert.

Durch das ganze Matthäusevangelium geht wie ein roter Faden der Gedanke: Was mit Jesus passiert, von seiner Geburt bis zu seinem Tod und zu seiner Auferstehung, das verkörpert die Geschichte und das Schicksal seines Volkes Israel. Die Menschen damals, aber auch wir heute, bekommen in den ersten Kapiteln Antworten auf die existenziellen Fragen: Wer ist der Messias? Wo ist er geboren? Wie beginnt seine irdische Geschichte?

In der Versuchung zeigt Jesus, dass er sich ganz dem Willen Gottes unterordnet. Dort wo Israel versagt hat, erfüllt der Messias den Willen Gottes. Er besteht die Prüfung und beginnt seinen Dienst:

> Als Jesus hörte, dass Johannes verhaftet worden war,
> verließ er Judäa und kehrte nach Galiläa zurück.
> *Matthäus 4,12*

In einer Zeit, in der das Material zum Schreiben sehr wertvoll war, wählte Matthäus genau aus und überlegte sorgfältig, was für seine Zielgruppe relevant war. Wenn wir lesen, dass Johannes der Täufer ins Gefängnis geworfen wurde, dann ist das keine reine Information. Als gebildeter Jude benutzte Matthäus verschiedene Methoden der hebräischen Hermeneutik, unter anderem den Hinweis, die Andeutung (Remes), die wir schon kennengelernt haben.

Das Schicksal von Johannes deutet auf das Schicksal des Messias selbst. Er wird auch gefangen genommen und getötet werden.

Jesus wirkt in Galiläa

Aber zunächst geht er zurück in die Heimat:

> Doch er ging nicht nach Nazareth, sondern nach Kapernaum am See Genezareth, im Gebiet von Sebulon und Naftali.
> *Matthäus 4,13*

Nazareth, Kapernaum, Sebulon, Naftali – welche Assoziationen wecken diese Städte und Dörfer bei uns? Wenn ich Namen wie Guayaquil oder Esmeraldas lese, dann muss ich ins Internet schauen, um festzustellen, dass sie in Ecuador liegen. Wenn ich dagegen Kiew höre, werden Tausende Erinnerungen wach, weil es meine Heimat ist.

Bei Matthäus sind die Ortschaften ebenfalls keine einfache Standortbestimmung. Er nennt sie auch aus literarischen Gründen, denn bei Juden erwecken diese Namen bestimmte Assoziationen.

Die Vorurteile über Nazareth haben wir schon erwähnt. Nun kommt Kfar Nahum (Kapernaum) ins Spiel. Das »Dorf von Nahum« ist eine wichtige strategische Stadt. Der römische Hauptmann, der zu Jesus kommt und ihn bittet, seinen Knecht zu heilen, ist ein Zenturio. Das heißt, er hat einhundert Soldaten unter seinem Befehl, und diese sind in Kfar Nahum stationiert (Matthäus 8). Das ist nicht wenig für eine Kleinstadt in Galiläa. Der Zöllner Matthäus wohnt ebenfalls in Kapernaum (Matthäus 9). Das heißt: Eine örtliche Zollstation

> Das »Dorf von Nahum« ist eine wichtige strategische Stadt.

befindet sich dort ebenfalls. Man vermutet daher, dass Kapernaum damals etwa 10 000 Einwohner hatte. Und dort hat Jesus nun sein Hauptquartier.

Doch er bleibt nicht in Kapernaum:

> Jesus reiste durch ganz Galiläa und sprach in den Synagogen. Überall verkündigte er die Botschaft vom Reich Gottes und heilte die Menschen von ihren Krankheiten und Gebrechen.
> *Matthäus 4,23*

Dieser Vers ist ein Schlüsselvers, denn er wird in Matthäus 9,35 mit ganz ähnlichen Worten wiederholt. Wenn ein Autor zweimal fast die gleichen Sätze in seiner Erzählung verwendet, dann ist das ein unmissverständlicher Hinweis darauf, dass er damit etwas Wichtiges sagen will.

Die Leser bzw. Hörer des Matthäusevangeliums waren in einer schwierigen Situation unter der Herrschaft der Römer auf der politischen und der Pharisäer auf der religiösen Seite. Matthäus folgt auch mit diesem Vers streng seinem Ziel, zu zeigen, dass der Glaube an Jesus jüdisch ist und seine Nachfolger nicht vom Judentum entfremdet. Sein Evangelium zeigt Jesus daher in erster Linie als Juden, der in den Synagogen und nicht auf heidnischen Märkten predigt.

Licht in der Dunkelheit

Jesus geht nach Galiläa, »auf dass erfüllt würde« (Matthäus 4,14; LUT). Diese Worte finden sich im Matthäusevangelium neunmal. Matthäus verbindet die Geschehnisse im Leben des Messias mit

Prophetien, wie wir schon in den ersten beiden Teilen dieses Buchs gesehen haben. Die Worte »auf dass erfüllt würde« sind eines seiner literarischen Merkmale.[93] Dadurch betont Matthäus die Charakteristik der »Sohnschaft« von Jesus. Er ist der Sohn, der den Willen des Vaters so gut kennt, dass er seine Bewegungsstrategie dem ganzen Ratschluss Gottes unterordnet. Er zieht dahin, wo er das Licht von Gottes Offenbarung heller leuchten lassen kann:

> Im Lande Sebulon und Naftali, am See, jenseits des Jordan, in Galiläa, leben so viele Menschen, die Gott nicht kennen. Dort hat das Volk, das im Dunkel lebt, ein helles Licht gesehen. Und über den Menschen in einem vom Tode überschatteten Land ist ein strahlendes Licht aufgegangen.
> *Matthäus 4,15-16*

Um diese Verse richtig einzuordnen, müssen wir den historischen Hintergrund der Prophetie verstehen. Zur Zeit Jesajas lebten die Menschen in Galiläa nicht sicher, denn es kamen viele Eroberer, oft assyrische Soldaten, aus dem Norden:

> Während seiner Herrschaft griff König Tiglat-Pileser von Assyrien Israel an und eroberte Ijon, Abel-Bet-Maacha, Janoach, Kedesch und Hazor. Auch die Gebiete von Gilead, Galiläa und ganz Naftali nahm er ein und verschleppte ihre Einwohner als Gefangene nach Assyrien.
> *2. Könige 15,29*

Heute ist es ebenso: Wenn in Syrien oder im Libanon etwas los ist, bekommen das die Menschen in Galiläa mit.

Das Zitat, das Matthäus in seinem Evangelium gebraucht, lautet im Alten Testament:

> Denn das Volk, das in der Dunkelheit lebt, sieht ein helles Licht. Und über den Menschen in einem vom Tode überschatteten Land strahlt ein heller Schein.
> *Jesaja 9,1*

Die Botschaft, die Jesaja seinem Volk verkündet, ist: »Liebe Geschwister, ihr seid in Gefahr. Ihr lebt im Schatten des Krieges und die Feinde wollen euch ständig angreifen. Aber es kommt die Zeit, dass ein enormes Licht gerade in eurem Land erstrahlen und euch Zuflucht und Sicherheit geben wird.«

Auch diese Prophezeiung erhielt der König Ahas, der schon das Wort von der Jungfrau bekommen hatte, die ein Kind gebären würde. Und König Ahas erlebte, wie sie sich erfüllte. Aber zugleich stand die große Erfüllung noch bevor. Das ist das Besondere an biblischer Prophetie: Sie kann mehrmals erfüllt werden.

Wenn die Propheten die zukünftigen Ereignisse sehen, dann wissen sie nicht, wann genau sie erfüllt werden. Sie sprechen vor allem zu ihrer Generation, aber die Prophetie wirkt über Jahrzehnte, manchmal über Jahrhunderte.

Die Hörer und Leser der Botschaft von Matthäus sind mit der Geschichte ihres Volkes vertraut. Sie kennen die Schriften und sie wissen, welche Worte diesen Versen in Jesaja 9 folgen:

> Denn uns wurde ein Kind geboren, uns wurde ein Sohn geschenkt. Auf seinen Schultern ruht die Herrschaft. Er heißt: wunderbarer Ratgeber, starker Gott, ewiger Vater, Friedensfürst. Seine Herrschaft ist groß und der Frieden auf dem Thron Davids und in seinem Reich wird endlos sein. Er festigt und stützt es für alle Zeiten durch Recht und Gerechtigkeit. Dafür wird sich der Herr, der Allmächtige, nachhaltig einsetzen.
> *Jesaja 9,5-6*

Wenn Matthäus erzählt, dass Jesus nach Galiläa kommt, will er damit auch deutlich machen, dass jetzt die ganze Prophetie von Jesaja in Erfüllung geht. Aber zugleich gewinnt diese Prophetie eine neue Bedeutung: Am Schluss des Evangeliums kommen die Jünger wieder nach Galiläa. Sie gehen gemeinsam mit Jesus auf einen Berg und von dort sendet Jesus sie aus, damit sie das Licht seiner Offenbarung allen Menschen in der Welt bringen.

Während es zur Zeit Jesajas um die politische Finsternis und die Gefahr der assyrischen Invasion ging, deutet die Prophetie 700 Jahre später auf eine geistliche Finsternis und auf das messianische Licht hin. Alle Menschen der Erde werden dieses Licht erleben, das aus Galiläa kommt. Das Licht soll nicht in Israel konserviert werden, denn der Bund mit Abraham muss sich noch erfüllen: »Alle Völker der Erde werden durch dich gesegnet werden« (1. Mose 12,3).

Alle Menschen der Erde werden dieses Licht erleben, das aus Galiläa kommt.

Das neue Verständnis vom Volk Gottes

Die anderen Völker waren von Anfang an in den Bund mit eingeschlossen und Matthäus bringt diesen Gedanken immer wieder in sein Buch ein. Im Geschlechtsregister finden sich drei nicht jüdische Frauen und Uria der Hetiter. Die ersten Menschen, die den neugeborenen König anbeten, sind keine Hohenpriester und Schriftgelehrten, sondern Astrophysiker aus dem Ausland. Und Johannes der Täufer sagt in seiner Predigt: »Wenn Gott wollte, könnte er aus diesen Steinen Kinder Abrahams machen« (Matthäus 3,9).

Interessanterweise verwendet Johannes den Begriff »Kinder Abrahams« und nicht »Kinder Israels«. Im Unterschied zu Jakob (der später Israel genannt wurde) wurde Abraham nicht als ein ethnischer Jude geboren. Seine Eltern waren Aramäer. Einerseits wurde Abraham zu einem Juden, als er dem Ruf Gottes folgte und in das verheißene Land zog. Das zeigt uns, dass Jude sein vor allem eine Berufung und erst dann eine Ethnie ist. Andererseits ist Abraham dadurch ein Beispiel für einen bedingungslosen Glauben und das Neue Testament deutet ihn daher theologisch als »Vater aller Gläubigen« (vgl. Römer 4,11.16). Die Erwähnung Abrahams ist auch ein Hinweis darauf, dass die Nichtjuden zum Glauben an den Gott Israels eingeladen sind.

Warum war es notwendig, dass Matthäus darüber in so eindringlicher Form berichtet? Weil zu dem Zeitpunkt, als er sein Evangelium schreibt, mehr und mehr Heiden durch Jesus, den Messias, zum Glauben an den Gott Israels kommen. Und diese Menschen, aber auch die jüdischen Gemeinden brauchten dringend das neue Verständnis vom Volk Gottes: Heiden dürfen dazugehören, ohne Juden zu werden! Sie können und dürfen ihre Identität behalten, solange sie an den Gott Israels und den jüdischen Messias glauben.

Die Botschaft

Und wie lautet die Botschaft, mit der Jesus seinen Dienst an das Volk beginnt, und die Juden wie Heiden gleichermaßen gilt?

> Tut Buße, denn das Himmelreich ist nahe herbeigekommen!
> *Matthäus 4,17; LUT*

Die Botschaft von Jesus ist dieselbe wie die von Johannes dem Täufer! Tut Buße im jüdischen Kontext bedeutet: »Tut Teschuwa! Macht eine Revision eures Lebens. Kehrt zurück zu eurem Gott!«

Jesus macht deutlich: Der Zeitpunkt, an dem Gott in die Menschheitsgeschichte eingreift, nähert sich. Bevor er das tut, schenkt er den Menschen die Möglichkeit, umzukehren und den Bund mit ihm zu erneuern. Diese Erneuerung des Bundes geschieht durch den Messias, den Gott zu seinem Volk sendet.

Die ersten Jünger

Der Messias ruft in die Nachfolge und er bildet eine Gemeinde von neuem Format. Diese neue Gemeinde wird aus einzelnen Menschen gebaut, den Jüngern. Deshalb spricht Matthäus auch die Prinzipien an, die für Jünger des Messias von Bedeutung sind. Gleichzeitig beinhalten die Worte von Jesus eine große Herausforderung: Sind es universale Grundsätze? Können wir als moderne Nachfolger von Jesus alles 1:1 aus der damaligen Zeit übernehmen, was Jüngerschaft betrifft? Oder gibt es in dieser Geschichte Dinge, die zeitgemäß angepasst werden müssen?

Die Themen Jüngerschaft und Nachfolge werden im dritten Teil ausführlich behandelt. Hier möchte ich lediglich anmerken, dass Jesus ganz besondere Kriterien für seine Jünger hat, die schwer nachzuvollziehen sind. Allein die Gemeinschaft zwischen dem Zöllner Matthäus und dem Zeloten Simon ist aus menschlicher Sicht unmöglich. Der eine war ein römischer Beamter und hat für den Kaiser gearbeitet. Der andere war Teil einer Art extremistischer Bewegung, die nicht nur die Römer hasste, sondern sie militärisch bekämpfte. Die anderen Jünger waren Fischer oder Handwerker und keiner von ihnen hat vor seiner Berufung Theologie studiert. Diese Männer sind sehr unterschiedlich und scheinen überhaupt nicht für ihre Aufgabe geeignet zu sein und dennoch wählt Jesus sie aus!

Ich kann es mir nur so erklären: In der Gegenwart des Messias und durch seine Lehre lernen die Jünger, seinem Beispiel zu folgen und einander anzunehmen. Doch zunächst werden sie berufen:

> Eines Tages, als Jesus am Ufer des Sees Genezareth entlangging, sah er zwei Brüder, die ihre Netze auswarfen. Simon, der später Petrus genannt wurde, und Andreas waren von Beruf Fischer.
> Jesus rief ihnen zu: »Kommt mit und folgt mir nach. Ich will euch zeigen, wie man Menschen fischt!«
> *Matthäus 4,18–19*

Es ist bemerkenswert, dass der Name Petrus hier schon erwähnt wird. Simon bekommt seinen neuen Namen erst in Kapitel 16, als er Jesus als Messias bekennt. Wenn Jesus ihn anspricht, dann nennt er ihn immer Simon. Möglicherweise ist das ein Hinweis für die jüdischen Leser, welcher Simon gemeint ist. Vielleicht kannten ihn später einige auch nur unter dem Namen Petrus.

> Die jüdische Tradition betont die Bedeutung eines Lehrers.

In der jüdischen Literatur gibt es einige Beispiele von Gesprächen, bei denen ein Rabbi Jünger beruft. Das Ziel einer solchen Berufung ist, den Jünger in die Welt seiner Berufung zu versetzen, in die Welt, wo der Dienst für den Allmächtigen im Vordergrund steht. Simon und Andreas sind Fischer und jetzt wird ihr Leben umgekrempelt. Jesus knüpft jedoch mit seinen Worten an ihre Berufserfahrung an und meint damit: »Ihr sollt das in Zukunft für Gott einsetzen!«

Die jüdische Tradition betont die Bedeutung eines Lehrers: »Joshua ben Perahiah pflegte zu sagen: Suche für dich einen Lehrer.«[94] Bis heute ist es sehr wichtig für einen frommen Juden, einen

Lehrer zu finden. Der Gedanke dahinter ist: Wenn Juden etwas in der Bibel verstehen wollen, dann brauchen sie einen Rabbi, der sie unterweisen kann.

Als ich meinen geistlichen Lebensweg angefangen habe, hatte ich mehr mit Christen als mit Juden zu tun. Immer wieder habe ich meine christlichen Freunde gefragt: »Wie funktioniert die Lehre, die Jüngerschaft?« Am häufigsten bekam ich die Antwort: »Du kommst in die Gemeinde, hörst die Predigt, kommst zur Bibelstunde, gehst in einen Hauskreis und liest selbst die Bibel. Der Heilige Geist wird dich in die Erkenntnis der Wahrheit führen.« Zunächst konnte ich damit leben, aber später spürte ich mehr und mehr, dass ich einen persönlichen Lehrer brauchte. Es vergingen noch Jahre, bevor ich meinen ersten Lehrer – in der Gemeinde nennt man es vielleicht eher Mentor – gefunden hatte. Mit ihm konnte ich nicht nur die Bibel besser verstehen lernen, sondern vor allem mein Leben als Jünger regelmäßig reflektieren. Das hat mir sehr geholfen, in meinem Glauben voranzukommen.

Heute habe ich drei Lehrer, einen christlichen und zwei jüdische. Und ich bin sehr dankbar, dass diese Menschen, die ich sehr schätze, mir immer wieder neue Aspekte von Jüngerschaft zeigen. Das geschieht nicht nur durch die Unterweisung in der Schrift, sondern durch das Betrachten des Lebensstils der Person, die für mich ein geistliches Vorbild ist. Aus meiner Erfahrung heraus empfehle ich jedem, sich einen persönlichen Lehrer, einen Mentor zu suchen.

Das Besondere bei Jesus ist: Die Jünger suchen nicht ihn aus, sondern er sie. Simon und Andreas reagieren sofort, sie verlassen ihren Job und kommen mit. Dann kommen die nächsten beiden:

> Etwas weiter am Ufer entlang sah er zwei andere Brüder, Jakobus und Johannes, die mit ihrem Vater Zebedäus in einem Boot saßen und ihre Netze flickten. Auch sie rief er zu

sich. Ohne Zögern folgten sie ihm und ließen das Boot und ihren Vater zurück.
Matthäus 4,20-22

Mit dieser Erzählung über die Berufung der ersten Jünger vermittelt uns Matthäus einen sehr wichtigen Gedanken: Jüngerschaft hat einen Preis. Das ist ein krasser Unterschied heute. Für die meisten modernen Christen ist der Glaube eine religiöse Angelegenheit. Wir üben unseren Beruf weiter aus, wir machen Karriere und nur wenige von uns fühlen sich in den Vollzeitdienst berufen. Manche meinen, dafür brauche es eine besondere Offenbarung.

Selbstverständlich sind nicht alle Christen dazu berufen, in den vollzeitlichen Dienst zu gehen. Die meisten arbeiten in ihren normalen Berufen und viele dienen dort Gott mit ganzem Herzen. Doch auch heute kostet wahre Nachfolge etwas. Sind wir bereit, den Preis zu bezahlen und Jesus kompromisslos nachzufolgen? »Farbe zu bekennen« kann auch für westliche Christen durchaus Nachteile haben, auch wenn es bei uns keine staatliche oder religiöse Verfolgung gibt.

Messianische Juden in Israel, die zu ihrem Glauben an Jesus stehen, bezahlen oft einen hohen Preis. Einige verlieren ihren Job, weil sie ihre Nachfolge radikal leben. Mein Lehrer erzählte mir, wie eines Tages eine Familie vor seiner Haustür stand, ein orthodoxer Vater mit seinen fünf Kindern, die zum Glauben an Jesus gekommen waren. Seine Frau hat sich von ihm getrennt und er hatte kein Zuhause mehr. Seine ehemalige Glaubensgemeinschaft wollte mit ihm nichts mehr zu tun haben. Und so stand er vor der riesigen Herausforderung einer neuen ungewissen Zukunft und klammerte sich an seinem neu gewonnenen Glauben fest.

In Deutschland gibt es vor allem aus der Zeit des Nationalsozialismus viele Beispiele von Christen, die trotz Verfolgung taten, was sie als richtig erkannt hatten. Vor Kurzem las ich das Büchlein »Sie waren Sand im Getriebe«[95] von Elisabeth Stiefel. Es handelt von bekannten und weniger bekannten Frauen des deutschen Widerstandes. Edith Stein, Corrie ten Boom, Elisabeth von Thadden und Katharina Staritz waren durch ihren Glauben so geprägt, dass sie sich unter Einsatz ihres eigenen Lebens für verfolgte Juden einsetzten. Am Ende des Buchs steht eine Liste mit den Namen von Pfarrhäusern, die Juden versteckt und gerettet haben.

Wenn ich solche Geschichten lese, frage ich mich, was für eine Kraft diese Menschen getrieben hat, dass sie ihr Leben und das Leben ihrer Familien wegen verfolgter Juden aufs Spiel setzten. Ihre Geschichte zeigt: Die Verwurzelung in Jesus war ihr Halt und die Motivation, die ihr mutiges und stilles Heldentum ermöglichte.

Die Berufung der Jünger beginnt nicht mit Verfolgung, aber wir sehen im Matthäusevangelium, dass sie und ihre Familien einen Preis bezahlen. Die Brüder Jakobus und Johannes hatten zusammen mit ihrem Vater einen Familienbetrieb. Jetzt fehlen zwei wertvolle Mitarbeiter. Alle vier gaben ihren Job, ihre Familien und ein sicheres Zuhause auf.

Das ist ein kleiner Hinweis auf den Preis der Nachfolge, der bei Matthäus in späteren Kapiteln noch ausführlicher beschrieben wird (mehr dazu in Teil 4).

Etwas Neues beginnt

Im Jahr 2013 bekam ich den ersten Impuls, ein Buch über mein Leben zu schreiben. Ich dachte: Es muss nicht kompliziert sein, einfach das eigene Gedächtnis anstrengen und das, was ich für wichtig halte, aufs Papier bringen.

Natürlich war ich weit davon entfernt, mich mit Evangelisten zu vergleichen, aber sie waren schon ein Vorbild für mich, besonders Matthäus mit seinem typisch jüdischen Hintergrund. Und so begann ich, darüber nachzudenken, wie Matthäus sein Evangelium schreiben konnte. Ich hatte mein Theologiestudium schon hinter mich gebracht und mir war klar, dass er nicht einfach Worte aufs Pergament gebracht hatte, die ihm vom Heiligen Geist diktiert wurden. Stattdessen dachte ich, dass er wahrscheinlich das nötige literarische Material – die Geschichte von Jesus, seine Worte und Lehre – gesammelt hatte. Er hatte notiert, was er selbst erlebt und von Jesus gehört hatte, aber auch, was andere Jünger und Nachfolger ihm erzählt hatten. Das brachte mich dazu, ebenfalls mein Material zusammenzustellen.

Ich musste mir außerdem viele Fragen beantworten, über die ich nie nachgedacht hatte, die aber substanziell für das Schreiben waren: In welcher Sprache sollte ich schreiben: Russisch oder Deutsch? An welchen Lesern wollte sich das Buch orientieren? Wie viele Seiten könnten daraus werden? Wie viele Kapitel? Wie bekomme ich es hin, dass die Story, die für mich spannend ist, auch für meine Leser reizvoll rüberkommt?

Es war ein langer Prozess. Erst im Jahr 2015 konnte ich mein erstes Originalmanuskript zusammenstellen und Kontakt mit dem Verlag aufnehmen. Und dann bekam ich die ersten Korrekturen und aus meinem Originalmanuskript 1 wurden 16 »Originalmanuskripte«, die immer wieder neue Korrekturen bekamen.

Nach dieser Mordsarbeit dachte ich: Wie konnte Matthäus, der ehemalige Zollbeamte, ohne PC, ohne einen ausgebildeten Lektor und Korrektor sein Werk so brillant schreiben, dass es nach 2 000 Jahren immer noch ein Bestseller ist?

Was meinen Sie, wie sah das Originalmanuskript von Matthäus aus? Wie viele Kapitel? Wie viele Verse in jedem Kapitel?

Das Original liegt uns nicht vor, aber eins wissen wir sicher: Es gab keine Kapitel und keine Verse! Denn die Kapiteleinteilung der Bibel stammt aus dem 13. Jahrhundert, die Verseinteilung erfolgte 1551. Das Original sah aus wie ein Fließtext, ohne Kapitel, ohne Verseinteilung und ohne Absätze. Und auch ohne Groß- und Kleinbuchstaben.[96]

Es gab keine Kapitel und keine Verse!

Es ist uns vielleicht nicht bewusst, wie sehr uns Kapiteleinteilungen und Zwischenüberschriften helfen, weil wir es gar nicht anders gewohnt sind. Wie gesagt: Damals war das Schreibmaterial teuer und man nutzte jeden freien Platz. Deshalb hatten die Autoren andere Strategien, um die Leser zu führen, damit sie merken: Jetzt wird das Thema gewechselt. Jetzt kommt etwas Neues.

Matthäus verwendete dafür einen literarischen Trick: einen Satz, der sich fast wortgleich wiederholt:

> Und er zog umher in ganz Galiläa, lehrte in ihren Synagogen und predigte das Evangelium von dem Reich und heilte alle Krankheiten und alle Gebrechen im Volk.
> *Matthäus 4,23; LUT*

> Und Jesus zog umher in alle Städte und Dörfer, lehrte in ihren Synagogen und predigte das Evangelium von dem Reich und heilte alle Krankheiten und alle Gebrechen.
> *Matthäus 9,35; LUT*

In beiden Versen sehen wir einen Messias, der predigt und heilt. Im Matthäusevangelium wird der Messias in zwei Dimensionen vorgestellt: als Messias des Wortes und als Messias der Taten.

In den ersten Kapiteln, die über seinen Dienst berichten, sind beide Dimensionen klar getrennt. In der Bergpredigt in Kapitel 5 bis 7 legt Jesus als Messias des Wortes die Thora für seine Jünger aus. Und gleich danach tritt in den folgenden Kapiteln der wirkende Messias in den Vordergrund. Diesen Gedanken sehen wir bereits im Kleinformat in den obigen Versen: Nachdem Jesus in den Synagogen gelehrt hat, erweist er sich als Messias der Tat und heilt die Menschen.

DIE BERGPREDIGT

In meinem Buch »Die Bergpredigt aus jüdischer Sicht« habe ich viel zur Auslegung der Bergpredigt geschrieben. In diesem Buch werde ich mich daher auf wenige Punkte beschränken, die für meine Ausführungen besonders relevant sind.

Es ist sehr interessant, welche Mittel Matthäus verwendet, um die Relevanz der Lehre von Jesus für die Juden seiner Zeit zu verdeutlichen. Dies wird besonders dort deutlich, wo sich sein Evangelium von den anderen unterscheidet.

Die drei Evangelien nach Matthäus, Markus und Lukas werden die synoptischen Evangelien genannt, weil sie das Leben und die Lehre von Jesus – im Gegensatz zu Johannes – aus einer ähnlichen Perspektive beschreiben. Umso auffälliger ist es, dass Markus die Bergpredigt gar nicht erwähnt und Lukas nur einen Ausschnitt der Lehre von Jesus wiedergibt. Allerdings lehrt Jesus bei Lukas nicht auf dem Berg, sondern auf einem Feld (Lukas 6,17). Sicherlich hat Jesus häufiger über die gleichen Themen gepredigt und Lukas erzählt von einer Begebenheit auf einem Feld. Für ihn ist der Berg nicht wichtig.

Doch warum ist er wichtig für Matthäus?

Der Berg

Es geht wieder um den großartigen Vergleich von Jesus und Mose (siehe Teil 1, Kapitel »Das Evangelium nach Matthäus«). Mose erhielt die Offenbarung von Gott auf einem Berg. Weil dieser Vergleich für Matthäus und auch für uns von Bedeutung ist, werfen wir einen Blick in die Thora, wo Mose diese Geschichte selbst erzählt:

Denkt daran und vergesst nicht, wie oft ihr in der Wüste den Zorn des Herrn, eures Gottes, herausgefordert habt. Von dem Tag an, als ihr Ägypten verlassen habt, bis heute habt ihr euch immer wieder gegen ihn aufgelehnt. Und als ihr ihn am Sinai gereizt habt, war er so zornig auf euch, dass er euch vernichten wollte. Damals war ich auf den Berg gestiegen, um die Steintafeln mit den Bestimmungen des Bundes zu erhalten, den der Herr mit euch geschlossen hatte. Ich war 40 Tage und 40 Nächte auf dem Berg, ohne etwas zu essen oder zu trinken. Der Herr gab mir die beiden Steintafeln, die Gott eigenhändig beschrieben hatte. Darauf standen all die Worte, die er auf dem Berg aus dem Feuer zu euch gesprochen hatte, als ihr unten versammelt wart.

5. Mose 9,7-10

In Vers 9 steht im Originaltext das Wort »jischew«, das »sitzen« bedeutet. Westliche Bibelleser würden an dieser Stelle sagen: »Ist es nicht egal, ob Mose dort saß oder stand?« Für uns, die wir »hinter die Kulissen« blicken und die Bibel durch die jüdische Brille lesen, ist dieser Unterschied jedoch wichtig, denn im Talmud wird heftig darüber diskutiert, ob man bei Lernen sitzen oder stehen soll.[97] Und nicht nur beim Lernen, sogar so ein wichtiger Glaubensakt wie Gebet hat eine Diskussion diesbezüglich hervorgerufen.

Selbstverständlich klammern die jüdischen Witze diese Streitfrage nicht aus:

In einer Synagoge streitet man darüber, ob man das Schma[98] im Stehen oder im Sitzen sprechen soll. Die Gemeinde ist gespalten: Die einen sind fürs Sitzen, die anderen fürs Stehen. Jahrelang geht das so und man ist sich einig: Eine Lösung muss her, damit endlich Frieden einkehrt. Vielleicht kann ja die Tradition helfen!

Doch keiner weiß, wie es früher gehandhabt worden ist, deshalb schicken sie einen zu dem alten Rabbiner, der die Synagoge vor vielen Jahren gegründet hat.

»Soll man beim Schma stehen?«, fragen die einen. »Nein, wir sind doch keine Christen«, antwortet der Rabbi. »Also sitzen?«, erkundigen sie sich. »Natürlich nicht, wir wollen doch keine Muslime werden«, kommt die Antwort.

»Aber was dann? Wir streiten jeden Schabbat darüber, wie wir das Schma sagen sollen.« Da nickt der Rabbi und erklärt: »Ja genau, das war unsere Tradition!«[99]

Die Rabbis, die fürs Sitzen sind, beziehen sich auf die oben erwähnte Bibelstelle und sagen: Wenn Mose auf dem Berg saß, dann ist das ein Beispiel für uns. Der Ort, wo religiöse Juden Thora lernen, heißt daher auch: »Jeschiwa«, das heißt »Ort, wo wir sitzen«. Und deswegen lesen wir in Matthäus 5,1:

> Eines Tages, als sich immer mehr Menschen um Jesus sammelten, stieg er mit seinen Jüngern auf einen Berg und setzte sich dort hin, um sie zu unterrichten.

Das ist in erster Linie keine geografische Angabe, sondern nichts anderes als ein Hinweis auf die Theologie von Matthäus. Jesus ist »der Prophet wie Mose«, der im Alten Testament angekündigt ist (5. Mose 18,15), und das müssen auch seine Leser und Hörer auf den ersten Blick erkennen können.

Höre!

In dem jüdischen Witz oben wurde das Gebet »Schma« erwähnt. Da dieses Gebet eine zentrale Rolle für fromme Juden spielt, will ich es kurz erklären. Die Sache ist die: Das »Schma« ist im Grunde genommen kein Gebet, sondern eine Aufforderung.

Das Schma Israel besteht aus drei Abschnitten aus der Thora: 5. Mose 6,4-9, 5. Mose 11,13-31 und 4. Mose 15,37-41. Im ersten Abschnitt heißt es:

> Höre, Israel, der HERR ist unser Gott, der HERR ist einer. Und du sollst den HERRN, deinen Gott, lieb haben von ganzem Herzen, von ganzer Seele und mit all deiner Kraft. Und diese Worte, die ich dir heute gebiete, sollst du zu Herzen nehmen und sollst sie deinen Kindern einschärfen und davon reden, wenn du in deinem Hause sitzt oder unterwegs bist, wenn du dich niederlegst oder aufstehst. Und du sollst sie binden zum Zeichen auf deine Hand, und sie sollen dir ein Merkzeichen zwischen deinen Augen sein, und du sollst sie schreiben auf die Pfosten deines Hauses und an die Tore.
>
> *5. Mose 6,4-9; LUT*

Der zweite Abschnitt beginnt so:

> Werdet ihr nun auf meine Gebote hören, die ich euch heute gebiete, dass ihr den HERRN, euren Gott, liebt und ihm dient von ganzem Herzen und von ganzer Seele, so will ich eurem Lande Regen geben.
>
> *5. Mose 11,13-14; LUT*

Im Talmud diskutieren die Rabbis miteinander, warum der Abschnitt aus 5. Mose 6 den Beginn des Gebets bildet.[100]

Die Antwort: Zuerst müssen die Menschen die Souveränität Gottes anerkennen, erst dann werden sie den Sinn seiner Gebote begreifen. Der Grundgedanke ist der folgende: Gott ist unser König und allein der König kann seine Gesetze bzw. Gebote erteilen. Und nur wenn wir ihn erst als König kennenlernen, können wir ihm gehorchen und seine Gebote akzeptieren.

Der Ausdruck »Ich bin der Herr!« steht 94-mal in der Hebräischen Bibel. Er gleicht einer Unterschrift unter wichtigen Dokumenten. Die Thora ist die Bundesverfassung Gottes, sein Heilsprogramm. Und jeder muss wissen, wer hinter diesem Programm steht. Wer garantiert, dass das Programm richtig funktioniert?

So ist es auch im Matthäusevangelium. Jeder muss wissen, wer hinter diesem Programm, der Bergpredigt, steht. Doch wie bereitet uns Matthäus darauf vor, dass wir Jesus als König anerkennen und seine Thoraauslegung annehmen und akzeptieren?

In den ersten vier Kapiteln des Evangeliums gibt es kaum direkte Worte von Jesus. In Kapitel 3 spricht er nur ein paar Sätze mit Johannes dem Täufer. Und in Kapitel 4 spricht er nur mit Satan. Zwar wird erzählt, dass Jesus in den Synagogen predigt, aber erst in Kapitel 5 erfahren wir den Inhalt seiner Lehre.

> Jeder muss wissen, wer hinter diesem Programm, der Bergpredigt, steht.

Der Lernprozess, den der Hörer oder Leser bis dahin durchläuft, ist folgender: Durch mehrere Prophetien aus dem Alten Testament, durch die Rede von Johannes dem Täufer, durch Gottes Stimme, durch die Ansprachen Satans hat er schon erfahren, wer Jesus ist. Jeschua ist der Maschiach. Er ist der Sohn Gottes, er ist Abrahams und Davids Sohn. Auf ihm ruht der Geist des Herrn, er ist das wunderbare Kind aus Jesaja 7 und der Erlöser und Heiland seines Volkes.

Auslegung der Thora

Alles, was Jesus in der Bergpredigt sagt, hat Macht. Diese Macht ist auf die Tatsache gegründet, wer Jesus ist. Er kommt von Gott und er ist bevollmächtigt, die Lehre Gottes zu erfüllen (Matthäus 5,17). Deswegen lesen wir zum Schluss der Bergpredigt:

> Als Jesus seine Rede beendet hatte, waren die Menschen überwältigt (Luther übersetzt: »entsetzt«) von seiner Lehre, denn er sprach mit Vollmacht – anders als die Schriftgelehrten.
> *Matthäus 7,28-29*

Die sogenannte Bergpredigt beinhaltet die zentrale Lehre bzw. Thoraauslegung des Messias. Es gibt viele Auslegungen dazu. Manche sagen: Das ist eine Verfassung vom Himmel. Die anderen meinen: Das ist ein Ideal, das normale Menschen im irdischen Leben nicht erreichen können. Doch das ist der Level, den Jesus für seine Nachfolger aufstellt. Und es gibt Menschen im Reich Gottes, die wirklich so leben, wie es in der Bergpredigt steht. Das zeigt zum Beispiel die folgende Geschichte über Richard Wurmbrand.[101]

Wurmbrand saß unter dem kommunistischen Regime 13 Jahre im Gefängnis. Seine Gefängnisinsassen wunderten sich über den Charakter dieses Mannes Gottes, der so sehr nach dem biblischen Ideal lebte. Einmal wurde Wurmbrand zornig. Da kamen zwei Männer auf ihn zu und bedankten sich bei ihm. Sie hatten gedacht, er sei kein gewöhnlicher Mensch, da sein Charakter sehr stark und auf eine ganz besondere Art Gott hingegeben war. Sie erklärten, sie seien sehr zufrieden, dass er sich auch ärgern könne. Dadurch seien sie als Christen »etwas beruhigt« worden. Sie hatten nämlich gedacht, dass sie als Christen keine Hoffnung auf den Himmel hätten, wenn sie nicht den gleichen Level der Gerechtigkeit bewiesen wie Wurmbrand.

Gott sei Dank hängt der Himmel nicht davon ab, wie sehr wir das Ideal der Bergpredigt umsetzen. Dennoch bleibt es eine Herausforderung, dass unser Glaube auch die entsprechenden Werke hervorruft.

In der Mitte der Bergpredigt steht das »Vaterunser«, das Mustergebet, das Jesus seinen Jüngern gegeben hat. Diese Position ist wieder ein Hinweis. Sie zeigt uns: Der geistliche Level, von dem Jesus in der Bergpredigt spricht, ist ohne Gebet unerreichbar, ohne die starke Hilfe, die Gott uns geben kann und will. Denken wir an das Gebetsleben von Jesus. Wie oft hat er sich zum Gebet zurückgezogen. Wie viel mehr brauchen wir das!

Wir können nichts aus uns selbst tun, diesen Gedanken dürfen wir auch im Hinterkopf behalten, wenn wir die Bergpredigt lesen. Doch mit Gottes Hilfe können wir alles schaffen.

Wenn wir die Bergpredigt, diese wichtige Lehreinheit des Messias betrachten, ist wiederum der Kontext von Bedeutung:

> Eines Tages, als sich immer mehr Menschen um Jesus sammelten, stieg er mit seinen Jüngern auf einen Berg und setzte sich dort hin, um sie zu unterrichten.
> *Matthäus 5,1-2*

Hier gibt es ein sehr wichtiges Element, das wir nicht übersehen dürfen: Die Bergpredigt richtet sich an die Jünger von Jesus, an die zukünftigen Multiplikatoren, die zukünftigen Lehrer. Es ist keine Bundesverfassung des Himmelreiches, es sind keine allgemeinen Rechte und Pflichten für alle Menschen, sondern eine »Betriebsanleitung« für hingegebene Jünger von Jesus.

Mit diesem Wissen können wir uns den ersten zwei Seligpreisungen nähern.

Die Seligpreisungen

In der Bergpredigt spricht Jesus zu einem jüdischen Publikum, das gewisse Kenntnisse hatte. Um seine Lehre zu verstehen, ist es daher wichtig, so weit wie möglich in die Schuhe der damaligen Zuhörer zu schlüpfen. Was wissen wir über sie?

Sie sprachen Hebräisch, aber vor allem Aramäisch. Sie kannten die biblischen Geschichten, besonders die Gleichnisse und Aussagen der Propheten gut. Das heißt: Bestimmte hebräische Ausdrücke weckten bei ihnen Bilder und Assoziationen.

Die Seligpreisungen beginnen mit dem hebräischen Wort »aschrei«. Menschen, die mit der Hebräischen Bibel vertraut sind, wissen, was das bedeutet. So lesen wir:

> Da sprach Lea: Wohl mir, denn mich werden selig (be aschrei) preisen die Töchter. Und nannte ihn Asser (hebr. Ascher).
> *1. Mose 30,13; LUT*

> Wohl dem (aschrei), der nicht wandelt im Rat der Gottlosen/ noch tritt auf den Weg der Sünder noch sitzt, wo die Spötter sitzen.
> *Psalm 1,1; LUT*

Selig bedeutet, erfolgreich und fruchtbar zu sein, ein Mensch, der zuverlässig und entschlossen den rechten Weg geht. Selig sind die Menschen, die ihr Ziel im Auge behalten und es auch erreichen.

Doch wozu sind die Seligpreisungen da? Warum stehen sie gerade hier, am Anfang der Lehre von Jesus?

Jesus erklärt mit diesen Worten, wie man ein Jünger von ihm werden kann. Damals war es typisch für jüdische Lehrer, damit zu beginnen.

Einer der Weisen, Rabbi Tarfon, sagte zum Beispiel: »Nur der, der sich vom Fleisch enthält, kann ein Jünger werden.« Alle seine Predigten begannen so. Damit wussten die Zuhörer Bescheid und konnten sich entscheiden, ob sie unter diesen Bedingungen ein Jünger von Rabbi Tarfon sein wollten. Vielleicht dachte so mancher: »Oh nein, ich kann ohne mein Schnitzel nicht leben, ich möchte nicht bei Rabbi Tarfon lernen.«

Ein anderer, Rabbi Akiwa, begann seine Predigt, indem er auf die beiden wichtigsten Gebote hinwies: »Liebe Gott und liebe deinen Nächsten.« So wusste der Zuhörer sofort, was von ihm erwartet wurde.

Genauso macht es Jesus. Am Anfang seiner Lehre erklärt er seinen Jüngern, was auf sie zukommt. Ein harter Weg und kein attraktiver Lohn! Aber das ist der Weg, um sein Jünger zu werden.

> Selig sind, die da geistlich arm sind; denn ihrer ist das Himmelreich.
>
> *Matthäus 5,3; LUT*

In den rabbinischen Schriften und den Qumranschriften sind »geistlich Arme« Menschen, die demütig auf den Tag des Herrn warten und ständig auf das Kommen des Messias harren. Heute würde Jesus es vielleicht so ausdrücken: Selig sind die Menschen, die vor Gott arm sind, denn sie sind auf dem rechten Weg zu den Reichtümern Gottes in seinem Herrschaftsbereich.

Meiner Ansicht nach ist die Aussage »ihrer ist das Himmelreich«

nicht so zu verstehen, dass ihnen das Himmelreich gehört. Wir können das Reich nicht besitzen, es gehört nicht uns, sondern dem Schöpfer. Eine bessere Formulierung wäre »aus diesen« oder »aus solchen wie diesen« besteht das Himmelreich.

Der Gedanke dieser Seligpreisung ist nicht neu, schon die Hebräische Bibel spricht darüber:

> Denn so spricht der Hohe und Erhabene, der in der Ewigkeit wohnt, der, dessen Name der Heilige ist: »Ich wohne an der hohen, heiligen Stätte und bei denen, die einen zerschlagenen und gedemütigten Sinn haben, um die Gedemütigten neu zu beleben, und die zerschlagenen Herzen wieder aufleben zu lassen.
> *Jesaja 57,15*

> Dies alles haben meine Hände gemacht, durch sie ist alles entstanden«, spricht der Herr. »Ich achte auf die, die gedemütigt worden sind und einen gebrochenen Geist haben und vor meinem Wort zittern.«
> *Jesaja 66,2*

> Das Opfer, das dir gefällt, ist ein zerbrochener Geist. Ein zerknirschtes, reumütiges Herz wirst du, Gott, nicht ablehnen.
> *Psalm 51,19*

Das Gegenteil zu den geistlich armen sind geistlich reiche Menschen, oder besser gesagt solche, die sich dafür halten. Das sind Leute, die denken, dass sie so gut sind, dass Gott ihnen als Gegenleistung mindestens ein gescheites Leben geben muss.

Es gibt sehr viele fromme Menschen, die meinen, dass sie geistlich reich sind oder die versuchen, es zu werden. Mehr Bibellesen, mehr Gebet, mehr Demut, so meinen sie, führt zu geistlichen Reichtümern. Aber das ist ein Irrweg, denn was wirklich zählt, ist unsere Haltung vor Gott und unsere Beziehung zu Jesus. All die guten und wichtigen Dinge wie geistliche Übungen, Haltungen und Werke sollen das Ergebnis der Beziehung sein und nicht ein Ersatz. Nicht umsonst sagt Jesus:

> Nicht die Starken bedürfen des Arztes, sondern die Kranken. … Ich bin nicht gekommen, Gerechte zu rufen, sondern Sünder.
> *Matthäus 9,12-13*

Die Quelle der geistlichen Armut ist die Gottesbeziehung. Die Quelle des geistlichen Reichtums ist fromme Selbstzufriedenheit. Wenn ein Mensch »geistlich reich« ist, hat er zu viel vom eigenen Ego. Über einen solchen Menschen steht geschrieben:

> Der Herr verachtet den Stolzen; sicher ist, dass er seine Strafe bekommt.
> *Sprüche 16,5*

Stolz ist der Geist, der mit dem Geist Gottes nicht zusammenleben kann. Um dem Messias nachzufolgen, muss unser Geist arm sein. Das ist der Anfang unserer Jüngerschaft. Wenn wir glauben, dass wir geistlich reich sind, wozu sollten wir dann lernen? Wir haben doch schon alles! Um zu lernen, müssen wir einen Mangel empfinden und begreifen, dass uns etwas fehlt.

Doch wie kommt man zu einer solchen geistlichen Armut? Für westliche Leser mag diese Aussage seltsam erscheinen, aber: Das wird in der zweiten Seligpreisung erklärt:

> Glückselig die Trauernden, denn sie werden getröstet werden.
> *Matthäus 5,4; ELB*

Viele Menschen denken in diesem Zusammenhang an Tod und Beerdigung. Natürlich ist der Glaube, dass nach dem Tod nicht alles aus ist, ein Trost und eine starke Hoffnung, aber hier geht es um Jüngerschaft. Daher müssen wir fragen: Wo in der Hebräischen Bibel findet man die Trauer als ein Kriterium für Auserwählung? In Hesekiel befiehlt der HERR:

> Geh mitten durch die Stadt, mitten durch Jerusalem, und bei all denen, die über die abscheulichen Taten, die bei ihnen geschehen, weinen und seufzen, sollst du ein Zeichen an der Stirn anbringen.
> *Hesekiel 9,4*

Die Menschen, die trauern, sind auserwählt, und dies soll durch ein Zeichen an der Stirn deutlich werden. Im hebräischen Text steht hier: »wehitwita Taw« – »und zeichne den Buchstaben Taw«. Damit ist nicht der Buchstabe gemeint, den wir aus dem hebräischen Alphabet kennen, denn dieses Alphabet haben die Juden erst aus Babylon mitgebracht. Als Hesekiel sein Buch schrieb, verwendete er das alte Alphabet. Und so sah der Buchstabe Taw damals aus:

Um zu lernen, müssen wir einen Mangel empfinden und begreifen, dass uns etwas fehlt.

Das heißt, der Engel musste den trauernden Menschen ein Kreuz auf die Stirn malen! Ein Midrasch erzählt, dass dieses Kreuz mit Blut gezeichnet werden sollte. Die jüdische Auslegung erklärt, dass das Zeichen gemacht wurde, damit der Todesengel sie verschonen würde, während alle bösen Menschen, die Gottes Weg verlassen haben, bestraft würden. Das Weinen und Trauern wurde zum Trost und zur Rettung!

Einen anderen Aspekt von Menschen, die trauern, finden wir bei Jesaja:

> Der Geist Gottes, des Herrn, ruht auf mir, denn der Herr hat mich gesalbt, um den Armen eine gute Botschaft zu verkünden. Er hat mich gesandt, um die zu heilen, die ein gebrochenes Herz haben, und zu verkündigen, dass die Gefangenen freigelassen und die Gefesselten befreit werden. Er hat mich gesandt, um ein Gnadenjahr des Herrn und einen Tag der Rache unseres Gottes auszurufen und alle Trauernden zu trösten. Er hat mich gesandt, um es den Trauernden zu ermöglichen, dass ihnen ein Kopfschmuck anstelle von Asche, Freudenöl anstelle von Trauerkleidern und Lobgesang anstelle eines betrübten Geistes gegeben werde; und dass man sie »Eichen der Gerechtigkeit« und »Pflanzung zur Verherrlichung des Herrn« nennen kann.
> *Jesaja 61,1-3*

Schmuck, Freudenöl, schöne Kleider statt Asche und Trauer – was für eine schöne Aussicht! Das Wort »Asche« ist ein Bild für die Buße, ebenso die schlechten Kleider, die implizit von den Trauernden vor der Veränderung getragen werden. Teschuwa, das hebräische Wort für Buße, bedeutet auch Antwort. Buße – das ist unsere Antwort an Gott, der uns zur Umkehr ruft. Umkehr führt zu einer Gottesbeziehung. Und dadurch werden diese trauernden Menschen getröstet!

Wir merken, die einzelnen Seligpreisungen sind fest mit dem TeNaCh verknüpft. Ein Buch würde nicht ausreichen, um alle Verknüpfungen darzustellen, aber ich bin der festen Überzeugung: Es gibt nichts in der Bergpredigt, was nicht in der Hebräischen Bibel schon in irgendeiner Form gesagt worden wäre. Jesus spitzt es lediglich zu.

In den Seligpreisungen bringt er auf den Punkt, was ihm bei seinen Nachfolgern wichtig ist. Anschließend erläutert er ihnen, welche Rolle sie in der Welt haben, und spricht über die Beziehung zwischen Glauben und Werken. Er spielt beides nicht gegeneinander aus, wie manche modernen Theologen, sondern beschreibt, welche Rolle die guten Werke spielen.

Gesetz und Gerechtigkeit

Eine zentrale Stelle in den Ausführungen von Jesus nimmt das Thema Gesetz und Gerechtigkeit ein. Wie oft wurden seine diesbezüglichen Worte missverstanden oder falsch interpretiert!

> Aber ich warne euch – nur wenn eure Gerechtigkeit die der Schriftgelehrten und Pharisäer weit übertrifft, dürft ihr ins Himmelreich hinein.
> *Matthäus 5,20*

Dabei beantwortet Jesus ganz klar in den nächsten Kapiteln, was er in Bezug auf die wichtigste Sphäre des menschlichen Lebens unter einer »besseren Gerechtigkeit« versteht.

Im biblischen Kontext ist Gerechtigkeit kein philosophischer oder mystischer Begriff oder ein unerreichbares Ideal. Es ist eine Tat! Wenn Gott in seiner Bundestreue sein Wort hält, dann ist es unser Part, die Werke der Gerechtigkeit in dieser Welt zu tun. Gerechtigkeit ist eine Frage der Beziehung mit Gott und untereinander. Wie wir Gerechtigkeit leben können, erfahren wir durch die Weisung Gottes, die wir in der Thora und im Neuen Testament finden.

Im Weiteren erklärt Jesus, wie wichtig unsere Beziehungen für Gott sind. In einer Zeit, als Opfer im Tempel eine herausragende Rolle für die Juden spielten, behauptet Jesus: Ohne die Beziehungen mit dem Nächsten zu bereinigen, ist es nicht möglich, mit einem Opfer vor Gott zu treten (Matthäus 5,23-24). Gott ist ein Gott der Beziehungen und daher ist der Wert der Beziehungen eine Kernidee der Bergpredigt. Wenn wir sie aus jüdischer Sicht betrachten, können wir viel Neues entdecken. Dabei geht es nicht um theoretisches Wissen, denn die Worte von Jesus laden uns zum Handeln ein.

Um die Bergpredigt aus jüdischer Sicht zu betrachten, benötigen wir Einblick in die jüdische Tradition. Ohne diese Kenntnis ist es unmöglich, manche Aussagen in der Bergpredigt richtig zu begreifen.

Das Besondere an der jüdischen Tradition ist, dass der Mensch als Partner und Partnerin Gottes gilt und dabei eine viel wichtigere Rolle einnimmt, als wir es aus der christlichen Tradition kennen. Diese Dimension eröffnet einen neuen Zugang zu altbekannten Texten wie diesem:

> Ihr sollt nicht meinen, dass ich gekommen bin, das Gesetz oder die Propheten aufzulösen; ich bin nicht gekommen aufzulösen, sondern zu erfüllen. Denn wahrlich, ich sage

euch: Bis Himmel und Erde vergehen, wird nicht vergehen der kleinste Buchstabe noch ein Tüpfelchen vom Gesetz, bis es alles geschieht. Wer nun eines von diesen kleinsten Geboten auflöst und lehrt die Leute so, der wird der Kleinste heißen im Himmelreich; wer es aber tut und lehrt, der wird groß heißen im Himmelreich.
Matthäus 5,17-19; LUT

In der Theologie gibt es die Idee der Antithesen (»Ich aber sage euch«), mit denen Jesus angeblich der Thora widerspricht. Das ist absolut das Gegenteil von dem, was Jesus tatsächlich meint.

»Erfüllen« und »auflösen« sind typisch jüdische Begriffe für »tun« und »verwerfen«. Man könnte auch übersetzen: »Ich bin nicht gekommen zu verwerfen, sondern zu tun.« Jesus lehrt keine Antithesen, sondern legt die Thora aus, die als Weisung Gottes, die uns zum Leben gegeben wurde, ihre Relevanz durch sein Kommen nicht verliert. Im Gegenteil, er bestätigt die Thora!

Der Glaube ist die Voraussetzung, aber unsere Werke sind wichtig! Jesus macht klar: Unsere Errettung ist nicht etwas, das wir an einem bestimmten Datum in unsere Tasche gesteckt haben, sondern ein Lebensstil.

Deshalb ist auch das Vaterunser kein reines Bittgebet, sondern verlangt die aktive Beteiligung der Betenden. Beispielsweise sollen wir nicht still auf das Kommen des Reiches Gottes warten, sondern aktiv mitwirken. Gleichzeitig ist es ein Gebet der Buße und der Zueignung. Jeder, der diese Worte recht betet, akzeptiert den Ruf von Jesus.

Errettung ist ein Lebensstil.

Jesus lehrte seine Jünger dieses Gebet in Hebräisch, in einem vollkommen anderen Umfeld als das, in dem wir leben. Können wir es trotzdem authentisch in unser Gebetsleben aufnehmen? Ich glaube schon, denn die darin enthaltenen Bitten überschreiten die Zeit und sind für die Nachfolger des Messias heute genauso relevant wie damals.

Vielleicht benötigen wir es mehr denn je, in die Verantwortung seiner zeitlosen Botschaft gerufen zu werden, damit sein Reich komme, sein Wille geschehe, wie im Himmel, so auch auf Erden.

ZEICHEN UND WUNDER

Heilung von Aussatz

Nachdem Matthäus uns in der Bergpredigt die Lehre von Jesus vorgestellt hat, berichtet er in den folgenden Kapiteln von seinen Taten:

> Als (Jesus) aber von dem Berg herabgestiegen war, folgten ihm große Volksmengen. Und siehe, ein Aussätziger kam heran und warf sich vor ihm nieder und sprach: Herr, wenn du willst, kannst du mich reinigen. Und er streckte die Hand aus, rührte ihn an und sprach: Ich will. Sei gereinigt! Und sogleich wurde sein Aussatz gereinigt. Und Jesus spricht zu ihm: Siehe, sage es niemandem, sondern geh hin, zeige dich dem Priester, und bring die Gabe dar, die Mose angeordnet hat, ihnen zum Zeugnis!
> *Matthäus 8,1-4; LUT*

Das ist das erste Wunder, das im Matthäusevangelium näher beschrieben wird. Als Jesus den Aussätzigen heilt, sagt er ihm, er solle nach dem Gesetz der Thora handeln. Welche Handlungen von einem Aussätzigen, aber auch von einem Priester gefordert werden, wird in 3. Mose 13–14 beschrieben.[102] Warum befiehlt Jesus das? Ist der Messias nicht viel mehr als der Priester, der die Heilung bestätigen soll?

Jesus ist konsequent in seinem Reden und Handeln. Er ist integer. Seine Worte und Taten stimmen überein. Und wenn er sagt: »Ich bin nicht gekommen, um die Thora aufzulösen«, dann handelt er auch entsprechend und hebelt das Gesetz des Mose nicht aus.

Viele Menschen denken, dass er dies außerdem tut, damit die Priester erkennen, dass Jesus Wunder vollbringen kann, »ihnen zum Zeugnis«. Doch scheint diese Deutung der Aufforderung zu widersprechen, niemandem etwas darüber zu sagen. Wenn Jesus seine Messianität proklamieren wollte, warum sollte dann der Geheilte darüber schweigen?

Wenn wir stattdessen das Ziel von Matthäus im Blick haben, kommen wir zu einer anderen Deutung. Matthäus ist es wichtig, dass seine Leser verstehen: Der Messias will die Thora nicht nivellieren, sondern befestigen und etablieren. Aus diesem Grund nehme ich mir die Kühnheit, zu behaupten: Das Zeugnis für die Priester hängt mit diesem Ziel zusammen. Sie sollen von dem ehemaligen Aussätzigen erfahren: »Der Mensch, der mich geheilt hat, hat gesagt: Lebe nach dem Gebot der Thora.« Wenn der Messias sich als Thoratreu erweist und die Bestätigung der Heilung einem Priester überlässt, dann ist das ein Beweis dafür, dass er die Weisungen Gottes beachtet.

Jesus ist, so wie der Prophet Elisa, kein Populist.

Gleichzeitig ist die Heilung von Aussätzigen ein Hinweis darauf, dass Jesus auch ein Prophet ist, denn im Alten Testament wird berichtet, wie der Prophet Elisa die Heilung von Aussatz als Beweis für prophetischen Dienst anführt (2. Könige 5,8). Und es gibt noch eine weitere Verbindung zwischen der Heilung von Naaman durch Elisa und der Heilung des Aussätzigen durch Jesus: Jesus ist, so wie der Prophet Elisa, kein Populist.

Warum befiehlt Jesus: »Sage es niemandem?« Ich denke, er wollte nicht, dass andere Menschen ihn nur aufgrund dessen um Heilung bitten, was sie von einem anderen Geheilten erzählt bekommen haben. Eine Geschichte aus dem 18. Jahrhundert illustriert diese Idee:

> Eine Frau fragte den Baal Schem Tow[103]:
> »Wie hat deine Mutter einen solchen Sohn verdient?«
> Der Baal Schem antwortete: »Sie schenkte einem Zaddik ihrer Zeit einen wunderschönen Mantel.«
> Die Frau sagte: »Ich gehe sofort und kaufe dir eine Menge teurer Klamotten!«
> »Das hilft nicht«, antwortete Baal Schem. »Weil meine Mutter, im Unterschied zu dir, diese Geschichte nicht kannte!«

Diese Geschichte illustriert, dass es bei allen guten Werken aufs Herz ankommt. Wichtig ist, aus welchen Motiven heraus wir etwas tun.

Heilung von Unreinheit

Unter den vielen Heilungen, die Jesus vollbringt, gibt es eine, die den jüdischen Hintergrund des Evangeliums besonders deutlich macht. Es geht um die Heilung einer Frau, die unter Blutungen leidet. Ich empfehle, diese Episode auch in der Parallelstelle bei Lukas nachzulesen, weil diese etwas ausführlicher ist (Lukas 8,43-48).

> Und siehe, eine Frau, die zwölf Jahre blutflüssig war, trat von hinten heran und rührte die Quaste seines Gewandes an; denn sie sprach bei sich selbst: Wenn ich nur sein Gewand anrühre, so werde ich geheilt werden. Jesus aber wandte sich um, und als er sie sah, sprach er: Sei guten Mutes, Tochter! Dein Glaube hat dich geheilt. Und die Frau war geheilt von jener Stunde an.
> *Matthäus 9,20-22; ELB*

Ein moderner Leser macht sich normalerweise keine Gedanken darüber, was es mit der Quaste oder dem »Saum seines Gewandes« (LUT) auf sich hat. Ein Jude weiß dagegen sofort, dass es um die Merkquasten geht, von denen die Thora spricht:

> Und der HERR sprach zu Mose: Rede zu den Söhnen Israel und sage zu ihnen, dass sie sich eine Quaste an den Zipfeln ihrer Oberkleider machen sollen für alle ihre künftigen Generationen und dass sie an die Quaste des Zipfels eine Schnur aus violettem Purpur setzen sollen. Und das soll euch zur Merkquaste werden, und ihr sollt sie ansehen und dabei an alle Gebote des HERRN denken und sie tun, und ihr sollt nicht eurem Herzen und euren Augen nachfolgen, deren Gelüsten ihr nachhurt, damit ihr an alle meine Gebote denkt und sie tut und heilig seid eurem Gott.
> *4. Mose 15,37-40; ELB*

Die Quasten symbolisieren einerseits die Gebote, das heißt die Thora, und erinnern andererseits an die Freiheit, die der Auszug aus Ägypten dem Volk gebracht hat.

Neben der offensichtlichen Genesung hat die Heilung der Frau mit den Blutungen auch eine geistliche Bedeutung. Diese Frau war nicht nur krank und durch die ständige Blutung vermutlich auch geschwächt, sie war außerdem rituell unrein – und sie berührte den heiligsten Teil des Gewands von Jesus. Kein Wunder, dass sie sich ihm von hinten näherte, sie hatte sicherlich große Angst. Und das ist der Grund, warum die Frau schweigt. Sie traut sich zunächst nicht, zu antworten.

Die Quasten symbolisieren die Gebote Gottes. Die Gebote sind das Herz der Thora und die Thora ist das Wort Gottes. Dies erinnert mich an Johannes 1,1: »Am Anfang war das Wort!« Ein paar

Verse weiter erfahren wir, dass dieses Wort der menschgewordene Messias ist (Vers 14). Jesus ist das lebendige Wort Gottes und die kranke Frau stellt sich sowohl unter die Autorität des Messias als auch unter die Autorität der Thora und wird dadurch gesund!

Die Frau mit den Blutungen ist rituell unrein! Wenn ein Unreiner einen Reinen berührt, dann wird dieser normalerweise auch unrein. Nicht so in diesem Fall. Die Reinheit von Jesus nimmt keinen Schaden und die Frau wird nicht nur gesund, sondern rituell rein! In dem Ereignis, das direkt auf diese Begebenheit folgt, berührt Jesus sogar ein totes Mädchen. Ein Leichnam ist die Quelle der Unreinheit. Und doch wird wieder alles umgekehrt: Das Mädchen wird auferweckt und Jesu bleibt rituell rein (Matthäus 9,23-25)! Das ist ein deutliches messianisches Zeichen!

Die Reinheit von Jesus nimmt keinen Schaden.

Es gibt eine weitere wichtige Facette, die die Heilung der Frau mit den Blutungen betrifft: In den obigen Versen aus 4. Mose ist die Rede von Quasten und Zipfeln. Das hebräische Wort für Quaste ist Zizit, das hebräische Wort für Zipfel ist Kanaf.

Eines der rabbinischen Auslegungsprinzipien ist Hekkesh, das ist ein Vergleich oder eine Analogie. Wörtlich heißt es: »Zwei Steine aneinanderschlagen«. Hekkesh meint: Zwei gleiche Ausdrücke, die in verschiedenen Bibelstellen benutzt werden, ergeben einen Sinn.

So gibt es eine Bibelstelle bei Maleachi, die als messianische Prophetie gilt:

> Aber euch, die ihr meinen Namen fürchtet, wird die Sonne der Gerechtigkeit aufgehen, und Heilung ist unter ihren Flügeln. Und ihr werdet hinausgehen und umherspringen wie Mastkälber.
> *Maleachi 3,20*

Diese Prophetie wurde zur Zeit von Jesus als messianisch eingestuft. Im hebräischen Original steht für Flügel das Wort Kanaf. Zipfel und Flügel werden im Hebräischen durch denselben Ausdruck wiedergegeben. Die hebräische Überlieferung sagte daher: Wenn der Messias kommt, dann werden die Zipfel an seiner Kleidung ganz besondere Heilkräfte haben.

Wenn die Frau mit den Blutungen die Zipfel und Quasten an der Kleidung von Jesus berührt, dann glaubt sie von ganzem Herzen: Jesus ist der verheißene Messias und kann mich heilen.

Gotteslästerung?

Als Jesus einen Gelähmten heilt, sagt er etwas Unerhörtes, das sofort die Kritik der Gesetzeslehrer hervorruft:

> Ein paar Leute brachten einen Gelähmten auf einer Trage zu ihm. Als er ihren Glauben sah, sagte Jesus zu dem Gelähmten: »Nur Mut, mein Sohn! Deine Sünden sind dir vergeben.«
> »Das ist Gotteslästerung!«, entrüsteten sich einige der Schriftgelehrten im Stillen.
> Jesus wusste, was sie dachten, und fragte sie: »Warum habt ihr so böse Gedanken? Ist es leichter zu sagen: ›Deine Sünden sind dir vergeben‹ oder ›Steh auf und geh‹? Ich werde euch beweisen, dass der Menschensohn hier auf der Erde die Vollmacht hat, Sünden zu vergeben.« Und er wandte sich zu dem Gelähmten und sagte: »Steh auf und nimm deine Trage und geh nach Hause, denn du bist geheilt!«
> Da sprang der Mann auf und ging nach Hause!
> In den Menschen, die Zeugen dieses Vorfalls geworden waren, stiegen Angst und Ehrfurcht auf. Sie rühmten Gott,

> dass er ihnen einen Mann mit so großer Vollmacht gesandt hatte.
> *Matthäus 9,1-8*

Man könnte viel zu dieser Gegebenheit sagen, doch ich möchte mich auf eine beschränken. Die Schriftgelehrten meinen, Jesus habe Gott gelästert. Warum eigentlich? Was bedeutet es, Gott zu lästern?

Im 1. Jahrhundert gab es im Judentum das Konzept, dass Gotteslästerung jedes Verbrechen ist, das Gottes Herrlichkeit verleumdet. Das kann man aus der Bibel begründen:

> Aber die Person, die mit erhobener Hand handelt, von den Einheimischen und von den Fremden, die lästert den HERRN; und diese Person soll ausgerottet werden aus der Mitte ihres Volkes.
> *4. Mose 15,30; ELB*

Eine »erhobene Hand« weist auf Stolz bzw. eine willentliche, trotzige Auflehnung gegen das Wort des Herrn hin.[104] Was bedeutet das für das Thema Gotteslästerung in unserer modernen Zeit?

Eine allgemein anerkannte Antwort auf die Frage, was Gotteslästerung ist, wäre vermutlich: Wenn jemand Gott (öffentlich) beschimpft, sich über ihn lustig macht oder vulgäre Witze erzählt. Auch eine Wahlwerbung, in der ein jesusähnlicher Typ mahnt: »Mach keinen Scheiß mit deinem Kreuz« würde man hier einordnen.[105] Leute, denen nichts heilig ist, die lästern Gott …

Aber die Schrift gibt eine andere Deutung: Gerade wir, die Gläubigen, können mit unserem unwürdigen Verhalten Gottes Herrlichkeit und seine Autorität durch unsere Kompromisse diskreditieren.

Und darum ging es den Schriftgelehrten, die bei der Heilung des Gelähmten dabei waren. Als sie hörten, wie Jesus sagte, dass seine Sünden vergeben seien, dachten sie: »Wie kann man in Bezug auf heilige Dinge so unbedacht herausplatzen, wenn man nicht in der Lage ist, seinen Worten Taten folgen zu lassen?« Und vielleicht dachten sie: »Ja, dieser Mann ist schlau. Er weiß, dass seine falsche Aussage nicht aufgedeckt werden kann. Es gibt nämlich kein Gerät, mit dem man prüfen könnte, ob die Sünden vergeben sind oder nicht! Nur Gott« – und das ist der Sinn ihrer Überlegungen – »kann das wissen und deswegen kann nur Gott Sünden vergeben!«

Jesus antwortet auf ihre Gedanken – typisch jüdisch – mit einer Frage: »Was ist leichter?« Auch die Frage selbst ist interessant, denn es gibt in der jüdischen Auslegung ein sehr wichtiges Prinzip: »Kal we Homer« – »Vom Leichteren zum Schwereren« (Wörtlich: »Leicht und schwer«). Überall in der Bibel, wenn die Worte »wie viel mehr« stehen, finden wir das Prinzip »Kal we Homer«. Oft wird es mit »erst recht« übersetzt oder »umso mehr«.

> Wenn schon die Gerechten hier auf Erden ihren Lohn erhalten, wie viel mehr werden dann die Bösen und Sünder bekommen, was sie verdienen!
> *Sprüche 11,31*

Im folgenden Vers wird das gleiche Prinzip demonstriert, ohne die wortwörtliche Formel zu gebrauchen:

> Der Herr antwortete mir: »Wenn du schon müde wirst, wenn du mit Fußgängern um die Wette läufst, wie willst du dann mit Pferden mithalten?«
> *Jeremia 12,5*

Auch im Neuen Testament finden wir »Kal we Homer« oft:

> Er antwortete: »Wenn ihr nur ein einziges Schaf hättet und es fiele am Sabbat in einen Brunnen, würdet ihr nicht alles daransetzen, es herauszuziehen? Ganz bestimmt. Wie viel mehr ist ein Mensch wert als ein Schaf! Daher ist es erlaubt, am Sabbat Gutes zu tun!«
> *Matthäus 12,11–12*

Der große jüdische Gelehrte Hillel[106] hat dieses Prinzip zu einer der wichtigsten hermeneutischen Regeln für die Auslegung der Bibel gemacht. Weil die Schreiber des Neuen Testaments dieses Prinzip gut kannten, verwendeten sie es oft. Das zeigt uns wieder, wie wichtig es für Christen ist, die jüdischen Auslegungsmethoden zu lernen, um ihre Bibel besser zu verstehen.

Als gebildeter Jude kannte Jesus die Auslegungsprinzipien und benutzte sie. Damit, dass er den Schriftgelehrten diese Frage stellt, zeigt er, dass er mit ihnen auf Augenhöhe und in ihrer Sprache reden will. Im nächsten Schritt gibt Jesus diesen Menschen eine Bestätigung dafür, dass er die Autorität hat, Sünden zu vergeben: Er heilt den Gelähmten und dadurch wird sichtbar, was unsichtbar bereits geschehen ist.

Als gebildeter Jude kannte Jesus die Auslegungsprinzipien und benutzte sie.

Ebenfalls bemerkenswert im Zusammenhang mit der Sündenvergebung ist, dass Jesus seinen Hoheitstitel verwendet. Der Titel »Menschensohn« weist unmissverständlich auf die Erfüllung der Prophetie in Daniel 7 hin. Auf den Begriff Menschensohn bin ich in meiner Erklärung zur Bergpredigt ausführlich eingegangen.[107] Hier möchte ich lediglich die treffende

Bemerkung von Ulrich Parzany bei einem Vortrag auf der Israelkonferenz zu diesem Begriff anführen:

> Der Menschensohn, das ist nach Daniel 7 der Richter dieser Welt. Das wissen viele Christen in Deutschland nicht. Das Elend der Christenheit in diesem Land ist, dass sie das Alte Testament nicht kennen. Achtzigmal in den Evangelien nennt Jesus sich selber den Menschensohn. Und die meisten Christen verstehen das als Menschenkind, eine altertümliche Ausdrucksweise für Mensch. Eine Niedrigkeitsaussage im Gegensatz zu dem Begriff »Gottes Sohn«, der die Hoheit Jesu beschreibt. Dabei ist Menschensohn der höchste Würdetitel, der für Jesus überhaupt in der Bibel gebraucht wird. In Daniel 7,13 in der Vision vom Weltgericht lesen wir: »Ich sah einen kommen wie eines Menschen Sohn mit den Wolken des Himmels.« Dem gibt Gott die ewige Weltherrschaft und damit das Weltgericht. Jeder Jude verstand das natürlich und wenn man die Evangelien liest, dann spürt man, dass es immer Aufruhr gibt, wenn Jesus sich so nennt. Sie sagen, das ist Gotteslästerung. Deshalb wird Jesus am Schluss von dem Hohenpriester zum Tode verurteilt. Er sagt: »Ihr werdet den Menschensohn sitzen sehen zur Rechten der Kraft Gottes.« Messias zu sein, ist schon schlimm genug, aber dass er sogar beansprucht, der Menschensohn zu sein, der die Vollmacht hat, Sünden zu vergeben, obwohl nur Gott Sünden vergeben kann, das regt auf.[108]

Macht über böse Geister

Durch seine Lehre und durch sein Wirken offenbart sich Jesus mehr und mehr als der Messias Israels. Das bringt nicht nur Segen, sondern auch Konfrontation und Auseinandersetzung. Das wird besonders deutlich, als Jesus einen stummen Dämon austreibt:

> Jesus trieb den Dämon aus, und sofort konnte der Mann wieder sprechen. Die Menschen waren voller Bewunderung für Jesus. »So etwas ist in Israel noch niemals geschehen!«, riefen sie. Die Pharisäer aber meinten: »Er kann nur deshalb Dämonen austreiben, weil er seine Macht vom Obersten der Dämonen bekommen hat.«
> *Matthäus 9,33-34*

Der messianische Gelehrte Dr. Arnold Fruchtenbaum qualifiziert diesen Akt als messianisches Wunder, denn keiner der Propheten im Alten Testament hat dieses Wunder vollbracht. Auch die Pharisäer konnten das Wunder nicht verneinen. Allerdings dachten sie, Jesus benutze dafür magische dunkle Kräfte.

Einige Kapitel später wird ein ähnlicher Vorfall beschrieben:

> Ein Besessener, der blind und stumm war, wurde zu Jesus gebracht. Jesus heilte ihn, sodass er wieder sehen und sprechen konnte. Die Menschen waren sehr verwundert. »Könnte es sein, dass dieser Jesus der Sohn Davids ist?«, fragten sie sich. Als das jedoch den Pharisäern zu Ohren kam, sagten sie: »Kein Wunder, dass er böse Geister austreiben kann. Er hat seine Macht vom Satan, dem Herrscher über die Dämonen.«
> *Matthäus 12,22-24*

Das Austreiben eines Dämons war in jenen Tagen eigentlich nichts Ungewöhnliches, sondern eine weitverbreitete Praxis. Auch Pharisäer und Rabbiner trieben Dämonen aus. Der entscheidende Unterschied bestand darin, dass Jesus auch einen stummen Dämon austreiben konnte.

Die Pharisäer hatten damals ein bestimmtes Ritual, um einen Dämon auszutreiben. Dieses bestand aus drei Stufen. Zunächst musste der Exorzist versuchen, mit dem Dämon Verbindung aufzunehmen. Gelang es ihm, diesen durch die Stimmbänder des Besessenen zum Sprechen zu bringen, fragte der Exorzist den Dämon nach seinem Namen. Sobald er diesen wusste, befahl er ihm, sein Opfer zu verlassen. Nach Markus 5,9-13 ging auch Jesus zumindest hin und wieder nach dieser Methode vor.

War ein Mensch von einem stummen Dämon besessen, kamen die damaligen Exorzisten an ihre Grenzen. Gegenüber einem Dämon, der seinen Namen nicht sagen konnte oder wollte, waren sie machtlos. Sie waren aber davon überzeugt, dass der Messias auch in der Lage sein würde, die sprachlosen Geister auszutreiben. Das Austreiben eines stummen Dämons galt deshalb als das Wunder, das nur der Messias tun konnte.

Es ist offensichtlich, dass auch das Volk diese Lehre kannte. Nach einem »normalen« Wunder fragten die Leute gewöhnlich: »Woher hat der Mensch diese Vollmacht?« In diesem Fall aber fragten sie: »Könnte es sein, dass dieser Jesus der Sohn Davids ist?« Im Klartext: »Ist das vielleicht der Messias? Er tut ja genau das, was nach der Lehre der Pharisäer und Schriftgelehrten nur der Messias tun kann.«

Den Zuschauern ist also die Bedeutung des Geschehens durchaus bewusst. Offenbar sind die meisten von ihnen aber nicht bereit, die Konsequenzen aus ihrer Einsicht zu ziehen. Sie warten stattdessen darauf, welche Entscheidung ihre geistlichen Führer treffen werden. Für diese gibt es jetzt nur noch zwei Möglichkeiten: Sie müssen Jesus entweder offiziell als Messias anerkennen oder seinen messianischen Anspruch offiziell zurückweisen. Im Falle einer Ablehnung müssen sie jedoch dem Volk eine plausible Erklärung dafür liefern, warum Jesus, trotz des messianischen Wunders, das er vollbracht hat, nicht der Messias sein kann. Und so behaupten sie, Jesus stehe mit dem obersten aller Dämonen im Bunde. Nur deshalb könne er solche Wunder tun.

Jesus weist die Anschuldigung seiner Gegner mit einer vierfachen Begründung zurück:

> Ein Königreich, das gegen sich selbst kämpft, ist dem Untergang geweiht. Eine Stadt oder eine Hausgemeinschaft, in der man sich streitet, ist verloren. Wenn der Satan den Satan austreiben würde, würde er gegen sich selbst kämpfen. Sein Reich könnte nicht bestehen. Wenn ich meine Macht vom Herrscher über alle Dämonen habe, was ist dann mit euren eigenen Leuten? Sie treiben doch auch böse Geister aus. Sie werden euch nach euren eigenen Worten richten. Wenn ich aber die Dämonen mit dem Geist Gottes austreibe, dann ist das Reich Gottes zu euch gekommen. Niemand kann in das Haus eines starken Mannes eindringen und ihn ausrauben, ohne ihn zuvor zu fesseln. Erst dann kann man sein Haus ausplündern!
> *Matthäus 12,25-29*

Er sagt also:

- Ihr glaubt doch nicht im Ernst, dass Satan sein eigenes Reich durch einen Bürgerkrieg zerstört.

- Wenn ich die Dämonen durch den Obersten der Teufel austreibe, wodurch treibt ihr sie dann aus?
- Wenn ich die bösen Geister aber durch den Geist Gottes austreibe, dann ist durch mich Gottes Reich angebrochen.
- Dieses Wunder beweist, dass ich stärker bin als der Teufel und ihm in keinerlei Weise untertan.

Durch dieses messianische Wunder dürfen die Menschen die eigentliche Botschaft von Jesus nicht nur hören, sondern hautnah erfahren: Das Himmelreich ist nahe herbeigekommen!

Die Herrlichkeit Gottes kehrt zurück

Ein besonderes Ereignis in diesem Zusammenhang ist die sogenannte Tempelreinigung. Der Prophet Maleachi schrieb ca. 500 v. Chr.:

> Siehe! Ich sende meinen Boten, damit er mir den Weg ebnet. Dann wird der Herr, den ihr sucht, unverhofft in seinen Tempel kommen.
> *Maleachi 3,1*

Diese Prophetie wurde durch Jesus erfüllt. Bei der Tempelreinigung steht in der christlichen Auslegung meist die Heiligkeit des Tempels im Vordergrund. Dabei geschieht hier etwas viel Tieferes im geistlichen Bereich. Der Prophet Hesekiel berichtet uns, dass die Herrlichkeit Gottes, die Schechina, den Ersten Tempel verlassen hat (Hesekiel 11). Doch die Bibel erwähnt nichts davon, dass die Herrlichkeit Gottes im Zweiten Tempel (erbaut ca. 515 v. Chr.)

anwesend war. Aber dann sagt Gott durch den Prophet Haggai, etwa 400 v. Chr.: »Ich werde dieses Haus mit Herrlichkeit erfüllen« (Haggai 2,7). In Jesus ist die Herrlichkeit Gottes (Schechina) in den Tempel zurückgekehrt.

Am Ende des ersten Teils habe ich die Frage gestellt: Kennen wir Jesus gut genug als Jude? Die Frage hat uns bis hierher begleitet. Wir haben festgestellt, dass es nach der Überlieferung eine der Aufgaben des Messias war, dem Volk den Willen Gottes zu erklären. Im jüdischen Kontext bedeutet das: die Thora so auszulegen, wie der Schöpfer sie von Anfang an gedacht hat. Wir können zusammen mit Matthäus nur darüber staunen, wie das Licht Gottes durch den Messias aus Galiläa scheint und die Dunkelheit durchdringt.

Doch Jesus ist nicht nur selbst das Licht, er sagt auch: »Ihr seid das Licht der Welt« (Matthäus 5,14). Als Nachfolger von Jesus sollen wir ebenfalls Licht in die Dunkelheit bringen. Deshalb befasst sich der vierte und letzte Teil des Buchs mit diesem Thema, das für den früheren Zöllner Matthäus zum Schwerpunkt seines Lebens wurde: Nachfolge.

Teil 4

UNSER AUFTRAG

JESUS NACHFOLGEN

Nachdem Jesus in der Bergpredigt als Lehrer und Messias des Wortes vorgestellt wurde, zeigt ihn Matthäus, wie wir bereits gesehen haben, in den nächsten beiden Kapiteln als Heiler und Messias der Taten.

> An diesem Abend wurden viele Menschen zu Jesus gebracht, die von Dämonen besessen waren. Auf sein Wort hin verschwanden alle Geister, und er heilte auch alle Kranken. Damit erfüllte sich das Wort Gottes, das der Prophet Jesaja gesprochen hatte: »Er nahm unsere Leiden auf sich und trug unsere Krankheiten.«
> *Matthäus 8,16-17*

In diesem Text steckt ein Zitat aus Jesaja 53. Viele Christen denken, dass Jesaja 53 ausschließlich über den Tod von Jesus spricht, jedoch sehen wir, dass Matthäus hier die Worte Jesajas für die physische Heilung von Menschen gebraucht.

Matthäus malt uns bzw. den Hörern und Lesern seines Buchs den Messias als Heiler vor Augen. Doch vor allem geht es auch immer wieder darum, wie Jüngerschaft gelebt werden kann und was sie beinhaltet.

Die Kosten der Jüngerschaft

In der Einführung habe ich erläutert, welche Ziele Matthäus mit seinem Evangelium erreichen will. Zum einen will er Israel und vor allem seiner Gemeinde Jesus als jüdischen Messias zeigen.

Jesus als den verheißenen Sohn Davids! Dadurch löst er auch das Dilemma: Wie kann ein Jude an Jesus glauben und sein Volk nicht verraten? Wie kann er gleichzeitig Mose treu bleiben und Jesus nachfolgen? Und dann geht es weiter: Als jüdische Nachfolger sind wir berufen, die Frohe Botschaft allen Völkern zu verkünden. Doch dafür reicht es nicht, einmal eine Entscheidung für Jesus zu treffen, Nachfolge ist viel mehr und beinhaltet das wichtige Ziel, um das es in diesem Kapitel geht: Jüngerschaft.

Radikale Nachfolge ist keine Kaffeefahrt.

Und Matthäus will seine Leser darauf vorbereiten, dass es schwierig werden kann. Denn radikale Nachfolge ist keine Kaffeefahrt. In der Lutherübersetzung sind die folgenden Verse daher auch mit der Überschrift »Vom Ernst der Nachfolge« überschrieben:

> Da sagte einer der Schriftgelehrten zu ihm: »Meister, ich will dir nachfolgen, wohin du auch gehst!«
> *Matthäus 8,19*

Ich muss zugeben, wenn ich von einem Theologieprofessor so angesprochen werden würde, wäre ich sehr beeindruckt. Die Schriftgelehrten, manche von ihnen waren Pharisäer, waren Menschen, die sich durch und durch in der Schrift auskannten. Jesus dagegen zeigt sich überhaupt nicht beeindruckt:

> Doch Jesus entgegnete ihm: »Füchse haben ihren Bau, und Vögel haben ihre Nester, aber der Menschensohn hat keinen Ort, wo er sich hinlegen kann.«
> *Matthäus 8,20*

Diese Antwort wurzelt in einem Midrasch zu Daniel 7,13-14:

> »Mit den Wolken des Himmels kommt der Menschensohn« – er hat keinen Platz, wo er bleiben kann, und er geht mit den Wolken. Und die Engel führen ihn in sein Erbe ein und der Höchste bringt ihn zu sich.[109]

Das Paradoxe daran ist, dass Menschensohn ein Hoheitstitel des Messias ist. Er, dem die ganze Macht in diesem Universum gegeben ist, er hat keinen Platz, wo er bleiben kann. Und deswegen geht er mit den Wolken, so der Midrasch.

Der Nächste, der Jesus auf das Thema Nachfolge anspricht, ist laut dem Text schon ein Jünger von ihm. Er hat aber einen Einwand:

> Ein anderer aber von seinen Jüngern sprach zu ihm: Herr, erlaube mir, vorher hinzugehen und meinen Vater zu begraben. Jesus aber spricht zu ihm: Folge mir nach, und lass die Toten ihre Toten begraben!
> *Matthäus 8,21-22; ELB*

Es gab unterschiedliche Arten, den eigenen Lehrer anzusprechen, eine war »mein Herr« (Adoni). Der Schriftgelehrte nennt Jesus »Rabbi« (Meister), doch dieser »von seinen Jüngern« nennt ihn »Herr«. Diese Anrede macht deutlich: Der eine war ein Außenstehender, doch hier kommt ein Jünger.

Der Jünger hat eine sehr fromme Absicht. Eine der größten Mizwot (hebr. Gebote) war, einen Toten zu begraben. Dieses Gebot musste man erfüllen, sogar wenn man andere Gebote dabei übertrat, denn es ging um die Würde eines Menschen. Den eigenen Eltern eine würdige Beerdigung zu bereiten, war eine religiöse Pflicht. Die Rabbis begründeten das mit der Bibelstelle:

> Mose, der Diener des Herrn, starb dort in Moab, wie der Herr es angekündigt hatte. Der Herr begrub ihn in einem Tal bei Bet-Peor in Moab. Der genaue Ort seiner Grabstätte ist jedoch bis heute nicht bekannt.
> *5. Mose 34,5-6*

Wenn Gott selbst sich um seine verstorbenen Heiligen kümmert, wie viel mehr sollten wir uns dann um unsere verstorbenen Mitmenschen kümmern! So lehrt die jüdische Tradition:

> Einer, dessen verstorbener (Verwandter) vor ihm liegt, ist von der Aufführung der Shema und von den Tefillah und Tefillin befreit.[110]

Das Gebet Schma und das Anlegen von Gebetsriemen waren die wichtigsten religiösen Pflichten. Und diese Mischna sagt: Wenn dein verstorbener Verwandter vor dir liegt, vergiss Schma, vergiss Tefillin, erfülle deine Pflicht gegenüber den Menschen.

Will Jesus absichtlich provozieren, indem er die Tradition verwirft? Und was bedeutet: »Lass die Toten ihre Toten begraben!«?

Die jüdische Tradition sagt: Die Gerechten, auch wenn sie tot sind, werden Lebende genannt, aber die Bösen auch, wenn sie noch leben, werden Tote genannt.

Anscheinend bat Jesus diesen Jünger, sein Heim zu verlassen (so wie Petrus und Johannes es gemacht hatten) und in eine vollzeitige Jüngerschaft einzutreten. Höchstwahrscheinlich war die Situation nicht die, dass der Vater des Schülers bereits gestorben war, sonst wäre er in diesem Augenblick beim Begräbnis gewesen. Verstorbene werden im Orient am selben oder höchstens am nächsten Tag begraben, das sehen wir bei Lazarus und auch bei

Jesus. Nein, dem Jünger geht es um die Notwendigkeit, im Alter auf den Vater aufzupassen. Er bittet Jesus um die Erlaubnis, bei seinem älteren Vater zu bleiben und sich bis zu seinem Tod um ihn zu kümmern, um ihm ein würdiges Alter zu ermöglichen.

Jesus ist nicht gegen Traditionen und er ruft auch nicht dazu auf, die Eltern zu vernachlässigen. An einer anderen Stelle tadelt er die Pharisäer, die ihre Eltern nicht versorgen wollen (Matthäus 15,5-6). Hier geht es um etwas anderes: Nur Einzelne werden berufen, Jesus auf seinem Weg zu begleiten. Und diese Jüngerschaft hat einen ganz besonderen Charakter. Sie ist einmalig! Die Chance, ein Jünger von Jesus zu werden und von ihm persönlich zu lernen, wurde nur wenigen Menschen zuteil. Hier sieht Jesus die Nachfolge als etwas Größeres an als die Tradition.

Die Nachfolge, die Jüngerschaft, hat ihren Preis. Dies zeigt auch die folgende Geschichte aus dem Talmud:

> Einer der größten Gelehrten des jüdischen Volkes war Hillel. Als armer Mann kam er aus Babylon nach Israel, um bei Schemaja und Awtalion, zwei führenden Gelehrten der damaligen Zeit, Thora zu lernen (Joma 35b).
>
> Hillel musste hart arbeiten, um seine Familie versorgen zu können. Er sammelte Holz und verkaufte es auf dem Markt. Doch er bekam für seine Arbeit nur eine kleine Münze, einen Tarpak, pro Tag. Die Hälfte gab er seiner Frau, damit sie für die Familie Essen kaufen konnte. Die andere Hälfte musste er für den Eintritt ins Lehrhaus zahlen, wo er Thora lernte. Aber das war es ihm wert, so stark war seine Liebe zur Thora.
>
> Eines Tages jedoch war das Wetter so schlecht, dass kein Käufer auf dem Markt erschien und Hillel kein Geld verdiente. Der Torhüter ließ ihn nicht ins Lehrhaus hinein.

Hillel konnte aber keinen Tag verstreichen lassen, ohne Thora zu lernen. Und so beschloss er, aufs Dach des Lehrhauses zu steigen, um von dort aus durch das Fenster den Worten seiner Lehrer zu lauschen.
Diese Begebenheit trug sich im tiefen Winter zu. Doch Hillel fühlte keine Kälte, weil ihn die Worte der Thora ständig wärmten. Er war derart ins Thoralernen versunken, dass er nicht bemerkte, wie es zu schneien anfing. Der Schnee fiel immer stärker, und plötzlich war Hillel völlig eingeschneit und konnte sich nicht mehr befreien.
Es wurde spät, und alle, die im Lehrhaus gelernt hatten, waren nach Hause gegangen zu ihren Familien. Die Einzigen, die im Lehrhaus blieben, waren die beiden großen Rabbiner Schemaja und Awtalion. Sie waren derart in eine Diskussion über die Thora vertieft, dass sie ihr Gespräch auf keinen Fall unterbrechen konnten. Und so blieben sie die ganze Nacht im Lehrhaus bis zum Sonnenaufgang.
Als es allmählich heller wurde, erhob Schemaja seine Augen von den Büchern und fragte, warum es an diesem Tag im Lehrhaus dunkler war als sonst um diese Uhrzeit. Als sie hoch zum Fenster schauten, bemerkten sie den fast erfrorenen Hillel.
Schnell rannten sie nach oben, um Hillel zu befreien. Zum Glück konnte er noch rechtzeitig gerettet werden. Nachdem er wieder zu sich gekommen war, sagten die Rabbiner, dass Hillel für seine Liebe zur Thora, seine Geduld und seinen Eifer belohnt werden müsse. Und so bekam er die Erlaubnis, jeden Tag kostenlos das Lehrhaus zu betreten. Das war das größte Geschenk, das sie Hillel machen konnten. Jetzt konnte er endlich jeden Tag in Ruhe Thora lernen und seinen Arbeitslohn für die Familie sparen.

> Nach einiger Zeit sagte man ihm nach, er sei der beste Schüler von Schemaja und Awtalion, und wenig später galt er als einer der angesehensten Rabbiner der damaligen Zeit. Er wurde von allen geehrt, und seine Meinung ist fast immer die bedeutendste Meinung im Talmud. Wegen seiner Gelehrsamkeit verlieh man ihm schließlich den Titel »Nassi«, Fürst.[111]

Als ich diese Geschichte las, fragte ich mich, wie viel ich bereit wäre, für ein Studium der Schrift zu investieren. Außer offiziellen Universitäten, Seminaren und Bibelschulen gibt es heute ein umfassendes kostenloses Angebot in den digitalen Medien. Man kann sich nicht nur gut informieren, sondern wirklich in das Wort Gottes eintauchen. Alles, was man investieren muss, ist Zeit.

Und Hillel wäre vielleicht kein so großer Lehrer geworden, wenn er nicht den hohen Preis der Nachfolge aus eigener Erfahrung gelernt hätte.

Wie wir wissen, handelt es sich bei den Evangelien nicht um chronologische Biografien. Die einzelnen Begebenheiten wurden von den Autoren entsprechend der Ausrichtung ihres Evangeliums in einer bestimmten Reihenfolge erzählt. Auf die beiden Geschichten zum Preis der Jüngerschaft folgt bei Matthäus die Erzählung, wie Jesus einen Sturm stillt. Bei Lukas steht diese Geschichte an einem ganz anderen Platz. Warum fügt Matthäus die Geschichte mit dem Sturm und dem Boot gerade an dieser Stelle ein, nach dem Gespräch darüber, was Jüngerschaft kostet?

Die Kirchenväter sahen in dieser Schar der Jünger im Boot die erste Versammlung der christlichen Gemeinde. Und Matthäus gibt seinen Lesern einen Hinweis: Wenn sie sich entscheiden, Jesus radikal nachzufolgen, wird sehr bald der Sturm kommen.

Wenn Menschen eingeladen werden, an Jesus zu glauben, dann erzählt man ihnen oft, dass Jesus alle ihre Probleme lösen wird. Das Leben eines Nachfolgers wird als ein sorgloses Paradies vorgestellt. Innere Ruhe, problemloses Dasein und Wohlstand werden ohne Weiteres garantiert! Im Gegensatz dazu sagt Jesus bei Matthäus: »Wer von euch mir nachfolgen will, muss sich selbst verleugnen und sein Kreuz auf sich nehmen und mir nachfolgen« (Matthäus 16,24). Welch ein krasser Unterschied zum Wohlstandsevangelium!

> Unser Lebensschiff wird wackeln, aber es wird nicht untergehen!

Jüngerschaft beinhaltet viele »Stürme«. In der »Sturmgeschichte« gibt es jedoch einen wichtigen Punkt: Jesus ist mitten unter seinen Jüngern. Für uns als heutige Nachfolger bedeutet das: Einerseits sollen wir darauf vorbereitet sein, dass Stürme kommen werden, andererseits dürfen wir wissen, dass Jesus in diesen Stürmen bei uns ist. Unser Lebensschiff wird wackeln, aber es wird nicht untergehen!

Das erlebt auch Matthäus selbst, von dessen Berufung wir im neunten Kapitel erfahren.

Jeder ist berufen

Der Zöllner erscheint noch ungeeigneter als zukünftiger Apostel als die anderen Jünger. Aber Jesus kommt es auf das Herz an:

> Als Jesus die Straße entlangging, sah er Matthäus in seiner Zollstation sitzen. »Komm mit und folge mir nach«, sagte er zu ihm. Und Matthäus stand auf und folgte ihm nach.
> Am selben Abend lud Matthäus Jesus und seine Jünger zum Abendessen ein. Einige andere Steuereintreiber und viele stadtbekannte Sünder waren ebenfalls eingeladen. Die

Pharisäer waren empört. »Wie kommt euer Meister dazu, mit solchem Abschaum zu essen?«, fragten sie seine Jünger. Als Jesus es hörte, antwortete er: »Die Gesunden brauchen keinen Arzt – wohl aber die Kranken.« Und er fügte hinzu: »Nun geht und denkt einmal darüber nach, was mit dem Wort in der Schrift gemeint ist: ›Ich will, dass ihr barmherzig seid; eure Opfer will ich nicht.‹ Denn ich bin für die Sünder gekommen und nicht für die, die meinen, sie seien schon gut genug.«
Matthäus 9,9-13

Warum sind diese Leute empört? Warum hätten sie selbst nicht mit Zöllnern und Sündern gegessen?

Viele Bibelausleger schreiben, dass die Pharisäer darauf bedacht waren, sich so weit wie möglich von den Sündern fernzuhalten. Dieses Denken muss ein wenig korrigiert werden. Es stimmt, es ging den Pharisäern um Absonderung, aber nicht von den Sündern, sondern von den Sünden. Sie verachteten nicht die sündigen Menschen, sondern versuchten, die Heiligkeit des Lebens auf den Alltag auszuweiten.

Was war in den Augen der Pharisäer Unheiliges bei einem Besuch bei Zöllnern? Sein sündhaftes Leben war doch nicht ansteckend wie eine Viruskrankheit! Sie hätten dort auch kein Schweineschnitzel zum Mittagessen bekommen, die Zöllner waren ja ebenfalls Juden und aßen keine verbotenen Speisen.

Ein Hindernis für die Pharisäer wäre gewesen, dass das Essen vermutlich nicht verzehntet wäre. Die Pharisäer gaben sorgfältig ein Maaser (das Zehnte) von Weizen, Roggen, jeder Art von Gewürzen usw. Ein Zöllner war in dieser Hinsicht aufgrund seines Berufes und seiner Lebenseinstellung viel liberaler. Das hätte die Gemeinschaft zwischen diesen beiden Gruppen ziemlich beeinträchtigt.

Ein Pharisäer würde also sagen: »Zuerst musst du ein Koscher-Zertifikat beim örtlichen Rabbinat erwerben, ein Opfer im Tempel bringen und eine Mikwa, ein rituelles Bad, nehmen. Erst dann können wir über Gemeinschaft reden.«

Doch obwohl Jesus in vielen Punkten der pharisäischen Lehre zustimmt, hat er in diesem Fall eine andere Vorstellung von der Gemeinschaft mit Gott und zwischen den Menschen. Er argumentiert mit einem Zitat aus der Schrift (Hosea 6,6). Der Gott Israels selbst hat den Messias gesandt. Er besucht die Sünder und übt Barmherzigkeit, wie durch den Propheten vorausgesagt wurde. Nicht verzehntetes Essen würde die Beziehung aus Gottes Sicht nicht beeinträchtigen. Aber den Pharisäern bleibt das im Moment verborgen.

Jesus ist gekommen, um Sünder in die Nachfolge zu rufen, das wird bei Matthäus mit seinem damals im Judentum verpönten Beruf besonders deutlich. Das ist die gute Botschaft: Nachfolge kostet etwas, aber sie führt uns in eine Beziehung mit dem lebendigen Gott und das ist mehr wert als alles, was uns genommen werden könnte.

Es geht nicht um fromme Übungen

Die Pharisäer haben ein Problem damit, dass Jesus mit den Sündern isst, denn sie haben sich ein anderes Bild vom Messias gemalt. Aber auch Menschen, die sich der neuen Bewegung angeschlossen haben, wundern sich über Jesus:

> Eines Tages kamen die Jünger von Johannes dem Täufer zu Jesus und fragten ihn: »Warum fasten wir und die Pharisäer, aber deine Jünger fasten nicht?«
> *Matthäus 9,14*

Für fromme Juden war es üblich, zu fasten. Das Fasten verfolgte zwei Ziele. Jeder konnte für sich selbst oder für die gesamte Kahal Israel (Gemeinschaft Israels) fasten. In der Regel wurde an zwei Tagen gefastet: Montag und Donnerstag.[112] Es wird angenommen, dass dies an die Zeit erinnern sollte, als Israel in der Wüste war und kein Wasser fand. Die Thora wird mit Wasser verglichen und Montag und Donnerstag sind die Tage, an denen traditionell das Lesen der Thora stattfand. Daher war das Fasten an diese beiden Tage gebunden.

Der zweite Zweck des Fastens war es, den Heiligen Geist zu erlangen, um göttliche Offenbarungen zu erhalten. Das Fasten war eine äußerst verbreitete Sitte, die von der überwiegenden Mehrheit derjenigen, die die Thora studierten, praktiziert wurde.

Johannes und seine Jünger waren mental mit dem Leben in der Wüste verbunden. Sie lebten ziemlich asketisch. Das Fasten war ein integraler Teil ihres Glaubenslebens (vgl. Matthäus 11,18).

Jesus erwidert auf diese Anfrage:

> Sollen etwa die Hochzeitsgäste trauern, solange sie mit dem Bräutigam feiern? Eines Tages wird er ihnen weggenommen werden, und dann werden sie fasten.
> *Matthäus 9,15*

Mit dem Ausdruck Hochzeitsgäste waren die hebräischen »Bnei Huppa« (Söhne des Hochzeitsgemachs, vgl. ELB) gemeint. Das Gesetz befreite sie von traditionellen Gebeten und der Anlegung von Tefillin (Gebetsriemen), da die Erfüllung dieser Gebote die Konzentration des Geistes erforderte. Die Hochzeitsgäste, die auf Feiern und Freude eingestimmt waren, konnten sich nicht auf das Gebet konzentrieren und auf die Erfüllung des Tefillin-Gebotes. Noch weniger

Trauer hat im Moment keinen Platz.

konnten sie natürlich fasten, da sie mit Freude beschäftigt waren und sich über den Bräutigam freuten. In diesem Zustand blieben sie bis sieben Tage nach der Trauung, so lange, wie das Hochzeitsfest dauerte.

Jesus meint damit: Das messianische Fest beginnt mit meinem ersten Kommen. Es ist die Zeit, sich zu freuen. Trauer hat im Moment keinen Platz. Er knüpft damit an die Prophetie über das große Freudenmahl an. So lesen wir bei Jesaja:

> In Jerusalem wird der Herr, der Allmächtige, ein großes Fest für alle Völker ausrichten. Es wird köstliches Essen geben, fette Speisen und leckeren Wein, Markspeisen und erlesene Weine. Er wird dann auf diesem Berg die Binde, die das Gesicht aller Völker verhüllte, abnehmen und die Decke, die über den Völkern ausgebreitet war, wegziehen. Den Tod wird er für immer beseitigen. Gott, der Herr, wird die Tränen von allen Gesichtern abwischen und die Schande, die seinem Volk angetan wurde, überall auf der Erde wegnehmen. Dies hat der Herr ja versprochen!
> *Jesaja 25,6-8*

Selbstverständlich wird diese Prophetie erst vollständig erfüllt werden, wenn Jesus wiederkommt. Aber der Vorgeschmack darauf darf schon jetzt nicht fehlen. Eine solche Erwartung, die ihren Ausdruck bereits heute im Alltag und in den Festzeiten findet, ist typisch für das jüdische Leben. Beispielsweise wird uns im Hebräerbrief eine ewige Ruhe verheißen (Hebräer 4,4-7). Der wöchentliche Schabbat ist ein Vorgeschmack auf die ewige Ruhe.

Ich weiß nicht, ob Sie schon einmal einen Schabbat in Israel erlebt haben. Es wird viel getanzt und gesungen. Das erinnert an eine Hochzeit. Die Hochzeit des Lammes:

Lasst uns fröhlich sein und jubeln und ihn ehren. Denn die Zeit für das Hochzeitsmahl des Lammes ist gekommen, und seine Braut hat sich vorbereitet.
Offenbarung 19,7

Deine Söhne werden dich heiraten, so wie ein junger Mann seine Braut heiratet. Dann wird dein Gott sich an dir freuen wie ein Bräutigam an seiner Braut.
Jesaja 62,5

In dem bekannten Schabbatlied Lecha Dodi von Schlomo Alkabez heißt es:[113]

Auf, mein Freund, der Braut entgegen,
Das Angesicht des Schabbat wollen wir empfangen!
Auf, mein Freund, der Braut entgegen,
Die Königin Schabbat wollen wir empfangen!

Wenn Jesus von einer Hochzeit spricht, will er damit den asketischen Jüngern von Johannes sagen: Ihr versteht nicht, was jetzt vor euren Augen abläuft. Gott greift in die Menschheitsgeschichte ein, und zwar sehr intensiv. Jetzt ist die Zeit zu feiern! Aber, so sagt Jesus, es kommt noch die Zeit, in der man fasten wird: Wenn der Bräutigam für eine längere Zeit weg ist. Damit deutet Jesus an, dass Jüngerschaft kein paradiesischer Zustand ist.

Jesus bringt noch ein weiteres Beispiel für seine Argumentation:

Wer würde ein altes Kleidungsstück mit neuem Stoff flicken? Der Flicken läuft ein und reißt ein noch größeres Loch in den alten Stoff. Genauso wenig würde jemand neuen Wein

in alte Schläuche füllen. Die alten Schläuche würden unter dem Druck platzen, der Wein würde auslaufen und die Schläuche wären nicht mehr zu gebrauchen. Neuer Wein gehört in neue Schläuche. Auf diese Weise bleibt der Wein erhalten und die Schläuche werden geschont.
Matthäus 9,16-17

Das sind zwei Beispiele, bei denen wir sehr aufpassen müssen, um sie nicht falsch zu verstehen. In der klassischen christlichen Auslegung wurden sie so interpretiert: Die alten Schläuche und der alte Wein sind das Judentum. Die neuen Schläuche und der neue Wein und das neue Kleid sind das Christentum. Selbstverständlich ist das Zweite dem Ersten überlegen!

Aber diese Auslegung passt überhaupt nicht zu den anderen Aussagen von Jesus über die Thora und die Propheten. Jesus würde nie behaupten, dass das biblische Judentum veraltet ist. Was einer solchen Auslegung außerdem widerspricht, ist ein Satz, der bei Matthäus fehlt, aber bei Lukas zu finden ist:

Doch niemand, der alten Wein getrunken hat, will anschließend neuen. ›Der alte ist besser‹, wird er sagen.«
Lukas 5,39; NEÜ

Wenn Jesus sagt – und das kann jeder Weinfreund bestätigen – der alte Wein sei besser, dann kann kein künstlicher Gegensatz zwischen dem Judentum und einer angeblich neuen Lehre geschaffen werden.

Stattdessen geht es nach einer Deutung von David Flusser,[114] die ich teile, um Folgendes: Die Pharisäer, aber auch die Jünger des Johannes, führten neue Fastentage ein. Sie wollten damit mehr Menschen zur Umkehr bewegen, weil die Buße ein fester Bestandteil des Fastens ist. Jesus vergleicht dies mit einem neuen Flicken auf einem alten Kleid und mit neuem Wein in alten Schläuchen. Das Ergebnis vom Flicken ist ein Loch im neuen Kleid und ein schlecht geflicktes altes. Das Ergebnis vom »neuen Wein in alten Schläuchen« sind zerrissene Schläuche und verlorener Wein. Auch wenn die Absichten der Pharisäer und der Jünger von Johannes gut sind, werden diese Neuerungen die Menschen nicht zur echten Umkehr bewegen, denn diese geschieht nicht durch neue Rituale. Und außerdem: Der alte Wein ist besser als der neue!

Das fasst Flusser sehr gut zusammen:

> Der alte Wein ist besser als der neue, und die es abweisen, den neuen anzunehmen, wissen, was sie tun. Dogmatische Neuerungen sind nicht nur nutzlos, sondern werden auch nicht einfach aufgenommen. Der Gegensatz zwischen altem und neuem Wein in Lukas 5,39 gibt Jesu Kritik an sinnlosen Neuerungen, die zuweilen sogar Schaden anrichten, wieder. Es kann kein Zweifel daran bestehen, dass dies die Bedeutung der beiden Gleichnisse ist.[115]

DIE ZWÖLF

Jeder ist in die Nachfolge berufen, denn Gott will, dass jeder gerettet wird. Doch es geht nicht um fromme Übungen, sondern um eine Beziehung mit Gott. Und in dieser Beziehung sind wir nicht nur Nachfolger, sondern Mitarbeiter.

Bevor Jesus seine zwölf engsten Mitarbeiter beruft, berichtet uns Matthäus Folgendes:

> Als er (Jesus) die vielen Menschen sah, hatte er tiefes Mitleid mit ihnen, denn sie hatten große Sorgen und wussten nicht, wen sie um Hilfe bitten konnten. Sie waren wie Schafe ohne Hirten.
> *Matthäus 9,36*

Jesus sieht die Menschen, die für seine Botschaft offen sind, doch sie brauchen eine gute Führung. Mit dieser Aussage knüpft Matthäus an eine Verheißung an:

> Denn so spricht Gott, der Herr: Jetzt will ich selbst für meine Schafe sorgen und mich um sie kümmern. Wie sich ein Hirte um seine Schafe kümmert, wenn sie sich verirrt haben, so werde ich mich um meine Schafe kümmern und sie aus allen Orten befreien, wohin sie an jenem finsteren, bedrohlichen Tag zerstreut wurden.
> *Hesekiel 34,11-12*

Gott ist verärgert über die schlechten Hirten, die sein Volk in die Irre führen. In diesem Zusammenhang denke ich an Jitro, den Schwiegervater von Mose. Als er das ermüdete Volk sah, gab er seinem Schwiegersohn den Ratschlag, Leiter einzusetzen. So sieht auch Jesus hier die Not und das Bedürfnis nach neuen Leitern. Und in diesem Kontext sagt er:

> Die Ernte ist groß, aber es sind nicht genügend Arbeiter da. Betet zum Herrn und bittet ihn, mehr Arbeiter zu schicken, um die Ernte einzubringen.
> *Matthäus 9,37-38*

Die Arbeiter, das sind die Jünger, die auf ihren Dienst vorbereitet werden müssen.

Die Berufung der Zwölf

Als Matthäus sein Evangelium geschrieben hat, gab es wie bereits erwähnt keine Unterteilung in Kapitel und Verse. Das heißt, nach dieser Aufforderung, nach diesem Appell von Jesus folgt sofort die Handlung. Die Arbeiter werden berufen und ausgesendet:

> Und er rief seine zwölf Jünger zu sich und gab ihnen Macht über die unreinen Geister, dass sie die austrieben und heilten alle Krankheiten und alle Gebrechen. Die Namen aber der zwölf Apostel sind diese: zuerst Simon, genannt Petrus, und Andreas, sein Bruder; Jakobus, der Sohn des Zebedäus, und Johannes, sein Bruder; Philippus und Bartholomäus; Thomas und Matthäus, der Zöllner; Jakobus, der Sohn des Alphäus, und Thaddäus; Simon Kananäus und Judas Iskariot, der ihn verriet.
> *Matthäus 10,1-4; LUT*

Warum wählt Jesus gerade zwölf Jünger und nicht zehn oder fünfzehn? Ich gehe nicht davon aus, dass er die Theorie der sozialen Identität studiert und anhand dieser eine Entscheidung getroffen hat. Hier geht es um die Symbolik! Zwölf Jünger symbolisieren die zwölf Stämme Israels. Das ist das prophetische Wort von Jesus über die Hirten Israels. Durch die Zahl Zwölf drückt er unmissverständlich aus: Die geistlichen Leiter Israels müssen ersetzt werden.

Die Hebräische Bibel kennt Listen mit Namen von Leitern, wie die folgende Aufzählung der Namen von Stammesfürsten, die mit einer ganz ähnlichen Formulierung wie in Matthäus 10,2 beginnen:

> Dies sind aber die Namen der Männer, die euch beistehen sollen: von Ruben: Elizur, der Sohn Schedëurs; von Simeon: Schelumiël, der Sohn Zurischaddais; von Juda: Nachschon, der Sohn Amminadabs.
> *4. Mose 1,5-7*

Zwölf Männer hat Jesus ausgewählt. Sie sind bereits einen Weg mit ihm gegangen und wurden von ihm ausgebildet, um dem Volk den Weg zu zeigen. Und nun werden sie ausgesendet.

Die Aussendung der Zwölf

> Diese Zwölf sandte Jesus aus, gebot ihnen und sprach: Geht nicht den Weg zu den Heiden und zieht nicht in eine Stadt der Samariter, sondern geht hin zu den verlorenen Schafen aus dem Hause Israel.
> *Matthäus 10,5-6; LUT*

Warum sagt Jesus das? Ist das nicht zu nationalistisch?

Wie bereits erwähnt gibt es bei Gott Zeiträume für gewisse Begebenheiten. Auch wenn er will, dass alle Menschen gerettet werden: Der irdische Dienst von Jesus war mit wenigen Ausnahmen nur für sein Volk bestimmt, für Israel. Paulus hat dieses biblische Prinzip sehr gut verstanden:

> Denn ich schäme mich nicht für die gute Botschaft von Christus. Diese Botschaft ist die Kraft Gottes, die jeden rettet, der glaubt – die Juden zuerst, aber auch alle anderen Menschen.
> *Römer 1,16*

> Denn ich sage: Christus ist ein Diener der Beschneidung geworden um der Wahrhaftigkeit Gottes willen, um die Verheißungen zu bestätigen, die den Vätern gegeben sind; die Heiden aber sollen Gott die Ehre geben um der Barmherzigkeit willen, wie geschrieben steht (Psalm 18,50): »Darum will ich dich loben unter den Heiden und deinem Namen singen.«
> *Römer 15,8-9; LUT*

Diese Aussage ist sehr wichtig, denn sie beschreibt den Unterschied zwischen Juden und Heiden bis hinein in die Frage der Rechtfertigung. Paulus spricht davon, dass Gott seinem Volk den Messias mehrmals verheißen hat. Und nun erfüllt er seine Verheißung. Den anderen Völkern dagegen wurde nichts versprochen. Deshalb verwendet Paulus in Vers 9 das Wort »Barmherzigkeit«.

Wenn Jesus bei der Aussendung der Zwölf sagt: »Geht nur zu den Juden«, geschieht das nicht, weil er als Nationalist die Juden gegenüber den Heiden bevorzugen würde, sondern um etwas anderes, Größeres: um den Ratschluss Gottes. Der Allmächtige hat beschlossen, dass der Segen für die Völker durch Israel fließt. Diese Ordnung hat nichts an Aktualität eingebüßt. So funktioniert es heute und so bleibt es bis in die Ewigkeit hinein.

Jesus ist bei seiner Aufforderung sehr explizit: »Geht nicht den Weg zu den Heiden und zieht nicht in eine Stadt der Samariter.« Es gibt eine interessante Parallele in der jüdischen Tradition, die den Ausdruck »Weg zu den Heiden« erläutert:

> Wenn ein Götzenfest in einer Stadt stattfindet, ist es gestattet, außerhalb der Stadt Geschäfte mit Nichtjuden zu machen. Findet das götzendienerische (Festival) außerhalb statt, ist (Geschäft) darin erlaubt. Darf man dorthin gehen? Wenn die Straße nur zu diesem Ort führt, ist es verboten; Aber wenn man damit an einen anderen Ort gehen kann, ist es erlaubt.[116]

Der Weg zu den Heiden war mit der Gefahr verbunden, ein Götzenfest mitzuerleben, deshalb sollten Juden ihn meiden. Jesus stellt an seine Jünger jedoch noch strengere Anforderungen. Er verbot ihnen auch, samaritische Städte zu betreten, in denen es keinen Götzendienst gab, denn die Samariter beteten ebenfalls den Gott Israels an. Der Grund für diese strenge Forderung ist der Bedarf an Arbeitern bei der Ernte gerade in Israel. Jesus handelt gemäß dem, was er vorher gesagt hat. Dass er damit die Samaritaner nicht vom Reich Gottes ausschließen will, zeigt sich in der Begegnung mit der Frau am Brunnen und seinem anschließenden Dienst unter den Samaritanern (Johannes 4).

> Der irdische Dienst von Jesus war mit wenigen Ausnahmen nur für sein Volk bestimmt.

Die verlorenen Schafe Israels

Nach Matthäus war der Ratschluss Gottes für Israel der ursprüngliche Grund für die Berufung und Sendung der Jünger:

> Wenn sie euch aber in einer Stadt verfolgen, so flieht in eine andere. Wahrlich, ich sage euch: Ihr werdet mit den Städten Israels nicht zu Ende kommen, bis der Menschensohn kommt.
> *Matthäus 10,23; LUT*

Wie können wir diese Prophetie von Jesus verstehen? Hier hilft ein Vergleich mit den Parallelstellen bei Markus und Lukas. Markus beschreibt die gleiche Begebenheit, nämlich: Jesus beruft und sendet die zwölf Jünger aus. Anschließend kommen sie zurück und legen einen Missionsbericht ab:

> Die Apostel kehrten zu Jesus zurück und berichteten, was sie getan und gelehrt hatten.
> *Markus 6,30*

Lukas beschreibt, wie 72 Jünger ausgesendet werden und zurückkehren:

> Als die zweiundsiebzig Jünger zurückkehrten, berichteten sie ihm voller Freude: »Herr, sogar die Dämonen gehorchen uns, wenn wir sie in deinem Namen austreiben!«
> *Lukas 10,17*

Sowohl Markus als auch Lukas erzählen, dass die Jünger ausgesendet werden und später mit Freude zurückkommen. Bei Matthäus wird dagegen überhaupt nicht von ihrer Rückkehr berichtet. Ich denke, damit will uns Matthäus Folgendes sagen: Die Sendung zum Volk Israel wird nie aufhören. Sie dauert bis heute und hat gemäß Römer 1,16 erste Priorität. In diesem Zusammenhang wird auch klar, was Jesus mit dem Satz meint: »Ihr werdet mit den Städten Israels nicht zu Ende kommen, bis der Menschensohn kommt.« Er kann sich nicht nur auf die damaligen Hörer beziehen, denn diese sind längst verstorben. Es ist ein Appell an die Jünger von damals, aber auch an uns heute und morgen, dem Dienst unter dem Volk Israel den Vorrang zu geben.

Fast zweitausend Jahre Antisemitismus und Verfolgung sind leider das krasse Gegenteil von einem Dienst gerade auch unter Juden. Aber es gibt auch Gegenbewegungen und die messianischen Gemeinden wachsen in einer in den letzten Jahrhunderten nie gekannten Weise. Seit Beginn des 19. Jahrhunderts gibt es verstärkt eine positive Verkündigung unter Juden, ohne Repressalien und Zwänge. Zunächst nannte man sie noch Hebräische Christen, mit der Zeit entwickelte sich der Begriff messianische Juden.

Dazu fällt mir noch eine Begebenheit ein. Von Anfang an war mein Dienst mit der Frage verbunden: Dürfen Deutsche Juden von Jesus erzählen? Nach all dem Schrecklichen, was sich in der Schoah in diesem Land abgespielt hat, können Deutsche für Juden glaubwürdig sein? Und vor allem: Ist das moralisch und ethisch vertretbar? Diese Fragen verlangen nach keiner einfachen Antwort.

Einerseits hat sich die Kirche in Deutschland nach dem Holocaust von Judenmission distanziert, nach dem Motto: Als Christen haben wir im Zweiten Weltkrieg versagt. Andererseits fragte ich mich: »Warum sollte man einem Juden etwas Schlechtes damit tun, wenn man ihm von dem Juden Jesus erzählt?« Ich war unschlüssig und konnte mir keine eigene Meinung dazu bilden. Und dann schickte mir Gott seine Antwort. Ich bekam einen Anruf aus Koblenz. Der

Anrufer, ein Musikhändler, fragte nach fünf Bibeln in russischer Sprache. Ohne groß nachzufragen, schickte ich ihm fünf Bibeln.

Eine Woche später rief er wieder an und fragte nach neunzig weiteren Bibeln. Jetzt wollte ich wissen, was dieser Deutsche mit dem Namen Dieter mit so vielen Bibeln in einer Sprache, die er nicht verstand, machen wollte. Er erzählte mir selbst staunend, dass er von Gott den Eindruck bekommen hatte, er solle in ein Wohnheim gehen und dort den russischen Juden Bibeln schenken. Man muss dazu sagen: Vor ihm haben viele Vertreter von verschiedenen christlichen Denominationen dieses Wohnheim besucht. Die Juden haben alle eifrigen Missionare abgewiesen mit der Begründung, sie seien Juden und wollten nicht missioniert werden. Doch als Dieter ins Wohnheim kam, passierte ein Wunder: Die Juden umschwirrten ihn wie Bienen den Honig. Sie sagten: »Wir wollen von dir eine Bibel annehmen, weil wir spüren, dass du ein ehrlicher Mensch bist.« Nach unserem ersten Telefonat verteilte Dieter fünf Bibeln an fünf jüdische Familien. Als er ein großes Interesse bei den Leuten bemerkte, kam er auf die Idee, dass jede jüdische Familie in diesem Wohnheim eine Bibel in ihrer Heimatsprache brauchte. Er zählte die Wohnungen, es waren 95. Und so bestellte er neunzig weitere Bibeln.

»Wir wollen von dir eine Bibel annehmen, weil wir spüren, dass du ein ehrlicher Mensch bist.«

Dieter war ein Deutscher, der ein großes Herz für die Juden hatte. Als die Juden in Koblenz auftauchten, besuchte er sie, ohne ein Wort Russisch zu verstehen. Doch Gott öffnete die Türen: Juden, die kaum Deutsch sprachen, erkannten in Dieter einen Freund und vertrauten ihm. Und er missbrauchte ihr Vertrauen nie. Er ging mit ihnen zum Arbeits- und Sozialamt, half beim Schriftverkehr und bei der Wohnungs- und Arbeitssuche. Und er blieb immer Jesus treu und verkündete das Evangelium.

Dank Dieter kamen viele jüdische Menschen zum Glauben an Jesus, und in Koblenz wurde eine messianische Gemeinde gegründet. Als Dieter plötzlich starb, ließen sich einige Juden aus der Koblenzer Gemeinde taufen. Sie wollten dadurch ihre Treue zu Jesus und ihre Treue zu Dieter bezeugen. Sieben jüdische Menschen im Alter von über siebzig Jahren bezeugten: »Wenn Dieter nicht gewesen wäre, hätten wir nie den Mut gehabt, diesen Schritt zu tun!«

Ich glaube, Dieter hatte nicht im Sinne, Judenmission zu treiben. Er wollte einfach mit den jüdischen Menschen das Beste teilen, was er hatte: nämlich den Juden Jesus.

So wie die ersten Jünger, die von Jesus ausgesandt wurden.

Die Bedingungen der Verkündigung

Nachdem das Wo klar ist, bekommen die Zwölf von ihrem Meister genaue Anweisungen, wie ihre Mission ablaufen soll. Anschließend spricht Jesus über die Menschen, die die Jünger aufnehmen werden:

> Wer euch aufnimmt, der nimmt mich auf; und wer mich aufnimmt, der nimmt den auf, der mich gesandt hat. Wer einen Propheten aufnimmt, weil es ein Prophet ist, der wird den Lohn eines Propheten empfangen; und wer einen Gerechten aufnimmt, weil es ein Gerechter ist, der wird den Lohn eines Gerechten empfangen. Und wer einem dieser Kleinen auch nur einen Becher kalten Wassers zu trinken gibt, weil es ein Jünger ist, wahrlich, ich sage euch: Er wird nicht um seinen Lohn kommen.
> *Matthäus 10,40-42; LUT*

Die Aufnahme von Gästen war und ist eine der höchsten Tugenden im Judentum. Die jüdische Tradition lehrt, dass Abraham am Tag nach seiner Beschneidung von drei hochrangigen Gästen besucht wurde. Da es damals nicht die Medikamente gab, die wir heute haben, waren Männer nach dieser Operation normalerweise einige Tage krank. Doch ein Midrasch beschreibt sehr malerisch, wie der frisch beschnittene 99-jährige Greis den Gästen entgegenrannte, als er sie in der Ferne sah, um sie in sein Zelt einzuladen.[117]

Das Aufnehmen von Gästen gehört nach der jüdischen Tradition zu den sechs Dingen, die eine Person in diesem Leben tut und deren Früchte sie im kommenden Leben genießt. Das sind: Empfang von Gästen, Besuch von Kranken, hingegebenes Gebet, frühes Aufstehen im Haus der Lehre, Erziehung der Kinder zur Thora und Gerechtigkeit dem Nächsten gegenüber.[118]

Wir wissen, dass das Evangelium in den Gemeinden öffentlich vorgelesen wurde. Einfache Menschen konnten sich nicht den Luxus leisten, ein Buch zu besitzen. Wenn nun die Passage über das Aufnehmen von Gästen vorgelesen wurde, dann horchten die Zuhörer auf. Für sie als Menschen, die nach Gerechtigkeit streben, war von Bedeutung, was Jesus über Gastfreundlichkeit gelehrt hatte.

Jesus sagt, dass diejenigen, die die Jünger aufnehmen und ihnen dienen, an ihrer Belohnung beteiligt sein werden. Ja, wer die Jünger aufnimmt, nimmt Jesus selbst auf.

Mit dieser Verheißung schließt das zweite Buch der »matthäischen Thora«, das Jesus als Messias der Taten zeigt und die Themen Jüngerschaft und Nachfolge behandelt. Ich möchte Sie ermutigen, die übrigen Kapitel des Evangeliums ebenfalls unter dem Gesichtspunkt zu studieren, um den es mir in diesem Buch geht: Was bedeutet dies alles für die jüdischen Leser und Hörer? Wo gibt es Parallelen im Alten Testament?

Doch bevor ich dieses Buch abschließe, möchte ich mich den meiner Meinung nach relevantesten Themen für moderne Jünger von Jesus widmen: Jüngerschaft und Nachfolge. Deswegen möchte ich als Letztes den Begriff Jüngerschaft noch einmal genauer durch die jüdische Brille betrachten und die vermutlich am häufigsten zitierten Worte für Jünger von heute näher beleuchten.

JÜNGERSCHAFT DAMALS UND HEUTE

Die Jüngerschaft hat im antiken Judentum einen sehr hohen Wert. So lesen wir in der Mischna:

> Wie kann man sehen, dass demjenigen, der den Nächsten Mischna lehrt, angerechnet wird, als ob er ihn erschaffen und gewebt (geformt) und in die Welt gebracht hätte? Aus dem Vers (Jeremia 15,19) »und wenn du das Edle vom Unedlen scheidest, sollst du sein wie mein Mund« – wie jene Lippen, die Adam die Seele eingeatmet haben: Jeder, der eine Kreatur unter die Flügel des Himmels bringt, wird gezählt, als ob er sie geformt hätte und webte es und brachte ihn in die Welt.[119]

Aus dieser Mischna geht hervor, dass ein Lehrer, der seinem Nächsten die Lebensweisheiten beibringt, dem gleicht, der diesen Menschen geformt hat. In seiner letzten Rede gibt Jesus seinen Jüngern einen Lehrauftrag. Die Menschen werden durch ihre Lehre »geformt«, geprägt. Dadurch gleichen die Jünger dem, der die Menschen geformt hat.

Der große Auftrag

Die letzten Worte des Matthäusevangeliums sind eine Art Abschiedsrede von Jesus an seine elf Jünger. Jesus sagt ihnen:

Mir ist alle Macht im Himmel und auf der Erde gegeben. Darum geht zu allen Völkern und macht sie zu Jüngern. Tauft sie im Namen des Vaters und des Sohnes und des Heiligen Geistes und lehrt sie, alle Gebote zu halten, die ich euch gegeben habe. Und ich versichere euch: Ich bin immer bei euch bis ans Ende der Zeit.

Matthäus 28,18-20

Wir kennen diese Worte von Jesus als Missionsbefehl. So lauten die Überschriften in den meisten deutschen Ausgaben der Bibel. Ich möchte einen anderen Titel vorschlagen und dafür eine kleine jüdische Exegese über diese Verse anbieten, wobei ich die Taufpraxis ausklammere, da sie bereits Thema in Teil 2 war.

Zum einen taucht in diesen Versen nirgendwo das Wort Mission auf, und zum anderen ist Mission dem jüdischen Volk sowieso fremd. Dagegen wiederholt sich das Wort »lehren« zweimal, im Unterschied zu allen anderen Verben. Daher fände ich den Titel »Der Lehrauftrag« sehr treffend. Doch worum geht es in diesem Lehrauftrag?

Um den Text zu verstehen, helfen die folgenden Fragen:

- Wer gibt den Auftrag?
- Wer soll den Auftrag erfüllen?
- Wer sind die Empfänger?
- Was ist der Inhalt der Lehre, die weitergegeben werden muss?

Von Anfang an bestätigt der Auftraggeber seine Autorität: »Mir ist gegeben alle Gewalt im Himmel und auf Erden.«

Bei diesen Worten hört ein jüdischer Hörer einen unmissverständlichen Hinweis auf das Buch Daniel, und zwar auf die Worte über den Menschensohn:

> Ihm wurden Herrschermacht, Ehre und das Königreich verliehen. Alle Völker, Nationen und Sprachen gaben ihm die Ehre und dienten ihm. Seine Herrschaft ist eine ewige Herrschaft, die niemals vergehen wird. Sein Reich wird niemals zerstört werden.
> *Daniel 7,14*

Jesus erweitert diese Prophetie. Er bezieht sie auf sich und sagt, dass seine Macht beide Sphären umfasst: die himmlische und die irdische. Warum eine solche Konkretisierung?

Die jüdische Tradition lehrt über die Plagen beim Auszug aus Ägypten:

> Drei dieser Gerichte wurden von der Autorität Moshes vorgenommen, drei von der Autorität Aarons, drei von der Autorität des Höchsten und drei – drei zusammen. Blut, Frösche und Läuse – durch die Macht von Aaron, der Macht über die Erde hatte; Hagel, Heuschrecken und Dunkelheit – durch die Macht von Moshe, der die Luft regierte; Tiere, Krankheiten und Erstgeborene – dem Allmächtigen. Und Abszesse – von allen drei.[120]

Mose und Aaron hatten nach diesem Zitat eine große Autorität, allerdings war ihre Macht auf die Erde und die Luft über der Erde beschränkt. Deshalb betont Jesus hier, dass seine Macht keine Grenzen hat.

»Geht zu allen Völkern« – »Alle Völker«, auf Hebräisch »Kol Gojim«, ist ein Terminus technicus in der Bibel. Die Bibel nennt das Volk Israel und siebzig Völker der Welt. Siebzig ist die Zahl für die Basisvölker, Nachkommen von Sem, Ham und Jafet.[121] Dieser Satz beinhaltet das ganze Programm Gottes für Israel und die Völker. Israel ist der Kanal, durch den die Gnade Gottes zu allen anderen Völkern fließen muss.

Eine sinngemäße Übersetzung des Verses wäre: »Macht alle Völker zu Jüngern.« Es ist ein gravierender Unterschied, ob ich jemandem erzähle, wie ein Auto gebaut wird, oder ob ich es ihm zeige. Genauso ist es ein Unterschied, ob ich jemandem beibringe, wie man betet, ihm Glaubensinhalte vermittle, eine dogmatische Idee einpräge oder mit ihm ein Glaubensbekenntnis auswendig lerne. Doch es geht bei diesem Lehrauftrag nicht um das Beibringen von Wissen oder Ritualen, sondern um Jüngerschaft.

Jüngerschaft ist ein Prozess, der das ganze Leben umfasst. Das Judentum kennt dafür den Fachausdruck »Talmid Hacham« (weiser Jünger). Das ist kein Hobbybegriff, sondern ein sozialer Status. Ein Talmid Hacham ist ein frommer Mensch, der sein ganzes Leben dem Studium von Gottes Wort widmet.

> Die Bibel kennt keinen intellektuellen Glauben.

Die jüdischen Weisen haben immer wieder auf die Bedeutung der Jüngerschaft hingewiesen. Im bekanntesten Talmud-Traktat steht: »Sorgt für viele Jünger.«[122] Die direkte Übersetzung lautet: »Stellt viele Jünger auf die Beine!« Es ist eine Aufforderung, junge Menschen zu motivieren, die tiefen Wahrheiten der Thora zu entdecken. Diese Wahrheiten aus dem Wort Gottes werden zu einem festen Fundament, das nicht wackelt, wenn die Stürme des Lebens kommen oder die Jünger mit Irrlehren konfrontiert werden.

»Lehrt sie, alle Gebote zu halten, die ich euch gegeben habe« – Aus diesen Worten wird ersichtlich, dass biblische Lehre keine Theorie ist. Die Bibel kennt keinen intellektuellen Glauben, wie er heute hauptsächlich im Abendland praktiziert wird.

Hier zeigt sich wieder der Unterschied zwischen hebräischem und hellenistischem Denken. Die Griechen kennen zwar den Begriff »Glauben«, aber anders als die jüdische Welt ist die griechische statisch. Es gibt keinen Raum für Persönlichkeitsentwicklung. Die Person ist bereits perfekt und muss sich nicht ändern. Der jüdische Ansatz ist anders. Interessanterweise passt als Bezeichnung dafür das griechische Wort »metanoia«, das Sinneswandel bedeutet. Metanoia heißt, über das übliche Verständnis der Dinge hinauszugehen und in der Vorstellung zu leben: Durch jede gute Tat des Glaubens könnte die Welt besser werden, ja ich selbst könnte besser werden!

Das ist auch das Ziel von Jüngern: ins Bild von Jesus verwandelt zu werden. Im messianischen Kontext bedeutet Jüngersein daher: In jedem Aspekt des eigenen Lebens die Weisung Gottes zu vollbringen, so wie sie durch Jesus offenbart wurde.

Verbindung mit dem Meister

Am Ende verspricht uns Jesus: »Und ich versichere euch: Ich bin immer bei euch bis ans Ende der Zeit.« Wir sind nicht allein. Doch wir brauchen auch einander. Als Jesusnachfolger, die andere zu Jüngern machen, bilden wir eine Einheit.

Die chassidischen Juden erzählen über ihren Gründer, Baal Schem Tow, die folgende Geschichte:

Der große chassidische Meister Rabbi Israel Baal Schem Tow pflegte jeden Tag viele Stunden lang zu beten. Seine Schüler, die ihre Gebete längst beendet hatten, bildeten einen Kreis um ihn, lauschten der Melodie seiner Gebete und erfreuten ihr Auge am Anblick einer Seele, die in meditativer Versenkung zu ihrem Schöpfer hinaufstieg. Eine ungeschriebene Regel besagte, dass niemand seinen Posten verlassen durfte, ehe der Meister seine Gebete beendete.
Eines Tages wurden sie sehr müde und hungrig. Einer nach dem anderen schlich sich nach Hause, um ein wenig zu essen und zu ruhen. Sie waren überzeugt davon, dass ihr Meister noch mehrere Stunden lang beten würde. Doch als sie zurückkehrten, mussten sie feststellen, dass er während ihrer Abwesenheit aufgehört hatte.
»Sagt uns, Rebbe«, fragten sie, »warum habt Ihr Eure Gebete heute so früh beendet?«
Der Baal Schem Tow antwortete mit einem Gleichnis:
Einmal reiste eine Gruppe von Menschen durch einen Wald. Ihr Leiter, der mit scharfen Augen gesegnet war, erblickte auf einem hohen Baum einen wunderschönen Vogel.
»Kommt«, sagte er zu seinen Gefährten, »ich möchte diesen schönen Vogel einfangen, damit wir uns an seinem Gesang und seinen herrlichen Farben erfreuen können.«
»Aber wie willst du den Vogel fangen?«, fragten die anderen. »Der Baum ist so hoch, und wir sind auf der Erde gefangen.«
»Wenn ihr einander auf die Schultern steigt, »erwiderte der Reiseführer, »dann klettere ich dem obersten Mann auf die Schultern und ergreife den Schatz, der hoch droben funkelt.«

Genau das taten sie. Gemeinsam bildeten sie eine Leiter, die von der Erde zum Himmel reichte, damit ihr Freund das erstrebte Ziel erreichte. Doch bald wurden sie müde und gingen weg, um zu essen und zu ruhen. Da fiel der Mann, der den Vogel gesehen hatte, zu Boden.[123]

Diese Geschichte zeigt uns: Wir sind aufeinander angewiesen, jeder braucht die anderen. Selbst große Lehrer können nur mit der Hilfe ihrer Jünger emporsteigen (geistlich wachsen).

Im Judentum gibt es den Begriff »Schlichut«, er bedeutet Auftrag, Berufung oder auch Sendung oder Gesandtwerden. Im Unterschied zum Schach, wo jeder Einzelne für sich spielt, gleicht Schlichut eher einem Fußballspiel, weil die Jünger nicht allein gesandt werden. Das Team besteht als Minimum aus einer Familie oder Zweiergruppen, die wieder zu einem größeren Team gehören. Daraus ergibt sich eine wichtige Voraussetzung: Man muss lernen, miteinander auszukommen und als Team zusammenzuarbeiten.

Die Jüngerschaft beginnt damit, dass ein Mensch das Bedürfnis, sogar die Notwendigkeit verspürt, zu lernen. Jesus bringt dies mit einer bereits erwähnten Metapher zum Ausdruck: »Wie glücklich sind die, die begreifen, wie arm sie vor Gott sind!« (Matthäus 5,3; NEÜ). In Bezug auf die Jüngerschaft verstehe ich diese Aussage von Jesus folgendermaßen: Um dem Messias nachzufolgen, soll unser Geist »arm sein«. Mit anderen Worten: Das Gefäß unseres »Seins« muss leer werden. Wir müssen spüren, dass uns Weisung fehlt, und das Bedürfnis haben, Weisung zu erhalten, damit der Schöpfer sich uns offenbaren kann.

Wenn wir meinen, dass wir geistlich reich sind, das heißt glauben, alles zu wissen, alles zu können – wozu sollten wir dann noch etwas lernen wollen?

Die jüdische Tradition hebt die enge Verbindung des Meisters mit seinem Jünger hervor. Manchmal kann diese Beziehung fester sein als die Beziehung zu den eigenen Eltern. Ich möchte das an vier Beobachtungen verständlich machen:

Prioritätenwechsel

Sehr oft geschah es, dass Juden in Gefangenschaft gerieten. Man setzte dann alle Mittel dafür ein, sie zu befreien und auszulösen. Die Tradition verpflichtet dazu, den Lehrer vor dem eigenen Vater auszulösen.[124]

Verlassen

Jesus beruft die Jünger. Für die Jünger ist das ein Schritt, der sie gleichzeitig von ihren Familienbeziehungen löst und an den Meister bindet. Das ist oft kein leichter Akt. Die Brüder Jakobus und Johannes waren, wie bereits erwähnt, eine Stütze für ihren Vater im Familienbetrieb. Mit ihrer Berufung zu Jüngern werden zwei wertvolle Mitarbeiter – vielleicht die einzigen? – fehlen. Trotzdem wählen sie das, was im Moment wichtiger ist.

So wie er

Die Jünger lernen nicht in erster Linie durch die Theorie, sondern durch den Lebensstil ihres Meisters. Dahinter steht der Gedanke: Der Jünger muss nicht nur wissen, was sein Lehrer weiß, sondern er will auch so sein wie sein Lehrer. An dieser Stelle denke ich an Petrus. Warum will Petrus auf dem Wasser gehen (Matthäus 14,22-33)? Spinnt er? Will er den anderen Jüngern etwas beweisen? Meine einzige Erklärung dafür: Weil er Jesus auf dem Wasser gehen sieht. Und als guter Jünger will er so sein wie sein Meister.

Bis zum Lebensende

Das Judentum versteht Jüngerschaft als einen Prozess, der nie aufhört. Hier merken wir wieder den krassen Unterschied zu den westeuropäischen bzw. griechisch-hellenistischen Lernvorstellungen. Zum Beispiel finden wir in der Apostelgeschichte keinen Punkt, an dem die Jünger auf einmal über ihren Jüngerschaftsstatus hinauswachsen. Vom Anfang bis zum Ende bleiben sie Jünger. Und obwohl einige von ihnen selbst Jünger hatten, haben sie sich sicherlich bis zum Ende ihres Lebens als Jünger von Jesus gesehen. So ist die Bedeutung des hebräischen Wortes »Talmid« (Jünger) gleichzeitig eine Aufforderung an uns: Auch als Lehrer müssen wir immer noch Jünger bleiben.

Auch als Lehrer müssen wir immer noch Jünger bleiben.

Wenn ich über Jüngerschaft und Nachfolge nachdenke, wie sie in den Evangelien beschrieben werden, dann fällt mir ein Aspekt auf, der von den meisten Bibelauslegern unbemerkt bleibt. Deswegen möchte ich diesen zum Schluss unter die Lupe nehmen.

DIE LEIDENSCHAFT DER JÜNGER

Jesus wurde mit dem Titel »Rabbi« (Rabbiner oder Lehrer) angeredet und er tat viele Dinge, die andere Rabbis des 1. Jahrhunderts auch taten:

- Die Rabbiner lehrten und predigten in Gleichnissen (z.B. die Mühlsteine von Kapernaum; die Blumen und Vögel des Feldes).
- Die Rabbiner erwählten Talmidim (Jünger).
- Die Rabbiner halfen den Menschen, »die Thora zu erfüllen«, das heißt, sie legten die Schrift aus, damit die Menschen danach leben konnten.
- Die Rabbiner gründeten Kehilot (Gemeinden und Gemeinschaften). Die Menschen der Gemeinden unterstützten, ermutigten und korrigierten einander und sie arbeiteten zusammen, was später in der heidnischen Welt von Kleinasien lebensnotwendig war. Sie machten Mut, einen Glauben mit Werken zu leben.

All diese oben genannten Dinge dienten als Vorbereitung für die Schlichut, für die Sendung sowohl in die jüdische als auch in die heidnische Welt. Die Heiden trennten ihre Religion, die damals ein Weg zum Erfolg war, von Lebensstil, Verhalten und Moral. Die Botschaft von Jesus dagegen heißt: Gott liebt dich, Gott will eine Beziehung zu dir anfangen, und ihm ist es wichtig, wie du lebst. Jesus hat die Menschen ermutigt, nicht nur die Wahrheit zu erkennen, sondern sie auch in die Tat umzusetzen.

Wie bereits erwähnt waren Jünger damals nicht Menschen, die wissen wollten, was ihre Rabbiner wussten, sondern Menschen, die genauso sein wollten wie ihre Rabbis. Ein »Talmid«, ein Jünger von Jesus wollte sich so verhalten wie Jesus, das heißt: seine Lehre weitergeben, die Vollmacht von ihm haben und vor allem seinen Charakter und seine Leidenschaft.

So war es auch für Matthäus als einen hingegebenen Jünger von Jesus wichtig, diese Eigenschaft bei den Jüngern hervorzuheben.

Offenbarung

In Matthäus 16,13 heißt es: »Als Jesus in die Gegend von Cäsarea Philippi kam …« Interessant ist, dass dieser Ort nur kurze Zeit so genannt wurde. Bereits ab 44 n. Chr. hieß er Neronias und später Paneas. Das ist ein Hinweis, dass die Evangelien Augenzeugenberichte und wahrhaftig sind.

Nach dem Historiker Josephus Flavius gab es kaum Juden in Cäsarea Philippi, sondern viele Heiden und seit Jahrhunderten grauenhafte Kultstätten für kanaanäische Götter (Baal-Gad und Baal Hermon), syrische und griechische (Zeus, Diopan, Echo) und auch römische Gottheiten. Die Heiden glaubten, dass sich hier, an einem Quellort des Jordans, der Ein- und Ausgang zur Unterwelt Hades für die gehörnte lüsterne Gottheit Pan und andere Geistwesen befände. Mit anderen Worten war hier die Pforte zur Hölle am Fuß eines großen Felsens. Daneben stand zur Zeit von Jesus ein Tempel für die Anbetung des römischen Kaisers Cäsar Augustus. Warum führte Jesus seine Jünger ausgerechnet dorthin? Zu einem Ort, der okkulten Mächten diente?

Hier, inmitten von falschen Göttern, stellt Jesus den Jüngern die Frage nach seiner Identität:

Als Jesus in die Gegend von Cäsarea Philippi kam, fragte er seine Jünger: »Für wen halten die Leute den Menschensohn?« »Nun«, erwiderten sie, »manche sagen, er ist Johannes der Täufer, andere sagen, Elia, und wieder andere halten ihn für Jeremia oder einen der anderen Propheten.«
Daraufhin fragte er sie: »Und was meint ihr, wer ich bin?«
Simon Petrus antwortete: »Du bist der Christus (Messias), der Sohn des lebendigen Gottes.«
Da erwiderte Jesus: »Glücklich bist du, Simon, Sohn des Johannes. Denn das hat dir mein Vater im Himmel offenbart. Von einem Menschen konntest du das nicht haben.«
Matthäus 16,13-17

Bevor ich diesen wichtigen Bibelabschnitt kommentiere, möchte ich kurz erzählen, welche Assoziationen er bei mir hervorruft.

Vor vielen Jahren bekam ich die Gelegenheit, in einem Übergangswohnheim zwanzig jüdischen Menschen von Jesus zu erzählen. Ich habe versucht, die Geschichte so kreativ wie möglich auszumalen. Kein Erfolg. Am Ende des Gesprächs gingen die Leute ihrer Wege, ohne einen Funken Interesse zu zeigen. Ich war sehr frustriert und dachte: »Ich habe versagt.«

Als ich traurig das Wohnheim verließ, hörte ich leise Schritte hinter mir. Ich drehte mich um und sah einen etwa 12-jährigen Jungen, der mir gefolgt war. Er schaute mir in die Augen und sagte: »Ich war so beeindruckt von der Jesus-Story, die Sie erzählt haben. Meine Familie war leider nicht dabei. Würden Sie bitte zu uns ins Zimmer kommen und meinen Eltern und Geschwistern diese Geschichte noch einmal erzählen?« Am selben Abend entschied sich die ganze sechsköpfige jüdische Familie für Jesus.

> Nur der Vater im Himmel kann einem Menschen offenbaren, wer Jesus ist.

Als ich nach Hause fuhr, kam mir dieses Wort von Jesus in den Sinn: »Denn das hat dir mein Vater im Himmel offenbart.«

Nur der Vater im Himmel kann einem Menschen offenbaren, wer Jesus ist. Das heißt nicht, dass wir dazu nichts beitragen könnten. Gott benutzt uns, unser Zeugnis, aber auch unser Gebet. Aber die Offenbarung kommt von ihm.

Du bist Petrus

Kehren wir nach diesem kleinen Abstecher zur Geschichte in Cäsarea Philippi zurück. Nach dem Bekenntnis von Petrus erwidert Jesus:

> Du bist Petrus, und auf diesen Felsen werde ich meine Gemeinde bauen, und keine Todesmacht wird sie jemals vernichten.
> *Matthäus 16,18; NEÜ*

»Du bist Petrus!« – was steckt hinter dieser Aussage?

Erinnern wir uns, der jüdische Name von Petrus ist Schimon. Jesus gibt ihm in diesem Moment einen anderen Namen. Wenn in der Bibel Namen geändert werden, dann ist das ein Höhepunkt im Leben eines Menschen.

In 1. Mose 17 ändert Gott beispielsweise den Namen Abram in Abraham. Gott gibt ihm einen Buchstaben aus seinem eigenen Namen (H von YHWH) und aus Abram wird Abraham – der Vater vieler Völker!

In 1. Mose 32 wird aus einem Jakob (»der Betrüger!«) Israel – der Fürst Gottes, Streiter Gottes oder Gott möge kämpfen.[125] Die Nachfahren von Jakob wurden dann zum auserwählten Volk!

Petrus (in aramäischer Sprache Kefa) bedeutet Stein bzw. Fels. Das ist der Petrus, der später einen einzigartigen Auftrag von Jesus bekommt: »Hüte meine Schafe.« Ausgerechnet der Petrus, der Jesus von seiner Mission abhalten will, der Petrus, der sein Schwert so voreilig benutzt, der Petrus, der Jesus noch dreimal verleugnen wird – dieser Petrus wird zum ersten grundlegenden Stein der Gemeinde des Neuen Bundes. Wir denken oft, dass Gemeindeleiter immer ausgewogen, sanft und gutmütig sein sollten. Mag sein. Der eigenartige Petrus aber besitzt eine Eigenschaft, die Jesus wichtig ist – Leidenschaft!

Jesus gründet seine Gemeinde

Es ist etwas sehr Wichtiges, was sich hier in Cäsarea Philippi abspielt: Jesus gründet seine Gemeinde (Ekklesia oder Kehila). Kehila meint keine Kirche, »Kahal[126] Adonaj« – das ist die Bezeichnung für das Volk Gottes.

Jesus sagt, dass die Pforten der Hölle die Gemeinde nicht überwinden können. Und dann spricht er über die »Schlüssel des Reiches«:

> Ich werde dir die Schlüssel zu dem Reich geben, in dem der Himmel regiert. Was du auf der Erde bindest, wird im Himmel gebunden sein, und was du auf der Erde löst, das wird im Himmel gelöst sein.
> *Matthäus 16,19; NEÜ*

Aufgrund dieser Verse hat die katholische Kirche Petrus zum ersten Papst gemacht. Aber Jesus spricht nicht vom Papsttum. Was bedeuten diese Schlüssel aus jüdischer Sicht?

Schlüssel sind in der Hebräischen Bibel ein Zeichen der Vollmacht. So lesen wir beim Propheten Jesaja:

> Ich werde den Schlüssel des Hauses David auf seine Schulter legen. Er wird öffnen, und niemand wird schließen, er wird schließen, und niemand wird öffnen.
> *Jesaja 22,22; ELB*

Ein hebräischer Kommentar schreibt dazu: »Die Übergabe der Schlüssel symbolisiert die Übertragung der Macht auf den Hausverwalter.«[127]

Das Buch Offenbarung greift diesen Gedanken auf:

> Das ist die Botschaft dessen, der heilig und wahrhaftig ist und der den Schlüssel Davids hat. Was er öffnet, kann niemand schließen, und was er schließt, kann niemand öffnen.
> *Offenbarung 3,7*

Hier wird die nur dem Messias verliehene Vollmacht dargestellt, über den Einlass ins Himmelreich zu entscheiden. Das wird er beim Endgericht tun. Allerdings will uns Matthäus die Übertragung einer anderen Vollmacht an einen Menschen vor Augen führen. Dafür gebraucht er das Bild vom Schlüssel!

Einen interessanten Hinweis gibt uns die moderne jüdische Tradition. Jeder Jude weiß, was ein Schamasch ist: die Person, die den Schlüssel der Synagoge hat. Damit hat sie das Recht und die Pflicht, den Gottesdienstraum rechtzeitig zu öffnen und zu schließen. Mit anderen Worten, sie hat Vollmacht. Die moderne Tradition unterstützt diesen Gedanken: Der Schlüssel ist ein Zeichen für Vollmacht. Doch Vollmacht für was? Um den Himmel zu öffnen? Nein! Das hat Jesus ein für alle Mal für uns getan!

Eine Bibelstelle im Lukasevangelium gibt uns einen anderen Hinweis. Jesus sagt über die Pharisäer:

> Wie schlimm wird es euch, die ihr das Gesetz kennt, ergehen! Denn ihr versteckt den Schlüssel der Erkenntnis vor den Menschen.
> *Lukas 11,52*

Mit anderen Worten: Die Pharisäer haben damals für sich das alleinige Recht beansprucht, das Wort Gottes auszulegen. Und nun bevollmächtigt Jesus Petrus, das Wort Gottes, die Thora für seine Gemeinde auszulegen.

Der Weg des Jüngers

Die Worte an Petrus umfassen zwei Tätigkeiten, binden und lösen:

> Was du auf der Erde bindest, wird im Himmel gebunden sein, und was du auf der Erde löst, das wird im Himmel gelöst sein.
> *Matthäus 16,19; NEÜ*

Die hebräischen Worte für binden und lösen (asar und hitir) bedeuten zur Zeit von Jesus »verbieten« und »erlauben«. Doch was soll Petrus verbieten und erlauben? Es geht um die alltäglichen Entscheidungen, wie ein Nachfolger von Jesus leben soll, mit anderen Worten, es geht um Halacha.

Das Wort Halacha kommt von dem hebräischen Wort lalechet und bedeutet »gehen, wandeln«. Es ist ein Fachbegriff für die Regeln, die das Leben innerhalb einer gläubigen Gemeinschaft bestimmen. Dieser Begriff steht über 200-mal in der deutschen Ausgabe des Alten Testaments und auch viele Male im Neuen. Zum Beispiel heißt es von Noah: »Er wandelte mit Gott« (1. Mose 6,9; LUT). Bedeutet das, dass Noah mit Gott auf einem Touristikpfad die Gegend erkundete? Natürlich nicht! Noah brachte sein Vertrauen zu Gott mit einem bestimmten Lebensstil zum Ausdruck, er lebte nach einer Halacha.

Noah wandelte mit Gott.

Jesus sagt: »Ich bin der Weg« (Johannes 14,6) und seine ersten Nachfolger nannten sich Menschen des Weges. Das bedeutet, dass ihr Wandeln mit bestimmten Regeln verbunden war. Das können wir auch sehr gut im Neuen Testament beobachten. Überall, wo es praktische Anweisungen gibt, verwenden die Evangelisten und Paulus den Begriff »wandeln«.

In Matthäus 16,21-23 spricht Jesus über seinen bevorstehenden Tod und über seine Auferstehung. Und dann gibt er den Jüngern Anweisungen, was Jüngerschaft bedeutet:

> Wer von euch mir nachfolgen will, muss sich selbst verleugnen und sein Kreuz auf sich nehmen und mir nachfolgen. Wer versucht, sein Leben zu behalten, wird es verlieren. Doch wer sein Leben für mich aufgibt, wird das wahre Leben finden.
> *Matthäus 16,24-25*

Diese Worte sind schockierend! Sie sind radikal. Aber so ist Jesus. Zunächst verkündet er seinen Tod und seine Auferstehung. Das ist so erschütternd, dass Petrus ihm widerspricht. Doch der Weg der Jüngerschaft ist erschütternd, es ist der Weg des Kreuzes. Die Bereitschaft, zu leiden, gehört dazu.

In einem alten rabbinischen Kommentar zu Isaaks Opferung lesen wir: »›Abraham nahm das Brandopferholz und legte es auf seinen Sohn Isaak‹ – Wie einer, der das Kreuz auf seiner Schulter trägt.«[128]

Wenn wir diese Worte lesen, fragen wir uns: Ist das immer noch der Maßstab für uns? Ist diese Richtschnur in der Zeit des Wohlstandsevangeliums nicht zu hoch?

Ich glaube, um diese Frage zu beantworten, sollten wir unseren Ansatz überdenken. Sehr oft höre ich in christlicher Verkündigung, aber besonders im modernen christlichen Liedgut, dass wir mehr von Gott brauchen. Mehr Liebe, mehr Vollmacht und so weiter. Die alten jüdischen Weisen haben anders herum gefragt: Wie viel muss ich von meiner Ich-Sucht abgeben? Was kann ich noch auf den Altar Gottes legen, damit seine Schechina (Herrlichkeit) in mir wohnen kann?

Vielleicht kann uns der folgende Vergleich dabei helfen, die Aussage Jesu aus einem anderen Blickwinkel zu betrachten. Die jüdische Tradition lehrt:

> Jeder, der auch nur ein Ding aus der Thora behütet, seine Seele behütet er, und jeder, der auch nur ein Ding aus der Thora verlieret, seine Seele verliert er.[129]

Die Thora ist für Juden eine Lebensweisung und dadurch ein Weg zu einem gelungenen Leben. Im Grunde genommen geht es darum, dass man sich selbst bzw. eigene Wünsche, Begierden, Leidenschaften Gott zur Verfügung stellt. Je weniger unser Ego unser Leben definiert, desto mehr kann das Ebenbild Gottes durch uns leuchten.

So wie Johannes der Täufer das Ziel seines Dienstes mit einem Satz zum Ausdruck bringt: »Er muss immer größer werden und ich immer geringer« (Johannes 3,30), so ist der letzte Sinn der Jüngerschaft, sich für Gott und die Menschen zu verlieren.

Nach diesen Worten über konsequente Nachfolge berichtet Matthäus, wie Jesus sechs Tage später mit drei Jüngern auf einen hohen Berg steigt (Matthäus 17,1). Aufgrund der Anhaltspunkte im Text gehe ich davon aus, dass es sich um den Hermon handelt. Auch hier wurden früher falsche Gottheiten angebetet, deswegen ist es bedeutend, dass der Messias sich hier in seiner Göttlichkeit offenbart.

Auf dem Berg erscheinen zwei Glaubenshelden der Vergangenheit, Mose und Elia. Beide haben bedeutende Ereignisse auf anderen Berggipfeln erlebt. Mose steht für die Thora, Elia für die Propheten.

Nach dieser Begegnung gebietet Jesus den Jüngern: »Erzählt niemandem, was ihr gesehen habt, bis der Menschensohn von den Toten auferstanden ist« (Vers 9). Das ist das Geheimnis des Messias: Er wird sterben und auferstehen. Doch auf dem Berg erscheint die Wolke der Herrlichkeit Gottes (Schechina) und durch dieses Ereignis wird die Leidenschaft von Petrus, Johannes und Jakobus weiter entfacht.

Erlauben Sie mir, Ihnen eine Frage zu stellen: Sind Sie schon einmal auf einem solchen Berggipfel gewesen? Haben Sie die Herrlichkeit Gottes erlebt?

Wann hat Jesus Sie in die Nachfolge gerufen? Vor fünf Jahren? Vor zehn? In der Kindheit oder Jugend? Was ist aus Ihrer Leidenschaft geworden? Sind Sie inzwischen in Ihrem Wandeln vor Gott müde geworden? Überlegen Sie sich, ob es sich überhaupt lohnt, so radikal zu leben?

Wenn das so ist, dann steigen Sie auf Ihren Berg. Ihren persönlichen Berg, der im Wohnzimmer, im Garten oder im Keller liegen kann. Es ist völlig egal, wo Sie dem Allmächtigen begegnen, wichtig ist die Botschaft: Der Messias lebt!

»So hat Gott die Welt geliebt ...«, schreibt der Evangelist Johannes (Kap. 3,16). Die Welt – das sind Sie. Sie können staunen: Ich bin so geliebt, dass Gott für mich seinen Sohn gegeben hat! Wenn Sie diese Botschaft neu für sich annehmen und verstehen, dann kann das Ihre Leidenschaft neu entfachen.

Ihr werdet meine Zeugen sein ...

Ein weiterer Berg, der Ölberg, war Schauplatz der letzten Lektion von Jesus für die Jünger. Zunächst verspricht er ihnen, dass sie bei der Ausführung des Lehrauftrags nicht alleine sein werden:

> Aber ihr werdet Kraft empfangen, wenn der Heilige Geist über euch gekommen ist, und so meine Zeugen sein in Jerusalem, in ganz Judäa und Samarien und bis in den letzten Winkel der Welt.
> *Apostelgeschichte 1,8; NEÜ*

Gott selbst wohnt im Heiligen Geist in uns und hilft uns, seine Zeugen zu sein. Was für ein Privileg! Dann wird Jesus in den Himmel emporgehoben.

Ab 42 v. Chr. hatte man angefangen, die römischen Kaiser als Götter zu bezeichnen. Julius Cäsar wurde zu einem Zeitpunkt ermordet, als ein Komet am Himmel erschien. Man sagte, dass dies Julius selbst sei, der in die Himmelswelt zu Zeus aufstieg. Ab diesem Zeitpunkt gab es immer wieder »Zeugen«, die beim Tod eines römischen Kaisers sahen, wie dieser in die Himmelswelt aufstieg.

Doch Jesus schickt seine Jünger mit einem echten Augenzeugenbericht in diese heidnische Welt, denn direkt vor ihren Augen wird er emporgehoben:

> Als er das sagte, sahen sie, wie er emporgehoben wurde. Dann verhüllte ihn eine Wolke vor ihren Augen. Als sie nach seinem Weggang immer noch gespannt zum Himmel aufschauten, da standen auf einmal zwei Männer bei ihnen. Sie waren in leuchtendes Weiß gekleidet. »Ihr Männer von Galiläa«, sagten sie, »was steht ihr hier und starrt in den Himmel? Dieser Jesus, der von euch weg in den Himmel aufgenommen wurde, wird genauso wiederkommen, wie ihr ihn habt in den Himmel gehen sehen.«
> *Apostelgeschichte 1,9-11;* NEÜ

Ab diesem Zeitpunkt können die Jünger mit Überzeugung sagen, dass es egal ist, was die Zeugen des Kaisers sagen. Der Kaiser ist nicht Gott und nicht König aller Könige, sondern Jesus!

Diese Botschaft brachte sie in Konflikt mit den Herrschern, Priestern und Völkern auf der ganzen Welt. Sie bedeutete für manche den Tod. Aber diese Botschaft bewirkte einen leidenschaftlichen Glauben, der die Welt veränderte.

Wäre das nicht auch das Ziel unserer Jüngerschaft? Dass Gott durch uns, durch Sie diese Welt ein Stück verändert? Vielleicht nicht die ganze Welt, vielleicht eine Welt bei Ihnen zu Hause, an Ihrem Arbeitsplatz, in der Nachbarschaft – aber vielleicht auch mehr …

SCHLUSSWORT

Dieses Buch ist kein ausführlicher Kommentar zum ersten Buch des Neuen Testaments, sondern der Versuch, in die Schuhe des Evangelisten Matthäus hineinzuschlüpfen. Mein Ziel war es, Matthäus als Mensch und als Jude aus der Sicht seiner jüdischen Volks- und Glaubensgenossen zu verstehen, aber vor allem wollte ich die Person von Jesus aus jüdischer Perspektive zeigen, so wie ihn sein Jünger Matthäus gesehen hat. Dafür habe ich vor allem die ersten beiden Bücher der matthäischen Thora behandelt und daran die jüdische Lesart verdeutlicht.

Es gibt noch viel mehr, was über das Matthäusevangelium gesagt werden könnte. Und wie wir gesehen haben, können in der jüdischen Art, zu glauben, auch mehrere unterschiedliche Sichtweisen nebeneinander stehen bleiben.

Ich hoffe, es ist mir gelungen, Ihnen einen Einblick zu geben, wie ein jüdischer Nachfolger von Jesus im 1. Jahrhundert seinen Meister gesehen hat. Ich bete, dass Ihr Glaube durch diese Sichtweise bereichert wird und Sie neu motiviert worden sind, die Bibel tiefer zu studieren und mit ganzer Leidenschaft für Jesus zu leben.

ANMERKUNGEN

1 David H. Stern. Das jüdische Neue Testament – Eine Übersetzung des Neuen Testamentes, die seiner jüdischen Herkunft Rechnung trägt. Hänssler 1994.

2 Exegese (von gr. Exegesis) ist die Auslegung von Texten aus dem Wort Gottes in der Theologie und für die Glaubenspraxis. Mit ihrer Hilfe sollen fachlich gebildete Leser und Laien die Aussagen und Inhalte sowie die historischen und textlichen Zusammenhänge der biblischen Texte erfassen. Hermeneutik (von gr. hermeneuein = deuten, interpretieren) ist die Lehre der Interpretation oder Auslegung von Texten.

3 Anatoli Uschomirski: Die Bergpredigt aus jüdischer Sicht – Was Juden und Christen gemeinsam von Jesus lernen können. SCM 2020.

4 Vgl. 2. Sam 15,24; 1. Kön 2,35.

5 Flavius Josephus: Antiquitates, zitiert nach Martin Hengels: Zeloten. Mohr Siebeck, 3. Aufl. 2011, S. 81.

6 Paul Zeller (Hrsg.): Calwer Bibellexikon – Biblisches Handwörterbuch illustriert. Verlag der Vereinsbuchhandlung 1912, S. 168, Eintrag: Essener, Essäer.

7 Flavius Josephus: Jüdische Altertümer, XVII, 2,4.

8 Vgl. Guido Baltes: Jesus, der Jude, und die Missverständnisse der Christen. Verlag der Francke-Buchhandlung 2013, S. 99.

9 Mischna (vom hebr. Schana = wiederholen) bedeutet, dass man durch Wiederholung, also Auswendiglernen, die mündliche Überlieferung lernt und lehrt. Im Besonderen meint das Wort Mischna den Hauptteil des Talmud, der um 200 n. Chr. schriftlich fixiert wurde.

10 Mischna, Seder Nezikim, Traktat Makkot, 1,10c.

11 Sota 20a.

12 Vgl. Uschomirski: Die Bergpredigt, a. a. O., S. 85.

13 Eusebius, hist.III,5,2 ff.

14 Joseph ben Mathitjahu (37/38 – ca. 100 n. Chr.) war der Sohn einer angesehenen priesterlich-königlichen Familie aus Jerusalem. Er wurde im Krieg von den Römern gefangen genommen und diente bei der Belagerung Jerusalems als Dolmetscher. Nachdem die Römer Jerusalem im Jahre 70 eingenommen hatten, reiste Josephus nach Rom, wo er das römische Bürgerrecht erhielt und seine historischen Berichte verfasste. Vgl. Wikipedia (Hg.): Flavius Josephus. https://de.wikipedia.org/wiki/Flavius_Josephus (Abruf 14. 09. 2022).

15 Vgl. die Bücher Esra und Nehemia.

16 David Bivin: Jesus von Nazareth – seine Welt, seine Worte, seine Weisheit: Neue Einsichten in schwierige Worte Jesu vor hebräischem Hintergrund, Asaph 2015, S. 14.

17 Oft wurden die Leiter des Sanhedrins zur Zeit des zweiten Tempels Rabban genannt.

18 Pirke Awot 2,8.

19 B Gittin 56a-56b.

20 Der Sanhedrin oder Hohe Rat war lange Zeit die oberste jüdische religiöse und politische Instanz und gleichzeitig das oberste Gericht. Wikipedia (Hg.): »Sanhedrin«. https://de.wikipedia.org/wiki/Sanhedrin (Abruf 02.08.2021).

21 Vgl. Matthäus 9,9-13 und Markus 2,13-17.

22 Matthäus 9,9; Markus 2,14; Lukas 5,27.

23 Hilfe, Jesus, ich bin Jude – Ein Leben zwischen den Welten, SCM 2021, S. 148.

24 Eusebius: Kirchengeschichte III 39,16.

25 Halacha (von hebr. halach = gehen) bedeutet Wegweisung, Anweisung zum praktischen Handeln und soll im Wesentlichen eine praktische Anweisung zum Lebenswandel sein. Mehr dazu im Kapitel »Der Weg des Jüngers«.

26 Malchut HaSchamaim ist ein rabbinischer Ausdruck für »Königreich des Himmels«. Der Begriff stammt aus der mündlichen jüdischen Tradition. Der Himmel (hebr. Schamaim) ist ein Ersatzname für den Gottesnamen JHWH. Die Idee wird abgeleitet aus den Worten »Der Herr, der Höchste, ist ein heiliger Gott, ein großer König über die ganze Welt« (Psalm 47,3).

Zuerst wurde sie von den Propheten Israels als Zukunftshoffnung verkündet. Der Gedanke Malchut HaSchamaim besagte: Eines Tages werden alle Völker den Ewigen als Herrscher der Welt anerkennen. Vor ihm, dem einzigen Gott, werden falsche Idole schwinden, damit sich die Völker zu einer Menschheit zusammenfinden.

27 Zu den Hebraismen im Matthäusevangelium empfehle ich die folgenden Bücher: Alfred Resch: Außerkanonische Paralleltexte (Band 1.2 zu Matthäus und Markus, 1894; Band 3 zu den Kindheitserzählungen, 1897; Grimme, Hubert 1936: »Studien zum hebräischen Urmatthäus«, BZ 23 (1936) S. 244–265, 347–357; David Bivin & Roy Blizzard jr.: Was hat Jesus wirklich gesagt? Die schweren Worte Jesu – ein Schlüssel zu ihrem Verständnis. Leuchter 1997; Armin D. Baum: Der semitische Sprachhintergrund der Evangelien und die Urevangeliumshypothese. In: Theologische Beiträge, 13-6, 44. Jg., Dezember 2013.

28 Mehr dazu in Uschomirski: Die Bergpredigt, a. a. O., S. 21; vgl. Bivin & Blizzard: Was hat Jesus wirklich gesagt?, a. a. O., S. 89.

29 Vgl. Gerhard Maier: Das Evangelium des Matthäus. SCM R.Brockhaus 2015.

30 Carl Friedrich Keil: Commentar über das Evangelium des Matthäus. 1877. S. 45.

31 Vgl. Maier: Das Evangelium des Matthäus: Kapitel 15–28, a. a. O., S. 16.

32 Zentralrat der Juden in Deutschland (Hg.): Siddur »Schomer Jisrael«, Schmone Esre, 12. Bitte. Leipzig 2020, 3. Aufl., S. 14.

33 Als Dualismus werden vor allem Theorien, Lehren oder Systeme zur Deutung der Welt bezeichnet, die unter anderem lehren, dass es zwei gleiche Kräfte gibt, beispielsweise Gott und Satan, die miteinander kämpfen.

34 Antje Yael Deusel: Cherem. Jüdische Allgemeine 27. 01. 2014. https://www.juedische-allgemeine.de/glossar/cherem/ (Abruf 06. 04. 2021).

35 Eusebius: Kirchengeschichte III 39,16.

36 Papias von Hierapolis, zitiert nach Eusebius: Kirchengeschichte 3,39,3 f.

37 Irenäus: Gegen die Häresien 3,1,1, zitiert nach Eusebius: Kirchengeschichte 5,8,2-4.

38 Papias, Irenäus, Tertullian, Origenes, Epiphanius, Eusebius von Caesarea, Hieronymus.

39 Z. B. Aaron M. Gale: Einführung zum Matthäusevangelium. in: Deutsche Bibelgesellschaft (Hg.): Das Neue Testament – jüdisch erklärt. Stuttgart, 2021, S. 12; Dr. Jeff Spivak hat diese These in seinen Seminaren für die messianische Bewegung im Jahr 2000 in Deutschland ebenfalls zum Ausdruck gebracht.

40 Markus Spieker: Jesus. Eine Weltgeschichte. Fontis 2020, S. 80.

41 Vgl. Teil 1, Kapitel »Verborgene Schätze«.

42 Vgl. Matthäus 10,5-6; 28,19-20.

43 1. Mose 12,3; 4. Mose 9,14; 5. Mose 10,18.

44 Wikipedia (Hg.): »Gematrie«. https://de.wikipedia.org/wiki/Gematrie (Abruf 09. 04. 2021).

45 b Pirke Awot 5:1-7.

46 Die hebräischen Buchstaben sind zugleich Ziffern, ähnlich wie MMXXII das Jahr 2022 bezeichnet. Allerdings steht im Gegensatz zum lateinischen Alphabet jeder hebräische Buchstabe für eine Zahl. So kann man jedem hebräischen Wort einen Zahlenwert zuordnen, der nach der Gematria berechnet wird, indem man die einzelnen Buch-

staben eines Wortes in Zahlen umsetzt und addiert. Die sechs hebräischen Buchstaben von Elieser (אליעזר) haben folgende Werte: א=1; ל=30; י=10; ע=70; ז=7; ר=200. 1+30+10+70+7+200=318. Zu den Zahlenwerten hebräischer Buchstaben siehe Wikipedia (Hg.): »Hebräische Zahlschrift«. https://de.wikipedia.org/wiki/Hebr%C3%A4ische_Zahlschrift (Abruf 27. 04. 2022).

47 Der dritte Vers des bekannten Adventslieds »Tochter Zion, freue dich« (1820, gedichtet von Friedrich Heinrich Ranke nach den Chorsätzen von Georg Friedrich Händel) beginnt mit den Worten »Hosianna, Davids Sohn«.

48 2. Samuel 7,12-16; Psalm 89,4-5.

49 Wikipedia (Hg.): »Achtzehnbittengebet«. https://de.wikipedia.org/wiki/Achtzehnbittengebet (Abruf 12. 04. 2021).

50 Wikisource (Hg.): »Die Psalmen Salomos/Psalm 17«, Vers 21-22. https://de.wikisource.org/wiki/Die_Psalmen_Salomos/Psalm_17 (Abruf 28. 04. 2022).

51 Teschuwa bedeutet wörtlich »Rückkehr«. Mehr dazu: Dajan Raphael Evers: Teschuwa. Judentum online 02. 04. 2020. https://judentum.online/teschuwa/(Abruf 28. 04. 2022).

52 Zwar findet sich eine ungewöhnlich lange genealogische Angabe zu den Vorfahren von Saul in 1. Samuel 9,1-2, aber hier wird nicht der gesamte Stammbaum vorgestellt, sondern nur die jeweiligen Väter bis zum Ururgroßvater Afiach genannt. Die gesamte Geneaologie der Familie von Saul findet sich dagegen in 1. Chronik 8,29-40.

53 Yaakov Praimanen (Hg.): Sammlung von Antworten »Leket Yosher«, Abschnitt »Orach Chaim« (Hebräisch), Berlin 1903.

54 Eines der besten Beispiele aus der jüdischen Tradition ist das Gebet Ana Bekoach (Wir bitten DICH), das im 1. Jh. n. Chr. von dem kabbalistischen Rabbiner Rabbi Nehonia verfasst wurde. Das Gebet besteht aus sieben Zeilen, jede Zeile enthält sechs Wörter. Insgesamt besteht das Ana Bekoach somit aus 42 Wörtern. Nimmt man die Anfangsbuchstaben, ergibt sich der 42-buchstäbige Name Gottes. Das Gebet soll als Hilfestellung dienen, um die Probleme des Lebens zu lösen, ohne dabei das innere Gleichgewicht zu verlieren.

55 Wikipedia (Hg.): Zaddik. https://de.wikipedia.org/wiki/Zaddik (Abruf 13. 04. 2021).

56 TeNaCH oder Tanach, bestehend aus den hebräischen Buchstaben TNK, ist eine der Bezeichnungen für die Hebräische Bibel. TNK ist eine Abkürzung für Thora (Weisung), Nevi'im (Propheten) und Ketuvim (Schriften).

57 Die heikle Situation, in der Josef und Maria steckten, umgehen christliche Kommentatoren meist. Ich empfehle zu diesem Thema den Roman von Schalom Asch: Maria – Die Mutter des Erlösers. Er ist in einer wunderbaren poetischen Sprache geschrieben und geht sehr detailliert auf viele Lebenssituationen eines damaligen jüdischen Dorfes ein. Schalom Asch ist einer der wenigen jüdischen Schriftsteller, die über Jesus schreiben.

58 Mischna, Bawa Batra VIII,6.

59 Die Septuaginta (Abkürzung LXX) ist die älteste Übersetzung der hebräisch-aramäischen Bibel ins Altgriechische. Die Übersetzung erfolgte nach und nach ab etwa 250 v. Chr. vorwiegend in Alexandria. Die meisten Bücher waren bis etwa 100 v. Chr. übersetzt, die übrigen bis 100 n. Chr. Vgl. Wikipedia (Hg.): Septuaginta. https://de.wikipedia.org/wiki/Septuagintahttps://de.wikipedia.org/wiki/Septuaginta (Abruf 13. 04. 2021).

60 Chanukka (hebr. Weihung, Einweihung oder Lichterfest) ist ein jüdisches Fest zum Gedenken an die Wiedereinweihung des Zweiten Tempels im Jahr 164 v. Chr. Es beginnt am 25. Kislev (November/Dezember) und dauert acht Tage. Vgl. Wikipedia (Hg.): Chanukka. https://de.wikipedia.org/wiki/Chanukka (Abruf 14. 04. 2021).

61 GnR 82 (52"), Midrasch zum Wochenabschnitt Schelach Lecha.

62 Stefan Zweig: Rahel rechtet mit Gott. In: Ders.: Legenden. Frankfurt am Main 1979, S. 7–27. Hier S. 24–25.

63 Das ist die Prophetie über Edom.

64 Sanch. 89.

65 Targum Jesaja 11,1.

66 Zsolt Balla, Zentralrat der Juden in Deutschland (Hg.): Siddur Schomer Jisrael – Gebetsbuch für Schabbat und Feiertage, Leipzig 2020, S. 80.

67 Siddur Schomer Jisrael, S. 82.

68 Die Schechina, die Wohnstatt Gottes, wird als Inbegriff der Gegenwart Gottes bei seinem Volk verstanden, vgl. Wikipedia (Hg.): Schechina. https://de.wikipedia.org/wiki/Schechina (Abruf 16. 04. 2021).

69 Der Vergleich von manchen Qumrantexten mit der Botschaft von Johannes dem Täufer lässt kaum Zweifel daran, dass Johannes sehr viel von den Qumranleuten gelernt hat, z. B. die Wüste als Ort der Vorbereitung und die Begegnung mit dem Messias (vgl. Mk 1,2-4). Der Begriff »Umkehr« gehört bei Johannes dem Täufer und in den Qumranschriften zu den am meisten gebrauchten (1QS, CD, Hymnen,

Kriegsrolle). Eine gute Ausarbeitung zu diesem Thema bietet Klaus Berger: Qumran und Jesus – Wahrheit unter Verschluss? Quell 1994.

70 David H. Stern: Das jüdische Neue Testament, Hänssler-Verlag, Neuhausen-Stuttgart, 1994.

71 Glanzlichter der Thorah, Band II, Schemot, Goldschmidt Basel AG, Basel 2017, S. 255.

72 Eine jüdische Methode der Schriftauslegung.

73 Vgl. Jesaja 1,16; Psalm 51,9.

74 Sirach 51,23; LUT.

75 Henoch 48,4; Wikisource: Henochbuch (oder Erster Henoch), https://de.wikisource.org/wiki/Henochbuch_(oder_Erster_Henoch)#48._Kapitel (Abruf 19. 09. 2022).

76 Dina und Leonie Spiegel: »Jetzt mal Tacheles« – Die jüdischen Lieblingswitze von Paul Spiegel. Patmos Verlag 2009, S. 47.

77 Ketubot, 96a.

78 bSan 39a.

79 An dieser Stelle steht das hebräische Wort »litkun«, der Infinitiv von »Tikkun«.

80 Mischna, Traktat Gittin 4,2.

81 Hauptmotiv des Gebets »Alenu« ist der Gedanke an ein Gottesreich auf Erden und die Hoffnung auf die Vereinigung aller Menschen in der Anbetung des einen Gottes, wofür im Text eine leicht abgewandelte Form des Ausdrucks »Tikkun olam« verwendet wird. Das Gebet ist seit etwa 1300 als Bestandteil der Tagesgebete nachweisbar, vgl. Wikipedia (Hg.): Alenu. https://de.wikipedia.org/wiki/Alenu (Abruf 02. 05. 2021).

82 Hebr. »letaken olam«

83 Siddur Schomer Jisrael, S. 79–80.

84 Ersatztheologie bzw. Substitutionstheologie (von lat. »substituere« = »ersetzen«) bezeichnet eine christliche Lehre, nach der das Volk Israel nicht mehr das Volk des Bundes, sondern von Gott verworfen und verflucht sei; Gottes Verheißungen würden nun der Gemeinde als neues Volk Gottes übergegangen. Wikipedia (Hg.): Substitutionstheologie. https://de.wikipedia.org/wiki/Substitutionstheologie (Abruf 22. 10. 2021).

85 Midrasch Schir Ha Schirim Rabba,1.

86 Davon erzählt der Midrasch Pesikta Rabbati.

87 Talmud, Hagiga, 15a.

88 Midrasch Bereschit Rabba.

89 Deutsche Bibelgesellschaft (Hg.): Das Neue Testament jüdisch erklärt, Deutsche Bibelgesellschaft, Stuttgart 2021. S. 213.

90 b Yoma 9b.

91 b Brachot 33b.

92 https://www.galileo.tv/life/so-lange-kann-der-mensch-ohne-essen-ueberleben/

93 Vgl. Matthäus 1,22; 2,15.23; 4,14; 8,17; 12,17; 13,35; 21,4; 26,56.

94 Pirke Awot 1,6

95 Francke 2015.

96 Die hebräische Schrift beinhaltete damals nur Großbuchstaben und ausschließlich Konsonanten. Dies zeigt die Bedeutung der jüdischen mündlichen Tradition: Nur dank dieser Tradition wissen wir heute, wie die Worte in der Hebräischen Bibel gelesen und verstanden wurden.

97 Megila 21a.

98 Das Schma Jisrael wird in der nicht jüdischen Literatur häufig als jüdisches Glaubensbekenntnis bezeichnet, da es der älteste Ausdruck des jüdischen Selbstverständnisses ist. Es gehört zu den wichtigsten Gebeten des Judentums und ist ein zentraler Bestandteil der drei Gebete am Abend, in der Nacht und am Morgen. Das Schma Jisrael ist die Rezitation von drei Abschnitten aus der Thora sowie den vorausgehenden und nachfolgenden Lobsprüchen. Der erste Satz proklamiert die Einheit und Einzigkeit Gottes und im Gebet werden für die Glaubenspraxis wichtige Gebote genannt. Wikipedia (Hg.): Schma Jisrael. https://de.wikipedia.org/wiki/Schma_Jisrael (Abruf 12. 05. 2021).

99 Nach Rainer Uhlmann: Witze – mehr oder weniger fromm, Books on Demand, Nordstedt 2012. Nr. 214, S. 68.

100 bBrachot 14b.

101 1948 wurde Wurmbrand vom kommunistischen Regime verhaftet, verhört und gefoltert. Drei Jahre verbrachte er in strenger Einzelhaft in unterirdischen Kerkern, ohne Sonnenlicht oder Geräusche aus der Außenwelt. Nach weiteren fünf Jahren wurde er 1956 unter der Auflage, nicht mehr zu predigen, freigelassen. Drei Jahre später wurde er erneut verhaftet. Erst 1964 konnten norwegische Christen (Norwegische Judenmission und Hebräisch-Christliche Allianz) ihn und seine Familie für 10 000 US$ freikaufen.

102 Fälschlicherweise wird unter Aussatz meist Lepra verstanden. Im Originaltext steht das hebräische Wort »Zaraat«. Der Grundgedanke von Zaraat ist der barmherzige Wunsch des Allmächtigen, die Schlechtigkeit in uns zu beseitigen. Die Krankheit Zaraat hat nichts mit Lepra

zu tun, das seit dem Mittelalter ebenfalls als Aussatz bezeichnet wird. Zaraat ist eine nicht ansteckende Krankheit, die durch weiße Flecken gekennzeichnet ist. Lepra ist eine bakterielle Krankheit, die nicht nur die Haut, sondern auch das Nervensystem, die Schleimhäute, die Atemwege usw. befällt. Zaraat begann mit Flecken an den Wänden des Hauses. Wenn die betroffene Person sich nicht änderte, breitete es sich weiter auf Haushaltsgegenstände und Kleidung aus und zuletzt auf die Person.

103 Rabbi Israel ben Elieser (ca. 1700–1760), genannt Baal Schem Tov (»Besitzer des guten Namens«, abgekürzt Bescht) gilt als Begründer des Chassidismus. Wikipedia (Hg.): Israel ben Elieser. https://de.wikipedia.org/wiki/Israel_ben_Elieser (Abruf 13.05.2021).

104 Vgl. William MacDonald: Kommentar zum Alten Testament, Christliche Literatur-Verbreitung, Bielefeld, 2. Aufl. 2010, 179.

105 Vgl. Wahlplakat der PARTEI. Die PARTEI Zentrale Bezugsstelle für Parteimaterial. https://www.parteibedarf.de/DIN-A2-Plakat-Mach-keinen-Scheiss-mit-deinem-Kreuz/SW10167 (Abruf 13.09.2022).

106 Hillel war einer der bedeutendsten pharisäischen Rabbiner aus der Zeit vor der Zerstörung des Zweiten Tempels, Vorsteher des Sanhedrin und Gründer der nach ihm benannten Schule Beit Hillel zur Auslegung der Schrift, auf den sich Juden bis heute berufen. Nach seinem Tod leitete sein Sohn Schimon die Schule, nach ihm Gamaliel, der Lehrer von Paulus (Apostelgeschichte 22,3; 5,34).

107 Uschomirski: Die Bergpredigt, a. a. O., S. 37.

108 Ulrich Parzany: Vortrag auf der Israelkonferenz des Evangeliumsdienstes für Israel im Juni 2015.

109 Midrasch Tehilim.

110 Mischna, Brachot 3,1.

111 Avraham Radbil: Aus Liebe zur Thora – Warum Hillel eines Tages auf ein Dach stieg. Jüdische Allgemeine 30.10.2017. https://www.juedische-allgemeine.de/religion/aus-liebe-zur-tora/ (Abruf 29.08.2022).

112 Lukas 18,12; Didache 8,1.

113 Schlomo ben Moses ha-Levi Alkabez (1505–1576) war ein Kabbalist und mystischer Dichter. Wikipedia (Hg.): Schlomo Alkabez. https://de.wikipedia.org/wiki/Schlomo_Alkabez (Abruf 19.05.2021).

114 Vgl. David Flusser: Entdeckungen im Neuen Testament – Band 1: Jesusworte und ihre Überlieferung, Neukirchner Verlag, S. 111.

115 Ebd., S. 113.

116 Mischna, Awoda Zara, 1,4.

117 Vgl. Midrasch zur Begebenheit aus 1. Mose 18; 1. Mose 34; Bereschit Raba 48,9.

118 b Schabbat 127a.

119 Mischna. Abhandlung Horajot 3,7-8.

120 Midrasch Shemot Raba 12,4.

121 Siebzig ist die Zahl der Völkernamen in 1. Mose 10, das sind die in der Bibel genannten Basisvölker. Später sind durch Teilung und Völkerwanderung weitere Völker entstanden. Heute gibt es mehr als 5000 Völker, wie viele es genau sind, hängt von der Definition ab.

122 Mischna, Pikej Awot 1,1.

123 Eliezer Steinman: Die Leiter. Aus: Ders.: Be'er HaChassidut. Zitiert nach: Chabad-Lubawitsch Media Center https://de.chabad.org/library/article_cdo/aid/764259/jewish/Die-Leiter.htm (Abruf 25. 05. 2021).

124 Mischna, Horajot 3,7-8.

125 Felix Gradl: Israel. In: Franz Kogler (Hg.): Herders Neues Bibellexikon, Herder, Freiburg/Basel/Wien 2008, S. 338.

126 »Kahal« hat die gleiche Wurzel wie »Kehila«.

127 Hermann L. Strack & Paul Billerbeck: Kommentar zum Neuen Testament aus Talmud und Midrasch, C. H. Beck'sche Verlagsbuchhandlung Oskar Beck, München 1922–1926, S. 736.

128 Midrasch Genesis Raba 56,36 zu 1. Mose 22,6.

129 Awot de Rabbi Natan, B35, https://www.sefaria.org/Avot_D'Rabbi_Natan.35?ven=Avot_DeRabbi_Natan,_trans._by_David_Kasher,_2019&vhe=Talmud_Bavli,_Vilna_1883_ed.&lang=en